施設内暴力

利用者からの暴力への理解と対応

市川和彦・木村淳也 著

誠信書房

序文

援助者の抱えている深刻な問題の一つに、利用児・者からの暴力・他傷（施設内暴力）がある。その結果として、援助者が利用児・者への虐待（施設内虐待）に至る事例も少なからず存在する。施設内暴力の防止のためには、暴力発生の時点での具体的な対応の仕方を明確にし、トレーニングをするといった緊急介入的関わりと、暴力行為の予兆を見抜き、暴力に至る前に適切な関わりをすることで暴力を回避することに加えて、不幸にして暴力行為に及んでしまった後の加害者への対応と、被害者へのフォローを実施することが求められている。

さらに大切なことは、平静なときにどう関わるかといった、日常的関わりの質である。暴力行為そのものに対しての緊急介入的関わりにとどまらず、あらゆる時間、空間においての取り組みがあってはじめて可能である。すなわち、利用者個人への援助、治療といった医学モデルからの取り組みにとどまらず、むしろ援助者の自己覚知に基づく、怒り感情に巻き込まれることからの回避、セルフコントロールの醸成、さらには、暴力発生の要因となる環境をいかに調整するかといった社会モデルの視点をも含んだ、包括的取り組みが必要とされる。

１９８０年代、家庭内暴力、校内暴力という言葉で、特に思春期の少年少女の暴力的行為が社会問題として注目された。この現象は、当時より目立ちこそしていないが現在も続いている。興味深いことに、本来あるべき姿は別にして、家庭と学校双方の特性を有しているのが入所型福祉施設といえよう。当然、施設内暴力も存在し、かつ今に始まったことではない。しかし、これまで取り上げられることは少なく、援助者は利用児・者の暴力を甘んじて受けとめてきたか、場合によっては虐待に抵触する可能性のある方法（体罰、恣意的な身体抑制、行動制限）で沈静させてきたことも、残念ながら少なくなかった。

これまでの施設内暴力に関する調査、研究、取り組みを概観すると、次のものが該当する。児童養護施設においては、２００７年の東京での調査（東京都社会福祉協議会 2009）、２００８年の名古屋での調査（遠藤 2011）が、施設内暴力に関する調査を実施している。日本でこの分野の先進的な取り組みが見られるのは精神医療の分野であり、日本語による文献もある（相澤 2008、三木・友田 2010）。特に「包括的暴力防止プログラム（Comprehensive Violence Prevention and Protection Programme：ＣＶＰＰＰ）」（包括的暴力防止プログラム認定委員会 2005）は、英国のＣ＆Ｒ（Control and Restraint）の技術や合気道の技術を応用した日本式暴力介入方法を開発し、全国の精神医療施設を中心に研修を実施している。

精神医療領域以外の取り組みに目を向ければ、学校教育現場では、ＣＰＩ危機予防研究所（米国ウィスコンシン州に本社のある民間専門研究所〈日本代表：新福知子〉）が、「非暴力的危機介入法」の研修・トレーニングを実施している（新福 2005）。児童養護施設では、主に子ども間暴力への対応として、九州大学の田嶌誠一（2009）による「安全委員会方式」の取り組みが実践されている。

本書で著者がフィールドとして取り上げたのは、障害児施設、障害者支援施設、児童養護施設、児童自立支援施設などの入所型児童施設、および特別養護老人ホーム、老人保健施設、養護老人ホームなどの高齢者施設である。施設の種別や領域を横断して暴力の現状と背景について知りたいというのが、その動機である。また、それぞれの領域で活用されているスキルは、その領域に限って効果のあるものではなく、他の領域においても参考になるものが少なくない。

暴力という行為の背景に流れるもののひとつは、他者から関心を持たれたい、理解されたい、そして愛されたいという本能にも近い欲求を持っていることだろう。しかし、愛されることを求める声が周囲に届かないとき、暴力という形で表れるのだという悲劇的事実に、私たちは気づかされるのである。

研修会場などで拙著を購入してくださる方から、「名前を書いてほしい」と求められることがある。そのとき著者は、「Passion」の文字を書かせていただいている。「Passion」とは「情熱」という意味以外に別の意味もある。「The Passion」と記すと、キリストの「受難」を意味する言葉となる。援助者は誰にも知られず、ときには利用者の言葉にならない言葉を自らの身体で受けとめ、利用者の代弁者であろうとすることで周囲から迫害を受けることもある。しかし、そのことによって利用者の苦痛が多少とも減るのであれば、それはまさに「受難」と呼ぶにふさわしい行為であろう。

読者は、はからずも小さなあきらめと閉塞感を感じるかもしれない。ここに提起されていることは、自分たちがやりたいと望んでも実際にはできないことであり、結局そのしわ寄せは利用者が受けとめることになる、と。たとえば、女性の援助者が体制上、一人で夜勤につかなければならない、あるいは作業場に入らなければならない現実。不測の事態が起こっても、非常通報装置が守ってくれるわけでもない。これらの現状をこれまで放置してきた者の責任は、決して小さくはない（制度的虐待）。まだまだ貧しい福祉の現場から逃げずに、利用者の声なき声に耳を傾け、真摯に取り組もうとする援助者が決して少なくないということもまた、事実である。

本書では匿名性を意識しつつ、できるだけ多くの援助者の声、エピソードを掲載することに努めた。彼らの語りの背景にある利用者、子どもたち、そして援助者の姿に思いを馳せつつ読み進めていただきたい。「受難」を甘んじて受けとめる、その方たちに続く自律的援助者が一人でも多く増えることを心から願うものであり、それは何より利用者の願いでもあることを、ここで付け加えたい。

市川 和彦

まえがき

読者の皆さんは「ケア」という言葉を耳にして、何色を思い浮かべるだろうか。そして、どのような場面を思い浮かべるだろうか。はたして「ケア」関係にある利用者と援助者の間には、温かなまなざしが交わされ、柔らかな言葉に溢れているのだろうか。そして、両者を包み込む彩《いろどり》は、優しく淡い桜色などであろうか。

「ケア」とは何も高齢者に対する介護行為だけを指す言葉ではなく、子どもから広く大人一般までを対象とした、必要な関わりや支援を意味する。福祉施設は幅広く「ケア」を必要とする方々が活用し、利用者は必要な「ケア」を享受する場である。当然、その施設にいる利用者と援助者の間には、温かな言葉が溢れ、優しく淡い桜色に包まれた福祉の場のはずである。あるいは、あってほしい。少なくとも、私は福祉施設で仕事をするまで、そこは温かく、優しさに満ちた場であると思っていた。

本書の題名は『施設内暴力』である。「施設」と「暴力」。施設内に暴力などあるはずもないのに、まったく似つかわしくない題名がついている。なぜか。

「現場」にいる／いた読者は、心当たりもあるだろう。残念ながら、現在の福祉施設では、援助者から利用者に対する暴力が大きな課題としてメディアを賑わせている。そして、メディアで取り上げられることもないが、じつは、利用者から援助者に対する暴力も大きな課題の一つとして存在している。なぜ、優しさの溢れる場所であるはずの福祉施設が、暴力の場として憎しみに侵されていくのだろうか。それほどに現実は厳しい。

本書は、「利用者からの暴力」を体験しながらも「現場」にとどまり続けようとする、援助者の声を取り上げた。それは、「援助者も頑張っているのに暴力を受けてかわいそうな状況なのだから、援助者の態度が多少悪くても勘弁してほしい」などと援助者の側に立ち弁解し、利用者の暴力性を暴き出すためではない。むしろ、その逆である。

専門家である援助者が、なぜ、利用者から暴力を受けるのか。暴力を誘発するのか。なぜ、利用者が暴力を振るわざるを得ない状況を、援助の専門家がつくってしまうのか。利用者をそのような状況に追い込むのは、むしろ援助者の側なのではないか。それを回避する方法はないのか，という数ある疑問から本書の企画は始まっている。

「ああ、やはり、何をやっても、どのような立場に置かれても、最終的には、援助者が悪いのか」と考える読者もいるだろう。残念だが、それはある意味で正しい。しかし、本書は、誰かを断罪するために書かれてはいない。むしろ、施設内における悲しい出来事をどのようにしたら減らすことができるのか。本書は、利用者も援助者も守ることを試みた本である。援助者は利用者からの暴力を甘んじて受け、ひたすらに耐えるしかないのか。それは、違う。では、どうすればよいのか。

筆者らから「現場」に踏みとどまっている多くの仲間に向けて送る、「現場」で起きた出来事に関する一つの物語としてお読みいただければ幸いである。

本書が、誰にとってもより居心地の良い「現場」つくりのための一助になることを願ってやまない。

2015年11月

木村 淳也

目次

序文 iii
まえがき vi

第1章　暴力概説 —— 1

第1節　暴力の概念 —— 1

I　暴力と他傷の定義 …… 1
II　施設内暴力のとらえ方 …… 4

第2節　暴力に至る主な要因諸説——主に障害・児童領域から —— 5

I　本能による暴力 …… 6
II　欲求不満による暴力 …… 7
III　愛着と甘えによる暴力 …… 8
IV　関係性の障害による暴力 …… 15
V　接近・回避動因的葛藤による暴力 …… 16
VI　転移による暴力 …… 19

Ⅶ　権力への反抗としての暴力 …… 20
Ⅷ　目標達成の道具としての暴力（志向的自律型暴力） …… 23
Ⅸ　防衛手段としての暴力 …… 23
Ⅹ　器質的要因による暴力（オキシトシンによる沈静効果） …… 24

第2章　施設内暴力の実態と考察 —— 29

第1節　知的障害領域における暴力 —— 29
Ⅰ　調査方法と分析方法 …… 29
1　記述式質問紙調査　29　2　インタビュー調査　30
Ⅱ　暴力の実態（種類、発生要因、対処方法、影響） …… 31
1　暴力の種類　31　2　暴力の発生した状況　37　3　暴力を受けた際の対処　49
4　暴力が援助者に与えた影響（「つながる喜び」による再生）　63

第2節　児童福祉領域における暴力 —— 71
Ⅰ　調査方法と分析方法 …… 71
1　記述式質問紙調査　71　2　インタビュー調査　72
Ⅱ　暴力の実態（種類、発生要因、対処方法、影響） …… 72
1　暴力の種類　72　2　暴力の発生した状況　76　3　暴力を受けた際の対処　78
4　暴力が援助者に与えた影響　98

第3節　高齢者介護領域における暴力 105

Ⅰ　調査方法と分析方法 105

1　調査の方法と対象 105

Ⅱ　暴力の実態（種類、発生要因、対処方法、影響） 107

1　はじめに――施設生活を余儀なくされる高齢者に対する若干の説明 107

2　暴力の種類 109　3　暴力の発生した状況 111　4　暴力を受けた際の対処 114

5　暴力が援助者に与えた影響 118

Ⅲ　暴力と向き合う職員の知恵 121

1　未熟な職員に対する熟達者による省察の機会の提供 121

2　「割り切る・あきらめる」という技法 123　3　暴力をとらえる多面的なまなざし 125

4　プロ意識と自己研鑽 128

Ⅳ　認知症ケアのテクニック 130

1　パーソンセンタード・ケア 130　2　バリデーション・テクニック 131

3　ユマニチュード 132

Ⅴ　おわりに 132

第3章　暴力防止サポート 135

Ⅰ　暴力対応の現状 135

Ⅱ　緊急介入・身体拘束の実態 138

Ⅲ　暴力防止サポートの構成 141
Ⅳ　暴力防止サポートの実際 143
1　離脱（離れて距離を取る） 143　2　沈静（怒りなどの攻撃的感情を静める） 149
3　救助（緊急避難としての身体介入） 160　4　和解（落ち着くまで付き添う） 174
5　理解 179　6　安心（ふだんから安心できる関係を築く） 185

第4章　怒りのマネジメント 189

第1節　いかに援助者自身の怒りをコントロールするか 189
Ⅰ　怒りをマネジメントするとはどういうことか 189
Ⅱ　援助者が怒りに巻き込まれないためのC（check）とC（control） 193
1　怒りの発生を防ぐ（check） 194
2　怒りを虐待として行動化させないために、怒りが発生した初期に行う応急処置（control） 211
第2節　安心できる温かい風土をつくる 228
Ⅰ　「触れる関わり」（RC）の勧め 228
1　怒りをもたらす環境とは 229　2　シング夫人のマッサージに学ぶ 229
3　自閉症スペクトラム（ASD）と「触れる関わり」（オキシトシンと「つながる喜び」） 231
Ⅱ　「触れる関わり」の実際 232
1　「触れる関わり」の基本型 232　2　シンクロダンス 238
3　実施するにあたっての注意点 243

引用・参考文献　247
おわりに　255

＊本書で紹介する「暴力防止サポート」における「救助」は、必ずトレーニングを受けてから使用してください。著者・出版社は実践により生じた問題に対する責任を負いません。

第1章　暴力概説

第1節　暴力の概念

I　暴力と他傷の定義

興奮し暴れている利用者[*1]を目の前にしたとき、あなたはどうするだろうか。反射的に「何しているんだ！やめろ！」などと叫んでしまうだろうか。さらに、他の利用者への暴力、あなた自身への暴力へとエスカレートしてきたら……。援助者が瞬時に恐怖や怒り、混乱の嵐に巻き込まれてしまうのは当然のことであり、この魔の一瞬に、虐待のトリガー（引き金）は引かれるのである。その危機から逃れる術は何か。それはまず、暴力というターゲットについて知ることである。誤解のないよう明らかにしておきたいが、利用者は敵ではない。利用者を翻弄している怒りや憎しみ、痛みこそが、ターゲットである。

＊1　本書では、障害者施設、高齢者施設の利用者、児童養護施設を利用している子どもたち、成人のすべてを一括して「利用者」と表記する。

論を進める前に、まず暴力に関する定義を概観しよう。ナバコ（Navaco, R. W.）は攻撃性（aggression）を、「ある人やその代わりの対象に心理的あるいは身体的に害を及ぼす原因となることを意図した行動。その行動には言語的、身体的、直接的、間接的なものがある」（下里 2003, p.48）とし、暴力（violence）を「重大で有害な行動。社会的に大きな問題となる典型的な行動」（下里 2003, p.48）としている。２００６年の日本看護協会による「保健医療福祉施設における暴力対応指針」では、身体的暴力を「他の人や集団に対して身体的な力を使って身体的、性的、あるいは精神的な危害を及ぼすものをいい、たとえば、殴る、蹴る、叩く、突く、撃つ、押す、噛む、つねる等の行為」とし、言葉の暴力を「個人の尊厳や価値を言葉によって傷つけたり、おとしめたり、敬意の欠如を示す行為」（三木・友田 2010, p.3）と説明している。大渕は「攻撃行動」の言葉を使って、「他者に危害を加えようとする意図的行動」（大渕 1993, p.6）と定義している。これは、著者が暴力を定義するうえで、極めて重要な意味を持つ定義と考えている。

言葉の意味が広がりすぎてしまわないように、暴力が他の、たとえば「他傷」「虐待」「いじめ」などと区別される特性を確認しておこう。まず、暴力とは、危害を加えようとする意図された行為であるということ。よって本人、第三者に行為の要因[*2]が認知されており、その内容もある程度理解可能なものであり、「要因が特定できる状況」での行為が「暴力」であるといえる。そして、暴力は結果的に心理的、精神的影響を及ぼすとしても、一義的に相手の身体に対して加えられる有形力の行使であること。よって本書では、「精神的暴力」「言葉による暴力」と表現される「暴言」とは、区別して扱うことにする。

周囲の者、たとえば援助者[*3]に対し、「要因が特定できない状況」で発生する行為として、「他傷」[*4]がある。その定義を試みようと思う。菅は、乱暴、無断外出、徘徊を繰り返す知的障害のある女性の行動障害を、「衝動行動」「粗暴行動」と分類し（「他傷」という言葉は出てこない）、問題症状の基本的原因は脳の器質的損傷によるものとしている（菅 1978, p.70）。菅はてんかんを例にとり、次のように説明を加えている。「てんかんそのものが、問題行動の原因というのではなく、てんかんを引き起こす脳の器質的損傷が、同時に感情刺激性、情緒不安定、注意集中性減退、衝動行為などを引き起こしているものと解釈される」(菅 1978, p.71)。また、突発的乱暴行為を「衝動行動」と称し、「はっきりした理由があって、まわりの人に予知できるようなかっこうでの行為は含まない」(菅 1978, p.84) としており、背後にある脳障害が興奮の原因であるので、すぐに道徳律の観念から関わってしまうことに対して警鐘を鳴らしている (菅 1978, p.86)。この場合の「衝動的行動」を、「他傷」と同質の概念ととらえることが可能である。つまり「他傷」とは、他者の身体を傷つける行為の主な要因が脳の器質的損傷によるもの、と言い換えることもできるだろう。しかし、脳に何らかの重篤な器質的損傷があっても「健康な人」としての部分も当然残っているのだから、認知症だから、病気だからという先入観で、利用者を見てしまうことは慎まなければならない。その時点で援助者の思考は停止してしまう。脳の器質的損傷のある方の行為だから、「他傷」すなわち「訳のわからない行動」であると一律に決めつけてはならない。利用者が暴力的行動に至った環境要因（主に他者の関わり方）を、援助者の関わり方に問題はなかったか、環境を整理する必要はなかったかなどと模索し、それらの視点から

＊2　この場合の要因とは暴力に至った理由、きっかけが明確なもので、「病気だから」「障害だから」といった漠然とした理由は除外する。

＊3　本書では、援助者、保育者、介護者、教師等の対人援助職を、一括して「援助者」と表記する。

＊4　ここで使用する「他傷」の概念だが、これは１９８８年『強度行動障害児（者）の行動改善および処遇のあり方に関する研究』（財団法人キリン記念財団助成研究、代表：飯田雅子）において、「直接的他害」いわゆる噛みつき、頭突き、叩き、蹴り、つねり、殴り、粗暴、目突きなど、他者に対する攻撃行動として用いたものと同質の概念である。

１９９３年４月１日の厚生省児童家庭局長通知、児発３１０号『強度行動障害特別処遇事業の実施について』の「強度行動障害判定基準表」に、「強い他傷」として「他傷」の呼称が登場する。内容は「噛みつき、蹴り、なぐり、髪引き、頭突きなど、相手がけがをしかねないような行動など」と、かなり他者に対する有形力の行使に限定されている。ちなみに「他傷」は、現象（行動）そのものからつけられた行政用語であり、医学的概念ではない。

利用者の行動を真摯に理解しようとする姿勢を、援助者は失ってはならない。

このへんで、暴力と他傷の相違点について明確にしておく必要があろう。著者は「暴力」と「他傷」を、次のように定義することにする。

「暴力」とは叩く、殴る、蹴る、つねるなど直接的に、また、つばを吐きかける、物を投げる、物を使って攻撃するなど間接的に、意図を持って他者の身体を攻撃の対象とするもので、その理由が、ある程度本人、他者とも理解可能なものをいう。一方、対象者に対する悪意、甘えなどの感情の有無、目的、対象選択の根拠が不明確で、予知が困難な、主に脳の器質的要因によって誘発される突発的、衝動的攻撃行動を、「他傷」と称する。

特に他傷の場合、本人は器質的要因によって拡大された感情の嵐に突き動かされて暴れているのであり、本人や周囲の人の安全確保のために、誰かが本人の行動を止める必要がある。

以上見てきたように、行為の要因から「暴力」と「他傷」を分けることが一応可能であるが、多くの場合は相互に影響し合っているのが現実であろう。よって、読者が本書を読み進めるにあたっての表現の煩わしさを軽減するためにも、行為そのものに着目し、本書では「他傷」も「暴力」の用語に含めて扱うこととする。

Ⅱ　施設内暴力のとらえ方

本書で扱う施設内暴力は、利用者から援助者に対して向けられる暴力に限定する。その前にまず、施設内暴力と施設内虐待を区別する必要があろう。

施設内虐待（institutional abuse）とは，養護する者が養護を必要とする者に，保護する者が保護を必要とする者に，介護する者が介護を必要とする者に，支援する者が支援を必要とする者に対して行う不適切な関わりのことで，本来あるべき関わりをせずに相手を虐げることである。そこには必然的に立場による勢力（パワー）の差が存在する。よって，援助者，介護者などの援助者から利用者への暴力は施設内虐待にあたる行為として，暴力とは区別して扱うことにする。

著者は，施設内暴力は施設内虐待と切り離して考えることのできないもので，互いに影響を受け合う円環的関係を持ったものであるととらえている。また，子ども間や利用者間の暴力については，田嶌（2009）やバーターら（Barter et al., 2004）の優れた研究があるのでそちらに委ね，本書ではもっぱら利用児者からの対援助者暴力を扱うことにする。

第2節　暴力に至る主な要因諸説——主に障害・児童領域から

次に，暴力がいかなる要因によって発生しているのかを見ていこう。表出している行動だけに惑わされず，その行動を突き動かしている要因の可能性についての引き出しを複数持っていることは，援助者を混乱や怒りの嵐から守ってくれるだろう。なぜなら，〝わからない〟ことが恐怖の源なのだから。

現実にはさまざまな要因が複雑に重なって暴力が発生するのであり，本節では複数の要因のなかから中心となる要因を抽出し，分類する。なお，読み進めるにあたっては，利用者と援助者の双方に当てはめて考えてみてほしい。

I　本能による暴力

そもそも人間には攻撃行動を起こすエネルギーが内在しているとする説で、この立場をとるのはフロイト（Freud, S.）やローレンツ（Lorenz, K. Z.）である。フロイト（Freud, 1920）は、生きるための原動力としての「生の本能（エロス）」と、有機体を破壊しようとする「死の本能（サナトス）」とが人間には存在し、この両本能がときにはせめぎ合い、協働しながら、あらゆる人間の行動を決定しているとした。また、生きるためのエネルギーをフロイトはリビドーと呼び、性欲動と同様のものに位置づけた。ある意味、暴力は、生きるエネルギーの未熟な発散の形態と理解することもできるだろう。

私たちが緊急事態、たとえば誰かからの理不尽な非難を受けたり、脅されたりしたときは、身体的な変化が現れる。呼吸が速くなり、心拍・血圧が上昇し、身体が硬直する。これは交感神経の働きが高まり、副腎髄質からアドレナリンが分泌されている状態であり、本人が望むか望まぬかにかかわらず身体は他者と闘う準備をする。そして相手が自分より強いと判断すると、全速力で逃げる準備を整える。これをキャノン（Cannon, W. B.）は「闘争-逃走反応」と呼んだ（湯川 2008, p.5）。

１９４９年、人類学者レイモンド・ダート（Dart, R. A.）は、それまで草食だと思われていたアウストラロピテクス・アフリカヌスと同じ場所から出土されたヒヒの頭骨に、武器で殴打された痕を発見し、彼らがカモシカの上腕骨を武器として、種族保存のため、ヒヒやシマウマ、イボイノシシなどを狩猟していたことを証明した。さらに、別のアウストラロピテクスの頭骨には、頭を殴打された痕が発見された。このことから、「闘争-逃走反応」とは、種族保存のため人間に太古の昔から備わって来た反応であることがわかる（山極 2007, pp.19-22）。フロム（Fromm, 1964 ／邦訳 pp.41-43）によれば、他の動物や他者を完全に支配したいと欲する衝動が、私たちのなかには存在する。そして、支配した者の自由を剥奪し、無力化することに快感を感じるという本能（サディズム：フロイトのいう「死の本能」（Freud, 1920）を有している。人間性という大海には、これらの闇の生命力が、機会があれば吹き出そうと蠢《うごめ》いているということだろうか。

Ⅱ　欲求不満による暴力

本能説によれば、攻撃衝動は黙っていても発生し高まっていく。あたかも水風船内に攻撃衝動という水が湧いていくように（大渕 1993, pp.41-43）。それに対して欲求不満説は、攻撃性は外部からの刺激に触発されて発生するとの立場をとる。たとえば欲求不満（フラストレーション）という水が注ぎ込まれ続けると、当然風船内の水の量は増していき、やがて膨れ上がり、水圧に耐えきれなくなった風船は破裂する。破裂が他者への身体的攻撃という形をとったものが暴力である。

ダラード（Dollard, J.）は、欲しいものを手に入れようとする過程で妨害が入った状態を欲求不満とし、欲求不満は攻撃行動を導くと説明した（大渕 1993, pp.75-81）。そして、欲しい対象への依存度が高ければ高いほど、それを手に入れる道が閉ざされたときの触発刺激は激しくなり、風船の割れ方もすさまじくなる。たとえば、飲んではいけない時間にコーヒーが飲みたくなった利用者の場合、援助者に訴えたが「まだ時間ではない」と拒否されたとしたら、彼の心の風船は実際にコーヒーを飲むまでは膨らみ続ける。

そして、拒否された欲求は、破裂しても自分にとってリスクの少ない対象を選んで破裂する。「置き換え（placement）」と呼ばれる防衛機制で、いわゆる八つ当たりである。いかに風船から水を抜くか。それは、衝動に翻弄される利用者のつらさを理解しようとする援助者の関わりを通してのみ、可能となるだろう。

Ⅲ　愛着と甘えによる暴力

リヴィー（Levy, T.M.）とオーランズ（Orlans, M.）は、愛着を次のように定義している。

愛着とは、人生の最初の数年間に、子どもと養育者との間で確立される深く持続的なつながり（connection）である。人間としての状態（心、身体、さまざまな感情、さまざまな関係、さまざまな価値など）のどの要素にも、深い影響を与える。

（Levy & Orlans, 1998／邦訳 p.2）

さらに愛着の普遍性を次のように説いている。

愛着は、基本的な人間としての欲求であり、数百万年もの進化に深く根ざしている。われわれは、愛着の本能を持っている。

（Levy & Orlans, 1998／邦訳 p.2）

攻撃性の背後には、愛されたい対象に近づきたくても近づけない、すなわち甘えたくても甘えられない心理があり、土居（1971, pp. 24–28）は、「すねる」「ひがむ」「ひねくれる」「うらむ」「ふてくされる」「やけくそになる」といった言葉に見られるような攻撃性の芽を生み出すと説明した。たとえば、欲しいおもちゃを買ってもらえない幼児が、店の前で地団駄を踏んで大泣きして母親を困らせたり、恋人が自分以外の男性と親しげに話しているのを見つけたことから、それを口実に恋人に暴力を振るうようになったＤＶカップルなどは、その典型であろう。彼らの隠れた（隠したつもりの）心理には、相手に愛されたいという、これまで満たされずにきた根源的欲求があるといえる。福島の次の言葉が、まさに的をついているといえよう。

> 「甘え」も「攻撃」も、ともに、ある人間が他の人間に「働きかける」ことにほかならず、不安とか怒りとかいう個体内部の感情とちがって他者に関係をもとめる行動である、という点で共通点を見出すことができる。
>
> （福島 1988, p.13）

たとえば、児童養護施設で、10歳の男児が入所したばかりの3歳の幼児に暴言を吐いて脅す行為の背景には、保育者に手をかけてもらっている幼児に対する羨望と妬みがある。甘え方を知らない男児は、幼児をいじめることで保育者の愛情を自分に向けさせようとする。次の事例のように、子どもが甘えることができ、適度に甘えを受けとめてくれる他者との関係を、「愛着関係」と呼ぶことが可能であろう。

【事例1】 中1男子の友宏は、寮の保育者や他児とうまくいまず、保育者や援助者、他児に激しい暴言を吐き、物を壊すなどの行為を繰り返したため、一時的に寮を離れて個室で生活することになった。男性援助者が交代で付き添うことになるが、ある援助者が付き添うときは別人のように甘えてきて、膝まくらを要求したり、援助者が入浴中は浴室に一緒に入って、援助者が洗い終わり浴室から出てくるまで待っている。

暴力を振るう子どもの背景には、甘え、すなわち今はゆがんだ方法しかとれないが、他者と愛着関係を築きたいとの切ない思いが存在する。そのことに援助者が気づけるかどうかが、わずかに残った子どもの成長の可能性を育てる支援となるかどうかの分かれ目である。

次のプレスコット（Prescott, J. W.）による報告は，愛着と攻撃の関係性が密接であることを示唆している。プレスコットによれば，愛着行動の原初的な表現である身体的タッチが多い文化で育った子どもは攻撃的行動が少なく，身体的タッチが少ない文化で育った子どもには攻撃行動が多く見られたという（Levy & Orlans, 1998／邦訳 p.62）。

愛着対象を求める子どもがその道程で示す暴力の意味について，福島が実に簡潔かつ的確にまとめているので，次に紹介しよう。

精神療法の過程では，攻撃性がたかまって「悪く」なったように見えたり，治療者を道具として利用しようとするあつかましいほどの依存がつづいたりする一時期があらわれるものである。ここでは，攻撃性を「ありのまま」に「安定して」受けとめられるか，それともおそろしくなったり愛想をつかしたりして背を向けてしまうか，治療者の態度が問われるのである。そして，その相手の態度いかんによって，ふたたび孤立や攻撃に終始する世界にもどるか，あるいは他者の姿が多少は存在する人間的世界に踏み入ることになるかが決定される。

（福島 1988, p.24）

ある意味，恐ろしい言葉である。援助者の存在は彼らにとって，それだけ大きな影響力を持つということである。必死で愛着対象を求めようとする子どもの激しい言動に付き添うとは，まさに一日千秋の如く限りなき長期戦に思われ，職員は疲弊し，結局「このやり方は間違いだった」「やはり枠にはめてしつけなくては」と，来た道を逆戻りしてしまうことも少なくない。いやそのほうが多いのかもしれない。

次に，施設長自らが先頭に立ち職員全員の意識改革を行い，子どもたちとの関係改善に成功した，ある児童養護施設の取り組みを紹介しよう。著者は２０１０～１３年にかけて，施設長の同意のもと，援助者へのインタビュー調査を実施した。インタビューの内容は録音したものを逐語録に起こし（トランスクリプト）、エピソードを《場面○》として掲載する。インタビューの詳細については第2章第1節のⅠの「2　インタビュー調査」を参照してほしい。

《場面1》　児童養護施設援助者の隆さん（40代男性、キャリア[*5]16年）

隆さん　今まで統一された方法がなかったのでこの方法でいくということになったのですが、これではやっぱり無理、子どもになめられちゃうんじゃないか、逆に荒れるんじゃないかという不安はありました。朝の打ち合わせや主任会議のときには、子どもに対する支援方法について確認をしました。たとえば「昨日、子どもとこういうことがありました」という報告があったときに、「それはこういう言い方のほうがいいんじゃないかな」と、そういうちょっとした指摘とかもありまして、毎日継続して浸透させていこうと取り組んできました。――中略――そのうちに周りの評価が聞こえてきたんですね。ここに検診に来るお医者さんとか地域の方とか、「子どもたちがほんとに変わったね、あいさつができるようになった」「顔つきも変わりましたね」って言われましたね。自分たちは毎日接しているのであまり気づかないんですけど、近所の昔から施設の子どもたちを見ている人は、そういうふうにおっしゃるので。

著　者　子どもたちが際限なくわがままを言い出したり、無断外泊を始めたりとか、そういう時期はありましたか？

隆さん　ありましたね。問題行動が起きると、どうしてもその子だけに目が行きがちになるけど、そう

＊5　キャリア年数は、種別を問わず、福祉施設勤務の通算年数を示している。以下、同様に示す。

ではない、ちゃんと良い方向に変わっている子どもにも目を向けました。「この子はこんなに変わったじゃないか」と。「試し行動」はたくさん出ましたね。職員にかかってくるというよりも、職員は何をしても怒らないって感じで、無断で園を飛び出してしまったりという子どもが出てきましたね。力で対応していないので職員に対しての暴力というのはないんですが、先生たちが優しくなった、じゃどこまで許してくれるんだろうと。まさに「試し行動」ですよね。外に出てしまったり、そういうことは増えましたね。

著　者　そういう場合は、職員さんはどう対応されたんですか？

隆さん　子どもに丁寧に説明します。どうしてこの時間に出てはだめなのか。それまでは対面で子どもと話をすることってあまりなかったですね。職員の視点が変わったというか、それって職員にとっての「問題行動」なんだろうな、という視点に。子どもたちを変えるんじゃなくて、職員がどう変わったら子どもはどう変わるのかなという。子どもに対して自分たちはどうだったんだろうと、たとえば子どもたちが話しかけてきても、「ちょっと待って」とか「あとで」で終わっていた。子どものほうを優先しなければならないのに、他の業務を優先していたこともあった。でもそれは違う。私たちの支援というのは子どもたちに対する支援なんだから、他の仕事はこっちに置いておいても子どもの話を優先する、あるいはどうしても今はだめな場合はきちんと説明する。

著　者　今までの感情、怒りとか悲しみとか……一気に堰《せき》を切って出てくるということはありませんか？

隆さん　子どもによっても違いますが、一時大変になることはありますね。それもやがて落ち着いてきます。子どもが職員は敵じゃない、味方だって思うようになるし、この人は安心できる人、安全な人だとわかると、子どもの言い方もまったく変わってくるので、いつもなんか不信感を持った感じで来る子が、そうじゃなくて、何の気兼ねもなく来るようになるし、そうするとこちらも一緒に生活しているという感覚になってきます。仕事でやっているだけじゃないんだと。

《場面2》　児童養護施設援助者の吉信さん（50代男性、キャリア18年）

吉信さん　高校に通っている女の子がいて、夜10時過ぎに黙って外出してはいけないよと言われているのに外出することが続いて、その子があるとき「私、外出禁止になる？　ならない？」と聞いてきて、私は「先生は君を信じるよ」って話して、それでも何度も裏切られているんですよね。やっぱり無断で外出しちゃう。友だちと連絡をとらないように携帯を預かろうかってことになったんですけど、携帯まで預かって全部ふさいじゃうと、逃げ道がなくなって夜飛び出してしまうとかありうるので、「外出は当面控えよう。君を守るためだよ」って話して。それから「施設から携帯に電話が入ったら絶対に出るんだよ」って話もして。夜、逃げ出しちゃうんじゃないかってことは想定していました。本人を追い詰めてはいけないと思いました。携帯もダメ、外出もダメってことになるとわれわれに敵対心を持ってしまうかもしれない。自分はいけないことをしちゃったってしょんぼりしているんですから。頭から「何やってるんだ！」と怒鳴るんじゃなくて、「いやぁ怪我しなくて良かったなあ」って話をすると、「先生ごめんなさい」って謝ってきたりすることがあるんですよ。その子が友だちのところに行くことで、かろうじて情緒を安定させているということもあると思うので、何でもかんでも規則だからダメ、みんな同じにやるんだってことでやっちゃうと、ダメだと思うんです。

著　者　他の子どもの手前どうするんですか？　なんであの子にだけ甘いのか、もっとビシッとやってくださいとか、他の子が言ってきませんか？

吉信さん　それはありますね。外泊しちゃう子が他にもいますから。だから、そのことを認めてはいないんだよ、っていうメッセージは出しています。われわれが子どもたちに説明するようになりましたよね。以前は「なぜ夜の10時過ぎに外出しちゃだめなんだ」と聞いてきたら、「当たり前でしょ」「常識でしょ」で終わっていた。今は子どもと接する時間が以前に比べて間違いなく増えています。子どもが遅く帰ってくれば、時間をかけてその子と話す。その子が逆上しているのを見て他の子が、「先生も大変だね」なんて声をかけてくれたりする。何度言っても聞かないということはありますが、根気よく、現場の職員が話してもダメなときは次に主任が話したり、施設長が話したりとか、役割を決めて対応したりしています。

大切なことは、子どもが「安全基地（secure base）」を持っているかどうかである。自分を見捨てることのない情緒的に安定した養育者を獲得することは、子どもが自ら安全基地にたどり着いたことを意味する。安全基地が信頼できるかどうかを子どもは試そうと、ときには基地を離れ、そして戻るを繰り返す。援助者が受容的であればあるほど、子どもは「本当に信頼してもいいのか」との問いを発し続ける。よく聞く「試し行動」や「リミット・テスティング」などがそれにあたる。しかし、もし基地が沈んでしまったら子どもは溺れてしまう。まさに命がけの問いかけである。その問いが暴力という形で表れるのである。しかも、子どもが援助者の存在を極めて近いところに感じていればいるほど、子どもも援助者も揺さぶられる。しかし、この時期こそ子どもが変わるチャンスである。同時に、援助者には、子どもからの「愛着対象を求める嵐」を受けとめる強さとしなやかさが求められる。

Ⅳ　関係性の障害による暴力

安心できる人間関係を得られていないことから派生している障害を、「関係性の障害」と呼ぶことにする。もし私たちが、周囲の人は皆、自分の気持ちをわかってくれず、迫害する者であると思い込んでいたら、いったいこの世の中はどう映るのだろうか。

認知症の方にとってオムツを交換に来る介護者が、毎回、誰かわからない不審者だと認知されていたらどうだろうか。その恐怖たるや想像を超えるものがあるだろう。恐怖の対象があまりにも近く、しかも、その恐怖の対象との接触が際限なく繰り返されるという状況に置かれたら、それはまさに、窮鼠猫を噛むという言葉どおり、絶望的な闘いを彼らは挑まなければならないだろう。「臨界反応」（Lorenz, 1963／邦訳 pp.49–50）、つまり追い込まれた結果としての攻撃である。

安心できる関係を構築する援助は、援助者側の意図的な働きかけから始まらなければならない。石井は援助者の「依存価値」について、次のように説明している。

> 子どものおびえている状態を肌で感じ、即それに対応し、なだめながら優しく事実を伝えていく。養育者としては当たり前で、しかも〝人〟でなければできない関わりを自然に展開することが、子どもにとって何よりの魅力であり、引き付けられる要因となるのである。
>
> （石井 1995, p.43）

この石井の援助者像は、多様な療育法を実践するいずれの場合においても、根幹に流れていてほしい思想である。保育者の愛情を求めても、些細な保育者の言葉に過敏に傷つき暴れてしまう子ども。その子に下される「自分のやったことが悪いことだとわかるまでは話はしない」「あなたとはしばらく距離を取るから」との保育者の宣言。子どもと保育者との関係を取り上げて脅しをかけられた子どもは、追いつめられ孤立し、さらに暴力がエスカレートする。それは当然の成り行きであろう。このような養護者の行為を著者は、「こころの兵糧攻め」と呼ぶ。その背景には、「私がいなければこの子はダメなんだ」と決めつける、養護者側の傲慢な思い込みがないだろうか。自分がやったことが悪いということは、子どもはわかっている。ただ、自分の気持ちをまず汲んでもらいたいのだ。

マクギー（McGee, J.J.）は、暴力の要因として「孤立」を挙げている。自分を理解してくれる人、気持ちを汲んでくれる人が周囲に誰もいなくて、あらゆるコミュニティからつまはじきにされ、価値を剥奪されてしまった人は、他者と一体になろうとする意欲が萎えてしまう。完全に無気力になる直前のあがきとして、彼らは暴力に頼ろうとする。しかし、その行為はますます彼を周囲の人から引き離し、孤立させるという悪循環に陥らせる。だから援助者は、たとえ顔に唾を吐きかけられても、平手で叩かれても、無条件の敬意を持って相手の価値を認めて関わっていくことが求められているとマクギーはいう（McGee & Menolascino, 1991）。彼の主張の背景には「すべての人が他の人と一緒になりたい、一体感を得たいという願いを持っている」（McGee, 1997, p.11）ことに対する揺るがぬ確信がある。やはり、援助者側からの関係性構築のための働きかけが、第一歩なのである。

V　接近・回避動因的葛藤による暴力

《場面3》　児童自立支援施設援助者の健さん（40代男性、キャリア18年）

健さん　彼（高1男子）の場合、突然豹変するんです。暴力や暴言のあと、また突然変わって仲の良い感じに戻りますね。一日のうちに、いい感じで送り出して（定時制高校に通学している）、いい感じで帰ってきても、夕飯のあとに何が原因かわからないんですけど、フラッシュバックっていうんですかね。突然興奮したりするんです。力比べや肩を組んできたりとか、寄ってきます。他の子に比べてそれが多いですし、そのときの気分で私を蹴ってきたり、半分はふざけてやっているんだとは思いますが、痛いですね。でも我慢しています。——中略——落ち着いているんですけど、突然ガラッと態度が変わって。当時、その子の先輩に言われていたような言葉を職員にぶつけてきたりするんです。文脈がないのにいきなりキレたり。——中略——肩を組んでくるのは彼と接近できて良い関係かなと受け入れつつ話をしたり、でも何のきっかけかわからないけど突然蹴られたりとか、ふざけてなんだけど「なんだこの野郎！」と言ってきたり。そのときは、ふざけてじゃれてという感じじゃないんです。前後関係なくその部分だけ取り上げて考えると憎しみというか……。でも蹴られれば痛いし、「やめなよ、痛いじゃないか」と言う。で、また、しばらくすると仲良くなるんです。そういうことは、最初の頃より関係ができてからのほうが多くなったような気がします。私と接触する密度が濃くなってきているんですが、そのなかで彼に近づくと彼の悪い部分が出ちゃうといいますか、近づかなければ出ないんです。ちょっと距離を置いてみたこともあったんですけど、そうすると他の先生のところにからんでいったり、そんな感じです。一般的な見方をすれば（その子は）悪くなっているんでしょうね。

マクギーは先に挙げたように、「すべての人が他の人と一緒になりたい、一体感を得たいという願いを持っている」と言ったが、それは重度の自閉症スペクトラム（以降ＡＳＤ）の方にも当てはまるのだろうか。たとえば、トイレや食事の時間を除いて、起きているときはいつもホールの隅にひざを抱えて座り、唾を吐いたり、それを身体に塗りたくっている利用者。着ている服は破衣行為のためにボロボロ。誰かが近づくと走って逃げ去る。そんな利用者にも他者と関わりたいという願望があるのだろうか。結論からいえば、確かにあるのである。近づきたいが恐くて不安で近づけない、という緊張に満ちた世界に彼らはいる。だから、援助者が彼らの恐怖をあおる接近をすれば、彼らは猫に追いつめられた鼠のごとく攻撃するのである。

この葛藤に満ちた状態を、リッチャーは、接近・回避動因的葛藤（approach-avoidance motivational conflict）（Richer, 1992）と名付けた。彼らの葛藤を理解したうえで、できるだけ彼らを脅えさせない自然な関わりを援助者がとることができれば、彼らも他者と愛着関係をつくることが可能である。忘れてはいけないのは、小林（2000）が指摘するように、彼らにとって他者は一〇〇％恐怖や不安を与える対象ではないということである。リッチャーは攻撃的な子どもが葛藤を克服していく過程を、次の3段階に分けている（Richer, 1992／邦訳 pp.171–188）。

（1）「回避優位（典型的な自閉的行動）」の段階
（2）「一時的接近（回避行動はより弱く、関係的あるいは愛着行動がより多い）と、過度の接近（注意を引き付ける、要求的な〝お山の大将〟的な攻撃的行動）の両方」が現れる段階
（3）「両価的でない社会的接近」（混乱せずに安心して接近できる）段階

つまり、子どもが荒れるのは、愛着形成に至る前段階であると考えることができる。また、この過程を促進するものとして、リッチャーは幼児遊びと抱っこを挙げている。

一つのエピソードを紹介しよう。

【事例2】　健一（仮名）は中学3年生。知的障害と自閉症を併せ持つ男の子で、身長165㎝、体重75㎏のなかなかの体格である。激しいパニックが週に2、3回あり、突発的に自分より身体の小さい子や肢体不自由のある子への他傷が見られる。それまでは、他傷のたびに体罰や、縛られるなどの身体拘束を受けてきた。新しく健一の担当になった援助者は体罰はやめさせたが、危険なので外からの施錠付きの個室に移し、援助者は3人の複数担当制にし、可能な限り散歩やサッカー、音楽活動などを行い、就寝時は入眠するまで健一に付き添うようにした。数か月後のある日、担当の援助者が入室すると満面の笑顔で援助者の胸を撫でまわす、両手を取って左右交互に前後に動かすなどの行為（遊び）を始めた。それからは毎回入室のたびに同様の行為を求めるようになった。

彼らの行動は必ず何らかの意図を持っているが、それを相手に伝える言葉や身振りといった象徴的機能を身につけていない状態であり、伝わらないことでの葛藤やイライラ、欲求不満がからんだ結果、他傷に至ってしまうのである。ＡＳＤの彼らを理解しようとする援助者の取り組みが、援助者自身の気づきを促し〝勘〟を鍛えるといってもよいだろう。

Ⅵ　転移による暴力

転移（transference）とは、本来、過去の生育上重要な人物に向けるべき感情を、別の人物（援助者等）に向けてしまうことである。たとえば、憎しみや怒り、ときとして恋愛感情を伴うこともある。もちろん本人は意識していないが、自分を虐待した母親と同じ年代で、何となく受け答えが似ている担当の保育者に攻撃が向かうこともある。愛されたいという思いの水源から流れ出した「甘え」という水は、その行き場を失ったとき、目の前にいる援助者に流れ込む。

あるエピソードを紹介しよう。

【事例3】 真司は中学3年生の男子。保育者に「出て行け」と言われたことがきっかけで何度か無断外出を繰り返すことになるが、1回目の無断外出から戻ったとき、迎えた職員に最初に発した言葉が「(自分を)探した?」「(自分に)帰ってきてほしい?」であった。別の日、真司の親しい友人、隆一が一人で無断外出をした。夜も遅くなり、警察に連絡した援助者が職員室で待機していると、真司が駆け込んでくるなり「てめえらなんで探しに行かねえんだよ! 警察に頼ってんじゃねえよ! てめえらクズだ!」と職員を罵った。

職員に向けて発した真司の暴言は、じつは自分を見捨てた母親に向けられたものだったのかもしれない。転移は治療の入り口であり、新しい人間関係を学ぶチャンスでもある。子どもの転移感情を援助者がどう扱うかにかかっている。援助者がまず子どもの感情を受けとめ、共感を示すことができれば、子どもは今まで体験したことのない大人との快い関係がありうることに気づくかもしれない。

Ⅶ 権力への反抗としての暴力

思春期の少年が、親や教師、援助者といった自分の生活に直接影響を及ぼす存在に対して疑問と反発を覚えだすのは、極めて自然な成り行きである。稚拙な言い方をすれば、大人になるために通らなければならない道である。子どもたちにしてみれば，今まで支配されていたことに気づき，権力者に反発するわけであるが，その際に暴力が，その手段として用いられてしまうことがある。この時期は第二次性徴期に伴う身体的変化もあり，攻撃衝動が昂揚する時期でもある。風船の中に攻撃衝動が以前よりいっそう加速して溜まっていくが，本人はその衝動をどう処理していいのかわからず混乱している，といった状態である。さらに悪いことに，周囲の人間が彼らの衝動性や感情の渦に巻き込まれ，結果的に彼らに高圧的，支配的対応をとる形となる。

たとえば，それまで保育者の指示に従い反抗することもなかった少年が，いつからか隠れて禁止されているゲームを持つようになり，仲間と共有しだす。そのことがばれると，数人の子どもで結託し無断外出を繰り返したり，仲間が援助者に叱られているのを見かけると，仲間に加勢し援助者を脅す。

自我同一性（identity）を獲得するためには，自分が生き生きとしていられる何か，生きているという実感が必要である。その指針が見つからないまま嵐に翻弄されている彼らは，その攻撃衝動の矛先を，彼らが支配者と見なした者に向ける。言い換えれば権力への反抗である。この反体制，反主流的行為を福島は「対抗同一性」（counter identity）（福島 1988, p.99）と呼んだ。さらに福島は，その背景には弱者に対する同一視による連帯感があると指摘している。

職員には決して話さないことでも，子どもたち同士では話を共有していることが少なくない。多かれ少なかれ痛みを抱えて入所してきている子どもたちである。お互いが弱者として仲間に自分を投影し，互いの抱える悩み，怒りや憎しみについて共有し合う。彼らにしてみれば，自分たちを支配し苦しめる援助者と闘う〝正義の闘い〟に，共に参加しているのである（志向性）。たとえば，「自分たちをこうさせたのはてめえらだからな」「絶対あいつ（仲間）を他の施設（児童自立支援施設等）になんか渡さねえからな」といった，自分たちを正当化し，仲間を守ろうとする発言がそれを証明している。

また、援助者が口にすることの多い、「(職員の話が) 子どもに入る、入らない」と言った表現。これは、空っぽの子どもの頭に職員の価値観を注入し、操作するといったイメージを与える。しかし、ほとんどの場合、子どもは職員の話の内容はわかっている。ただそれに納得したくないだけである。特に、思春期から青年期にあたる子どもにとっては、大人から話を〝入れられる〟ことは「彼らのアイデンティティ(存在の根本的な意義)を変えようとする試み」(Omer, 2004／邦訳 p.42) として、著しく侵襲的なものとして嫌悪するのである。ここに支配-被支配関係の構造を垣間見るのである。そしてそれは子どもに伝わる。彼らにとっては、まさに掛け値なしの正義、つまり自分たちを迫害する支配者への抵抗といった、志向性を持った暴力(志向的暴力〈oriented violence〉)なのである。

少々大袈裟な話になるが、施設内暴力という範囲で振り返れば、1954年の沖縄刑務所での暴動は、懲戒行為を逸脱した看守の暴力に端を発したものであったし、2007年の徳島刑務所の暴動事件は、当時の医務課長の受刑者に対する性的虐待がきっかけだった。ハンセン氏病療養所長島愛生園の院長であった光田健輔(1958)による『愛生園日記』には、劣悪な環境に定員をはるかに超えて患者を収容せざるを得なかった病院に対して、患者が待遇改善と自治権、職員総辞職を要求して結束し、器物損壊やハンストに至ったいわゆる「長島事件」について記されているが、その差別的表現はその時代を考えた場合やむを得ないとして、患者の説得に苦心する光田院長の姿が描かれている。これらの暴動の背景は理解できる点も少なくはないが、一方、沖縄刑務所では、受刑者がアルコールを盗み全受刑者に振る舞ったり、愛生園では、ハンスト中に一般患者には禁じておきながら事件の主導者だけが鶏をつぶして食べるなど、どこか無秩序な、未熟な闘争である印象を持つ。

権力への反抗が程度の差はあれ、誰もが通る「過渡的同一性」(transitional identity)(福島 1988, p.82)の段階だとするならば、やがて健全な自我同一性(アイデンティティ)を獲得できるよう、どっかりと腰を据えて、ときには毅然とした態度をもって、罰を与えたり、怒鳴ることではなく接することができる大人の存在が子どもたちには必要であり、また、子どもたちもそのようなモデルを求めているともいえるのである。

Ⅷ　目標達成の道具としての暴力（志向的自律型暴力）

相手を傷つけることが目的ではなく、達成したい目的が他にあり、その手段として用いられる暴力を、ここでは「志向的自律型暴力」と呼ぶことにしよう。つまり、敵意が存在するというよりも、目的達成の道具として暴力が用いられるわけである（湯川 2008, p.10）。

ここで「志向的」の意味について述べておく。志向する目的は、本人にとって正義、当然の要求、あるいは権利と認識されたものに限定して用いる。施設をどうしても出たいと願う子どもが「暴れればここを出られるから」とあえて暴れ、問題を起こす場合などは、施設を出たいという子どもの当然の主張を志向する、かつ追いつめられた末の最後の手段ともいえよう。

志向的自律型暴力は、行使した結果、目的が達成されたという経験を積むことによってさらに志向性を強め、その実績は強い説得力となって周囲の者をも追随させていく（志向的他律型暴力）。集団のリーダーは子どもたちにとって職員以上に同一化の対象となり、リーダー格の少年の行動に与して行くのである。

Ⅸ　防衛手段としての暴力

窮鼠猫を嚙むという諺《ことわざ》に表現されているように、心身ともに追いつめられた結果、最終手段として用いられる暴力である。支援する側に追いつめているつもりはなくても、子どもは先が見えない不安に押しつぶされそうになったときに，自暴自棄な行動をとることがある。

複数の子どもから男性援助者への施設内暴力が発生したB学園。その処遇のあり方を考える検討委員会の報告書には，「無断外出をして帰園した場合，従来は特別日課として作文や学習，作業を行わせていたが，今後は個別面接や職員との濃密な関わりを通して支援・指導を行っていくことが必要である」とあり，また，「自立のために自己決定する力を育てることや，懲戒において児童の最善の利益という視点から，児童の成長への影響を考えた適切な方法を選択することが必要である」とある。ここには，「ではどうしたら良いのか」「濃密な関係とはどう関わることなのか」といった具体的提案が見当たらない。耳触りのよい抽象的美辞麗句でわかったつもりになり，少年たちの声なき声から援助者がさらに遠ざかることになってはならない。

X　器質的要因による暴力（オキシトシンによる沈静効果）

いわゆるキレやすい人とは一般的に，他の人なら感情的になることもない状況でも感情の沸点に達してしまい，攻撃的行動に走ってしまう傾向のある人を指す。不快な刺激に対する耐性が低いと言い換えることもできる。脳には個性がある。では，キレやすい人の脳では一体何が起こっているのか。特にASD者に見られる外部からの刺激に対する過敏反応とは，あたかも頭の中で火災報知機が鳴り響いている状況といえるであろう。

攻撃性に関係する主な脳の部位として，視床下部，扁桃体，前頭葉，海馬が挙げられる。視床下部は生きていくための欲望（本能）を生み出す場所であり，かつ脳全体に影響を与える。視床下部の損傷による攻撃性は，外からの刺激の有無，程度によらず，空腹，排泄，性的欲求亢進などにより自生的に発生すると考えられる（兼本ら 2006, p.930）。不安や恐怖が視床下部から生まれた場合，たとえば人は自分以外の他者を恐れるという本能が備わっているので、目の前に見知らぬ他者が現れたとすると恐怖を抱く。しかし、それが白衣を着た看護師であれば、脳は過去の情報を動員し、「ここは病院だし、優しそうな看護師は恐れなくても大丈夫」と安心する。その不安や恐れのコントロールをするのが扁桃体の役割である。この扁桃体に損傷があると、恐怖の感情をコントロールすることができず、外部からの刺激に過剰に反応してしまう。いわば「むき出しの裸の心」（NHKスペシャル 2008）といえよう。

【事例4】　28歳の男性。8歳頃から急に、世界に一人だけ取り残され、誰かに襲われるのではないかといった恐怖に襲われるようになり、11歳頃からこの感覚に意識消失発作も伴うようになった。25歳頃から発作後1週間くらい不機嫌になり、父親が「大丈夫か」と声をかけたところ急に激昂し、父親を殴り骨折させてしまった。職場でもささいなことで興奮し、暴力を振るうことがあった。MRI検査の結果、扁桃体、海馬に顕著な委縮が見られた。発作も海馬および扁桃体から出現していることがわかった。（兼本ら 2006, pp.931-932 をもとに著者作成）

前頭葉の損傷または異常では、対応している他者との関係で相手にうまく感情移入することができず、短絡的に、衝動的に反応してしまうなどの傾向が見られる。扁桃体はネガティブな感情に敏感であり、何らかの異常があった場合、たとえば他者のちょっとした不機嫌な表情から怒り情動を読み取ってしまい、突発的に興奮してしまう場合もありうる（岡田 2012）。

【事例5】 51歳の男性。2、3カ月前から「風呂の空焚き、カップ焼きそばの湯を捨てずに食べる、タバコをゴミ箱に捨てるなどの奇異な行動が目立つようになり」、ときに短時間ではあるが激しく怒りだすようになった。MRI検査において前頭葉に委縮、血流の低下が認められた。

（兼本ら 2006, pp.930-931 をもとに著者作成）

ちなみに、海馬は目や耳からの情報と過去の経験とを統合して整理する役割があるが、たとえば深刻な虐待を受けてきた人の海馬は、一般の人の海馬に比べておよそ1割程度小さくなっている。海馬はストレスに弱い細胞でできているのである。また、脳血管障害による認知症の場合、脳の機能低下に伴って前頭葉機能の低下により、抑制の困難や衝動性が亢進し、それが暴言や暴力に結びつきやすくなるといえよう（吉田・三村 2006, p.938）。

さて、ASD者の場合、脳ではいったい何が起こっているのか。岡田（2012）は、ASD者の一部には、オキシトシン・バソプレシン・システム（oxytocin vasopressin system）の異常が見られると考察している。オキシトシンは視床下部で生成され、下垂体後葉から分泌されるホルモンで、出産の際子宮の収縮を助けたり、母乳の分泌を促進する物質と理解されてきたが、じつは愛着関係を構築したり良好な対人関係を築くために有効に作用する共感を高める物質であるということもわかってきた（堀内 2010, p.44）。ASD者はこのオキシトシン受容体がうまく発現しないために、オキシトシンがうまく作用せず、扁桃体が過剰に興奮しやすく、いわゆるパニックや他傷といった行動の原因になっているとの説もある（岡田 2012, p.125）。

このオキシトシンのシステム異常が、ASD者の呈する症状に似た症状を引き起こしているというわけである。最近では金沢大学など日本の大学においても、オキシトシンを投与することで、ASD者の社会性の障害を改善することができるかどうかの研究が進められている（棟居 2013）。

ここで確認したいのは、器質的要因が暴力や他傷のすべての要因ではないということである。攻撃性が引き出されてしまう環境的要因があり、それこそが問題とされなければならない。その最も影響力の大きなものが、他者との関わり合いである。援助者の対応いかんによって、利用者はさらに興奮するか、それとも徐々に落ち着くことができるのか、状況は変わってくる。ある女性援助者は、毎朝パニックを起こし、頭でガラスを割って回る男子の利用者と対応するとき、次のように自分に言い聞かせるという。「ああ、アドレナリンがたくさん出ていて自分で止められないんだな」。目の前で暴れている人の脳で何が起こっているのか、本人の意思と離れたところで何が起こっているのかを冷静に考えてみることは、援助者側がいたずらに感情に巻き込まれ、興奮してしまう危険を回避するための有効な方法である。

たとえば、オキシトシンといった人間関係を良好に保つための、また鎮静効果のある脳内物質を調整するためには、マッサージやタッチングといった身体接触が有効とする報告もあり（Moberg 2000; Kuchinskas 2009; 堀内 2010; Takahashi et al, 2013）、タクティールケア（タクティールケア普及を考える会 2008）などの関わりの技術が普及しつつある。まだ十分に明らかとは言い難いが、器質的要因による暴力をはじめとした行動障害の治療・改善には、他者との安心できる快い関わり、「つながる喜び」が、何らかの影響を与えていることはほぼ間違いないだろう。

第2章　施設内暴力の実態と考察

第1節　知的障害領域における暴力

現在は身体・精神・知的障害者が共に利用できる障害者支援施設に統合されたが、調査時においては、旧知的障害者援護施設で利用者のほとんどが知的障害者である施設を対象とした。

I　調査方法と分析方法

1　記述式質問紙調査

著者は、2010~12年にかけて、4カ所の知的障害者利用施設を対象に施設長の同意のもと、援助者101人に対して自由意思に基づいて記述式質問紙調査を実施し、調査票に記されたエピソードの分析を行った。暴力を受けたことのある援助者への質問項目は、後述の三つである。なお、回答者の属性については、年齢、性別を、キャリアは種別を問わず福祉施設での通算勤務年数を記入してもらった。

（1）誰に、どのようなときに（状況）、どのような暴力・暴言を受けたか、どこをどうされたか（暴力の種類）、できるだけ詳しくお書きください。
（2）暴力・暴言を受けた際、どう対処しましたか（対処：たとえば、応戦した、逃げた、厳しく注意した、など）。
（3）暴力・暴言はあなたにどのような影響を与えましたか（影響：たとえば、利用児者が恐くなった、離職した、うつになった、など）。

結果は、101人中、暴力・他傷を受けたと答えた援助者は92人（91・1％）。うち男性39人（42・4％）、女性53人（57・6％）であった。

データの分析は、質問項目（暴力の種類、状況、対処、影響）ごとに類似の記述をまとめて、共通する概念を、カテゴリー（『　』で表記）と、サブカテゴリー（【　】で表記）にまとめた。

2　インタビュー調査

著者は2010～13年にかけて、施設長の同意のもと、主に知的障害者が利用する施設7カ所において援助者13人、施設長1人、元施設長1人に対しインタビュー調査を実施した。インタビューの内容は録音したものを逐語録に起こし（トランスクリプト）、エピソードを《場面○》として掲載している。なお、匿名性を確保するため、回答者はすべて仮名とした。また、エピソードを複数名分まとめて紹介する場合は、番号を付けて記載した。

Ⅱ　暴力の実態（種類、発生要因、対処方法、影響）

1　暴力の種類

暴力の形態は、『瞬間的な暴力』『身体接触が持続的な暴力』『凶器を用いた暴力』に分類される（表1）。

（1）瞬間的な暴力

《場面4》　援助者の豊子さん（40代女性、キャリア5年）

豊子さん　彼女がココア飲みたいと言ってきて、でも課題を終えてからココアを飲むことになっているので、まだココア飲むのは早いと話しても通じない。それでファミリー（居住棟）に戻ろうとするので、私が彼女の前に立ってたんですね。そしたらいきなり顔を平手で叩かれたんです。彼女すごく体格もいいし、彼女にとって私の位置がちょうど叩きやすい位置だったんでしょうね。叩かれたとき、一瞬目がチカチカして、何が何だかわからなくなって。急にやられて私、パニックになりました。なんで私のときだけって。それでくやしくて、今までの思いがくずれてしまった。一瞬でどうしていいかわからなくなって、男性職員を呼んで「私もうダメダー」って泣き出しちゃいました。何がなんだかわからない。なぜそんなことされなきゃいけないんですか?。

《場面5》　援助者の君子さん（50代女性、キャリア10年）

君子さん　あるとき私が「お風呂に入りましょう」って、ちょっと触っただけなんですけど、ゲンコで

表1　障害者施設における暴力の種類（2010〜12年）

	カテゴリー	サブカテゴリー	形　態	件　数（92件中）
1	瞬間的な暴力	身体接触を伴うもの	叩かれる	43
2			殴られる	22
3			蹴られる	15
4			頭突き	9
5			押される、突き飛ばされる	4
6			引っかかれる	3
7			眼鏡を壊される	2
8		身体接触を伴わないもの	唾を吐きかけられる	8
9			物を投げられる	5
10	身体接触が持続的な暴力	身体接触を伴うもの	噛まれる	20
11			つねられる	19
12			髪を引っ張られる	14
13			爪を立てられる	7
14			手首を強く握られる	1
15			耳を引っ張られる	1
16			手をひねられる	1
17			服を破られる	1
18			身体の一部分をつかまれる	1
19			首を絞められる	1
20			押し倒される	1
21			指をねじ曲げられる	1
22	凶器を用いた暴力	脅迫	包丁を突きつけられる	1
23		攻撃	ボールペンで後頭部を刺される	1

みぞおちを思い切り殴られて、すごく痛くて何が起こったのかわかりませんでした。「今、何が起きたの？」「なんでされたの？」「何をされたの？」「何かあったな」「ああ、今やられたんだ」ってそんな感じでした。勤めて間もないときで、私としては肩をタッチングじゃないですけど、そんな感じだったのに。信頼関係ができていない人には通用しないっていうか、その方に他の援助者があとで話を聞いたら、「（私が）叩いたからおれはやったんだ」と言ったそうです。

『瞬間的な暴力』は、一瞬のスキを突いて発生する攻撃で、対象者は攻撃から身をかわすことが困難である。暴力の形態は、身体接触を伴うものと伴わないものの二つに分けられる（表1）。

『瞬間的な暴力』でかつ「身体接触を伴うもの」とは、一瞬の接触であり、負荷力が強ければ深刻な打撲、骨折など身体的外傷を受傷する可能性が高い。このリスクは、物を投げつけられた場合も同様である。

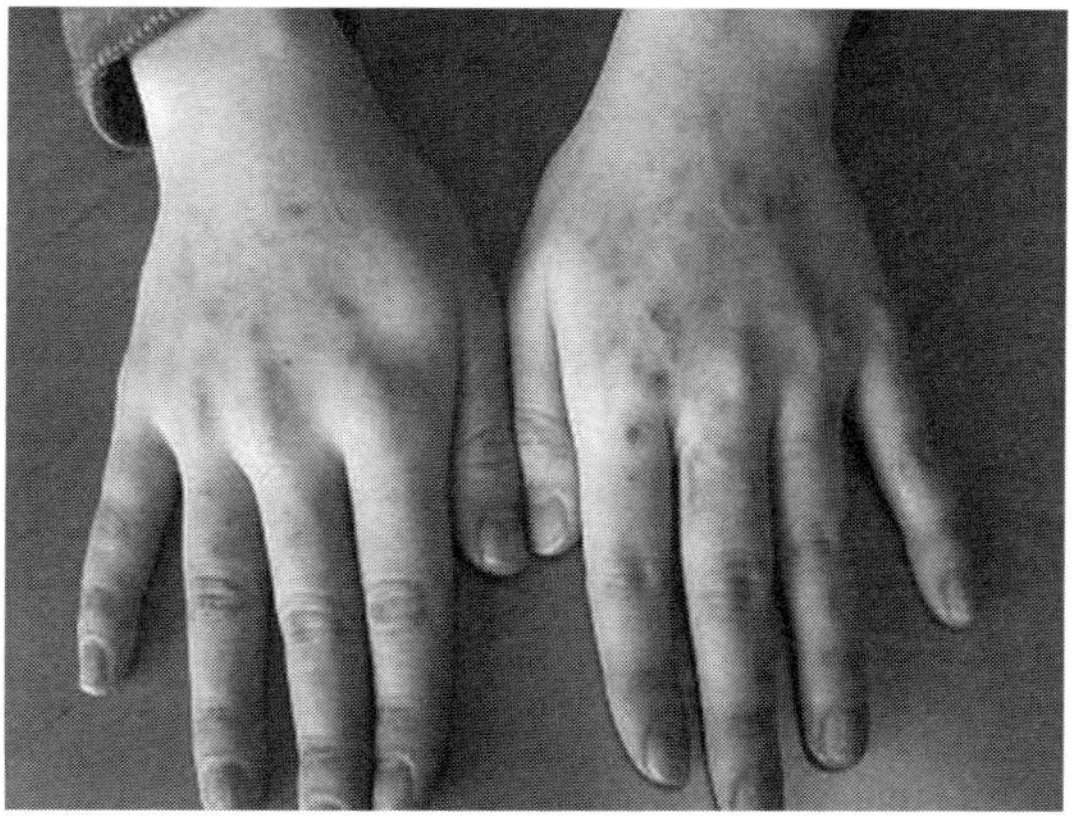

写真1　爪立てによる傷跡

（2）身体接触が持続的な暴力

《場面6》援助者の良枝さん（20代女性、キャリア4年）

良枝さん　（著者に手を見せてくれて）昨日彼女にやられた手です（写真1）。爪でえぐるような状態で、不穏な状態のときに来るんですね。わりと援助者の皆さん、袖で隠したり手袋をしたりしているんですけど、もう傷は治らないです。細かい傷は最近のですが、スジになっちゃってるのはもう治らないやつです。昨日は爪が伸びていて余計ひどかったんです。夏場は薄手の長袖とか着ているんですけど、あんまり手を隠したりしてると、今度は髪の毛を引っ張ったりとか腕とか首に来たり、素肌が見えるところに来る。これで傷ができないとわかると指を揉んですよね。力いっぱい指の関節をぐりぐりするんですよね。それで小指を痛めちゃって。無理やり指を開こうとするので「痛い！」と指を開くじゃないですか。小指がいちばん弱いから危ない。

《場面7》　援助者の道子さん（30代女性、キャリア10年）

道子さん　そうですね、ケガだらけだったと思います。手を押さえたときにガリッてやられたり、利用者さんの足が当たったり。押さえているときにいろんなところに当たるので。スーパーとかに行くとレジの人がびっくりするんですよね。「何だその手は」って。お金を払うときに手を見るじゃないですか。病院では「ＤＶですか？」って聞かれたこともあります（笑）。

《場面8》　援助者　佐枝子さん（20代女性、キャリア8年）

佐枝子さん　プレハブみたいな部屋で、８人の利用者さんを一人か、ときどき二人で見ています。身長１７０㎝くらいで少し細身の男性の利用者さんがいるんですけど、昔から自分を否定されたり、怒られそうになると手とかに噛みつく方がいて。たまたま私がプレハブに入ったときに、本人はそのとき何か自分では悪いことをしちゃったと思ったみたいで、それに対して私が怒りに来たって勘違いしちゃったみたいで、入ってきた私に対してパニックになってつかみかかってきて、私を倒して髪の毛を引っ張って、「やめて、やめて」って。倒されてから足で何とか回避して逃げ出して。怖くて声も出せなくて。ちょっとしたすきに離れて、助けを求めて逃げ出したことがありました。

『身体接触が持続的な暴力』とは、利用者からの攻撃による援助者への身体接触が、瞬間的ではなく持続的なものであり、被害者はできるだけ早く相手から離脱する必要がある。その形態については前掲の表1にまとめてある。

対処方法としては「離脱」（第3章）の諸技術が適用されよう。ただ、注意を要するのは、離脱が利用者に対する嫌悪に起因するのではない、決してあなたを拒否しているわけではないですよ、ということを利用者に伝えることである。ただし、援助者の離脱後、攻撃の矛先が他の利用者に向かう場合などは、「救助」（第3章）といった次の対応手段をとる必要がある。

たとえば、表2の『要因が特定できる状況（暴力）』の「援助者の言動に対する嫉妬」のように、甘えを起因とする攻撃が見られることがあり、利用者も手加減しつつ攻撃してくることもあるので、力がそれほど強くはなく、ある程度は許容できるのであれば、いたずらに離脱を急ぐことはない。

《場面6》で登場した施設では、対応する際には袖を伸ばして援助者の手を防御したり（写真2）、援助者が手袋をはめるなどの工夫をしている。

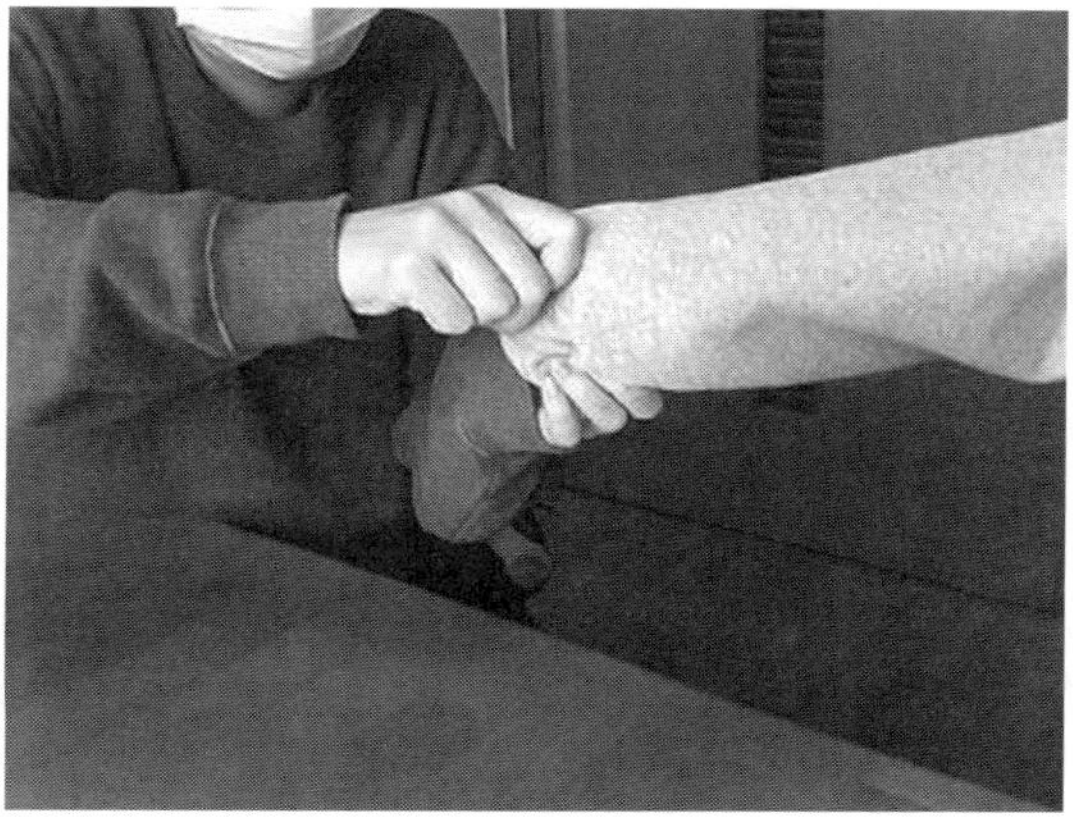

写真２　袖で隠して保護する

表２　障害者施設における暴力の発生した状況（2010～12年）

	カテゴリー	サブカテゴリー	発生の状況	件　数（92件中）
1	要因が特定できる状況（暴力）	援助者との直接的関わりに起因するもの	行動の制止	9
2			援助者からの注意	6
3			要求の拒否、不受理	6
4			利用者へ声がけ	4
5			ほかの利用者・援助者への暴力・他傷に対する援助者の介入・制止	3
6			説得・説明	3
7			援助者の言動に対する嫉妬	3
8			行動の促し	2
9			パニック時の援助者の介入	2
10			八つ当たり	2
11			援助者に向けての注視行動	1
12			援助者による他利用者への注意	1
13			援助者への事実と違う疑い	1
14		援助者との間接的関わりに起因するもの	待たされ	1
15	要因が特定できない状況（他傷）	突発的暴力	突然	25
			興奮している	3
16		兆候を有する暴力	不穏・不安定	11
			機嫌が悪い	2

＊無記入あり

（3）凶器を用いた暴力

『凶器を用いた暴力』（表1）では、手にする物が極めて危険であるもの、たとえば包丁や鎌、バット、ハンマーなどである場合、多くは実際に攻撃することより、【脅迫】の手段として用いられることが少なくない。実際に【攻撃】が行われた場合、〈ボールペンで後頭部を刺される〉のように、攻撃者が危険度はそれほど高くないと認知したものが攻撃に使用される可能性は高いが、受傷箇所によっては深刻な外傷による障害が発生する可能性もある。まず、包丁やバットなどの凶器は、手に入らない環境に保管しておくことが先決である。

2　暴力の発生した状況

（1）要因が特定できる状況（暴力）

用語についてであるが、「暴力」には「他傷」も含めると第1章で述べたが、ここでは「暴力」「他傷」をあえて区別することで、より詳細な発生要因の分析と考察を試みることにする。

まず『要因が特定できる状況（暴力）』について見てみよう。調査結果をサブカテゴリーに分類してみると、14発生状況中13が【援助者との直接的関わりに起因するもの】であり、表2のような発生状況に分類される。次の《場面9》は、援助者への〈八つ当たり〉による暴力の例である。

《場面9》　援助者の杏子さん（30代女性、キャリア10年）

杏子さん　女性だからということで暴力を受けるというのはありますね。男性援助者に怒られた八つ当たりで女性援助者が暴力を受ける。そこはきちっと男性援助者と情報交換をしておかないと。「今俺怒ったから、もしかしたら（利用者）イライラしているかもしれない」って言っておいてもらえばよかったんですけど。男性援助者も怒ってるから、怒ったまま出て行っちゃって。どうしたのかなとか思っていると、いきなり（怒られた利用者に）バチーンと殴られて。怒った男性援助者が出て行ったあとです。

著　者　男性職員は、そのあとで女性職員が殴られていることは知っているんですか？

杏子さん　殴られたのがわかってから「ああ、原因は俺だ」みたいな。

著　者　原因がはっきりしているわけですよね。何か対策は考えたんですか？

杏子さん　背中を向けないみたいな。あとは利用者の動きに合わせて雑務をするとか、近寄らないです。距離を空けてしばらくいるとか。

援助者は利用者に関わる場合、相手の精神状態や心理状態を推測したうえで冷静な声がけ、介入を心がける必要がある。暴力をさせないことが最も大切で、優先されるべきことである。何が引き金となって利用者が暴力に至るのか、援助者の皆さんには予備知識として理解してほしいので、記述式質問紙調査（２０１０～１２年実施）によって得た記述のうち、特徴的なエピソードのいくつかを、以下のＡ～Ｏのように原因ごとに挙げてみた。それぞれの場面でいかに関わったらよいか、参考にしてほしい。

Ａ　行動の制止

①「他の利用者の着ている服を破こうとしているのを止めたところ、腕を振り回してきたり、蹴ってきたりした」（40代女性、キャリア８年）

②「公園で、一人で出て行こうとしたＡさんを止めると殴りかかってきた。その後、車道で座り込んだＡ

さんが車と接触しないよう前に立った際，太ももをいきなり噛みつかれた」（20代男性，キャリア4年）

③「その方の通る道をたまたまふさいでしまったために，肩に噛みつかれた」（50代女性，キャリア6年）

④「利用者の盗食，他傷行為を止めるときなどに手をつねられる，後ろから押される，顔をこぶしで殴られる，指1本を握ってねじってくる，手の甲に爪を立てる」（30代男性，キャリア4年）

B　援助者からの注意

①「問題行動を注意した際，指の関節を逆方向に曲げられる」（20代女性，キャリア2年）

②「AさんがBさんに暴言を吐いていたのでAさんを注意したところ，Aさんに平手で顔を叩かれた」（20代男性，キャリア6年）

③「他の利用者の私物を持ち出した利用者さんに，私物を返すように声がけした際，無言で頭を殴られた」（20代男性，キャリア6年）

④「バス送迎時に20代の男性利用者が突然自分のシートベルトを外し立ち上がったので，注意するために近くまで行くと，殴りかかってきた」（20代男性，キャリアは不明）

C　要求の拒否，不受理

①「利用者がおやつの要求をしてきたが，ご本人と他職員との間ですでに，『おやつは食べたので本日分は終了』と約束したとのことなので断ったところ，激しく怒り，話をしようと試みてみたが話ができる状態ではなく，距離を取ろうとしたところ向かってきて顔を平手打ちされた」（30代女性，キャリア6年）

②「他の利用者介助中，『お茶ください』と言ってきた利用者に対し，少し待っていてほしいと伝えたら逆上され，顔をひっかかれた」（30代女性，キャリア4年）

③「日中活動をさぼった利用者への飲み物の提供を断ったところ，噛みつかれた」（20代女性，キャリア

4年）

④「お茶を飲みたい、ジュースを飲みたいなどの要求があり、それまで多飲していたため少し待つよう伝えたところ、怒って背中を叩く、肘で突く」（20代女性、キャリア3年）

⑤「飲み物の要求が強く、支援室の扉を閉めたところ、こぶしで顔面を殴打された」（20代女性、キャリア3年）

⑥「朝早く（4時）起きてきて『ごはんは？』という問いかけに、まだであることを伝えたところカッとなり、手当たり次第に物を投げつけられた」（40代男性、キャリア6年）

D　利用者への声がけ

①「援助者の声がけに反発して、二、三度繰り返すと、怒って襲ってきた」（30代男性、キャリア4年）

②「利用者さんが廊下で眠っていたため居室に誘導しようとしたところ、腕を噛まれた」（20代女性、キャリア3年）

③「利用者に声がけ（トイレ誘導、更衣等）を行った際、つねる、殴るといった行為を受けた」（20代男性、キャリア1年）

④「朝食時、食べる意欲が見られなかったため声がけしたところ、機嫌が悪かったようで顔を殴られた」（20代女性、キャリア5年）

⑤「統合失調症の方で、不安定になられ、夜間大声を出し続け、静かにしてもらおうとして言葉をかけたとき、殴りかかられた」（年代不明、女性、キャリア不明）

E　他の利用者・援助者への暴力・他傷に対する援助者の介入・制止

①「職員に殴りかかったAさんを抑制。解放時に顔面に蹴りを入れてきた」（20代男性、キャリア4年）

②「他の利用者への他傷行為を制止した際」（40代男性、キャリア6年）

F　説得・説明

①「車椅子の方で転倒の危険性があるため、移乗の際は職員を見守りのため呼ぶように伝えていたが、単独で移乗していたため改めて職員を呼ぶ約束を話したところ、両手で殴られた（車椅子の位置からのため、職員の腹部や腕のあたり）」（20代女性、キャリア3年）

②「共用の歯磨き用のタオルを個人の物として使用して、ポケットに入れて持ち歩いており、みんなで使うタオルなのでポケットに入れず、使った後は洗濯に出してほしいと伝えると、左顔面を中心に、大変強い力で殴る蹴るなどを繰り返した」（20代女性、キャリア4年）

③「足をケガされて歩行器利用の方に購入目的の歩行器を業者が持ってこられたが、本人の思っているものと違う物であったため説明をしている最中に、平手打ちされた」（50代女性、キャリア6年）

G　援助者の言動に対する嫉妬

①「他の利用者さんと話をしているときに、腕をつねられたり、噛まれたりした」（20代女性、実習生）

②「つねったりする利用者さんと話しているときに、急に噛みついてきた」（20代女性、実習生）

③「入所して間もない利用者と普通に話していたことが、相手にとってはうれしくなってきてしまった様子。他利用者とのコミュニケーションに焼きもちをやき、追いかけられた結果、蹴られました」（30代女性、キャリア6年）

H　行動の促し

①「日中活動に参加されなかった利用者へ参加を促した際」（40代男性、キャリア6年）

I　パニック時の援助者の介入

①「パニック時に介入したとき、暴力を受けた」（40代男性、キャリア6年）

J　八つ当たり

①「他職員とのやりとりで気分が高揚していた様子であり、外から帰ってきた私のもとに来て、突然平手打ちをした」（20代女性、キャリア4年）

②「何かを機に興奮されており、対応すると『お前には関係ないんだよ』と殴られた。その際、眼鏡が壊れた」（20代女性、キャリア6年）

K　援助者に向けての注視行動

①「他の利用者さんのリュックを足で動かしていたため、数回言葉でやめるように言ったが、アピールするように続けたためリュックを取り上げた、その際、顔面に頭突きをしてきた。周りの利用者さんが止めに入るも、足で蹴るなどしばらく暴れた」（40代女性、キャリア6年）

L　援助者による他利用者への注意

①「他の利用者がたたんだタオルを故意にばらまいたので注意したところ、後方から襲いかかられ、髪を引かれ、床に倒れこんでもずっと引っ張られ続け、髪が抜けた」（30代女性、キャリア6年）

M　援助者への事実と違う疑い

①「勤務1年目のときに、イライラしていた利用者と目が合った瞬間、事実と異なる疑いをかけられ、『私の○○を盗った！』と平手打ちにされた」（20代女性、キャリア4年）

O　待たされ

①「他利用者の対応で待たされているときに、頭突きをしてきた」（20代男性、キャリア4年）

（2）要因が特定できない状況（他傷）

『要因が特定できない状況（他傷）』とは、対象者に対する悪意、甘えなどの感情の有無、目的、対象選択の根拠が不明確で，予知が困難な，主に脳の器質的損傷によって誘発される突発的，衝動的攻撃行動，である。よって，まったく予期せずに突然攻撃を受ける場合が少なくないものである。

調査による発生状況では，【突発的暴力】として，〈突然：25人〉，〈興奮している：3人〉，【兆候を有する暴力】として，〈不穏・不安定：11人〉，〈機嫌が悪い：2人〉が挙げられている（表2）。

A　突発的暴力

以下に【突発的暴力】の例を挙げる。

①「手をつないで歩いている際，急に肩を噛まれた」（30代男性，キャリア4年）

②「突然髪の毛を引かれた」（20代男性，キャリア4年）

③「クラブ中，利用者と作業している際，突然頭に頭突きされた」（40代女性，キャリア3年）

④「急に怒り出し，頬を平手打ちされた」（20代女性，キャリア1年）

⑤「突然殴りかかられた。手首を強く握られた」（40代男性，キャリア6年）

⑥「男性利用者に，エレベーターで出会いがしらに眼鏡をつかまれた」（40代女性，キャリア6年）

⑦「トイレ清掃後，洗面所で手洗いをしていたところ，後ろを通りかかった利用者が，突然私の髪の毛を思い切り引っ張り離そうとしないため，倒れそうになった」（40代女性，キャリア6年）

⑧「他利用者の支援しているときに，後ろからふいに背中を叩かれ，息ができないようになり苦しかった」（50代女性，キャリア6年）

⑨「重度の利用者に後頭部を殴られ，つかみかかられる。他児の対応中で原因はわからないが，視覚の刺激が原因か？（他児と会話中で特に叱責などはしていない）」（20代男性，キャリア3年）

以上のエピソードでは，援助者には原因が理解されていないが，たとえば⑨では，対応した援助者によって「視覚の刺激が原因か」との仮説が立てられている。また，⑧⑨では，援助者が他児，他利用者と関わっている際に攻撃を受けていると援助者自身が記述しており、注視行動や嫉妬による突発的反応といった仮説を立てることも可能である。また、⑦の髪引きでは、髪の毛が刺激となり触発された攻撃と推測することも可能である（他に眼鏡が刺激になったと思われる⑥あり）。先行する刺激がないということではなく、援助者がそれに気づくに至っていない、あるいは確信を持つに至っていない刺激が存在している可能性が示唆される（見えない刺激）。つまり、刺激・原因はあるが、それに援助者が気づけないでいる結果引き起こされた攻撃、ゆえに原因がわかりにくい攻撃ともいえる。

B　兆候を有する暴力

以下に【兆候を有する暴力】の例を挙げる。

①「常時、個別対応が必要な利用者が不調になった際、拳で叩く、足で蹴るなどの行為あり」（20代男性、キャリア3年）
②「興奮時に体をつねられる」（20代男性、キャリア2年）
③「特定の利用者が不穏状態であるときに、つねり行為を受けた」（30代男性、キャリア1年）
④「不調の利用者からすばやく顔を引っかかれた」（30代女性、キャリア6年）
⑤「イライラしていた利用者と目が合った瞬間、事実と異なる疑いをかけられ『私の○○を盗った！』と平手打ちされた」（20代女性、キャリア4年）
⑥「他傷の危険性のある利用者が不調の際に、職員の対応が気に入らず腕を噛んだり、顔を殴ったりすることがある」（20代女性、キャリア2年）
⑦「服薬を勧めようとしたところ、顔面にパンチを受けた。もともと服薬を渋るケースであり、暑さもあって機嫌が悪く、パンチという形で手が出た状況である」（50代男性、キャリア6年）
⑧「近づいてきて耳を強い力で引っ張られる。手をひねられる場面あり。日課の場面によるが、利用者自

身も不安定で落ち着かない様子で、イライラして自制が効かない状態であった」（40代男性、キャリア6年）

⑨「興奮されているとき、情緒の乱れがあるとき、蹴る、叩く、つねる、服を破るなどの行為を受けたことがある」（20代女性、キャリア5年）

⑩「利用者が不穏状態のときに顔を殴打された」（30代男性、キャリア4年）

⑪「何かを機に興奮されており、対応すると『お前には関係ないんだよ』と殴られた」（20代女性、キャリア6年）

⑫「興奮気味の男性利用者から、背中を叩かれたり、顔を殴打された」（30代女性、キャリア6年）

⑬「朝食時、食べる意欲が見られなかったため声がけしたところ、機嫌が悪かったようで顔を殴られた」（20代女性、キャリア5年）

⑭「統合失調症の方で、不安定になり、殴りかかられた（夜間大声を出し続け、静かにしてもらおうとして言葉をかけたとき）」（年代不明、女性、キャリア不明）

⑮「利用者が不安定になっているところを対応しているとき、イスに座っていて落ち着いたと思い、後ろから話しかけたら殴られた」（30代女性、キャリア2年）

⑯「利用者自身が不安定である。気分が乗らないため、職員に物を投げる、手足で八つ当たりを行う」（30代女性、キャリア4年）

⑰「情緒が不安定な利用者と対応した際、唾吐き、殴られたり、物を投げられたり、髪を引っ張られた」（30代女性、キャリア6年）

⑱「利用者さんに不安定時に髪を引っ張る、噛むなどされた」（20代女性、キャリア3年）

⑲「利用者が不安定時、声がけなどの対応をしていたところ、頬を平手打ちされた」（20代女性、キャリ

ア2年）

これらは、援助者が原因をとらえることは不可能であるが、利用者が興奮状態、苛立ち、不安定な状態にあることを「不穏な状態」「不調な状態」と解釈する。わかりやすく言い換えると「虫の居所が悪い」「一触即発」「腫れものに触る」と俗にいわれる状況である。触っただけで破裂しそうにパンパンに膨らんだ風船、といったイメージである。

《場面10》　援助者の太一さん（30代男性、キャリア9年）

太一さん　今ひとつつかめないんですが、その利用者さん、朝からちょっと調子が悪いということはわかっていたんです。いつも自分の気持ちを抑えるときにはここのホールを使うんですが、その日は他の活動で使うので、ホールには朝から入れなかったんです。朝ホールに入れずに、作業をするために作業の部屋にいたんですね。彼は体調が悪く作業に乗り気ではないという感じだったんですが、こちらも朝から体調が悪いのはわかっていたので、あまり作業を促したりせずに遠目から様子を見ていたんですね。少しイライラしているのはわかっていたんですが、イライラしていても、こちらに向かってくることはない人だとわかっていたので、今日もそうかなと思っていたんですが、いきなり近づいてきて、「バーン」という感じで平手を受けて。私も座っていたんですが、いきなりバーンと来たので逃げられずに、とりあえず平手を受けて、そのあと部屋を出たいということだったので部屋から出て、違う部屋に行って、そこでも3発くらいもらって、そしたら徐々に彼が落ち着いてきて。ちょっとすっきりしたのか、それをきっかけに徐々に落ち着いてくるということですかね。

いずれ「空気抜き」をしなければ収まらない。放っておけば他傷に行動化する。しかし、《場面10》のように、他者を攻撃することが沈静化の手段として定着することは避けたい。まず、予防としては、それほどに風船（攻撃性）が膨らむ前に対処することが必要である。日常的な観察により、不穏な状態の兆候をいち早く発見し、不穏な状態に陥った原因（先行刺激）を見つけること、つまり機能的アセスメント（日本知的障害福祉協会 2007, pp.52-70）が援助者には求められる。そのサンプルの積み重ねが、不穏になる隠れた原因を明確にすることにつながる。

たとえば、次の６Ｗ１Ｈの視点からのアセスメントである。各単語の前に「利用者の他傷は……」と置き、状況を確認してみる。

Who——誰が
when——いつ（不穏、不安定、不調になりやすい時間帯はあるか）
where——どこで（特定の場所があるのか、それともどこでもか）
what——何を（他傷の形態）
whom——誰に対して（不特定多数か、誰かを特定したものか、誰か特定の人物がそばにいるときに発生するのか、誰の注意を引きたいのかなど）
why——なぜ（何かを要求して、何を訴えようとして行ったのか、どこかが痛むのか、腹が立ったのかなど）
how——どのようにして行ったか

これらを本人へのインタビューや、それが困難な場合は直接観察したうえで推測し、一定期間内に記録に残したもの（サンプル）を分析することで、先行する刺激を特定する方法である。

常に心がけたいのは、「不穏」「不調」「不安定」といった言葉で片づけないことである。必ず先行刺激が存在するのであり、可能な限りその刺激をキャッチし、本人の前から取り除くことである。同時に援助者がトリガー（引き金）を引かないことである。具体的には、前述した援助者からの「制止」「注意」「行動の促し」はすぐに行わず、慎重に対処することである。「鉄は熱いうちに打つな」（Omer, 2004／邦訳 p.40）である。

《場面11》 援助者の明子さん（30代女性、キャリア17年）

明子さん 彼女は、突発的にものすごい勢いで人に向かっていってしまったりするんです。その日もすごい不穏だったんですけど、外に行きたいって。でもそれを止めたら「バーン」って来るのはわかっているので、「じゃ、ちょっと様子を見ながら」と思って外に行ったら、もう自転車に乗っている親子に突進していったので、その直前に親子を目で追っていたので、危ないと私も瞬時に思ったので後ろから羽交い締めにして、ぎりぎりぶつからなくて済んだんですけど。私が後ろから止めたので、終わったら振り向きざまに「バーン」と頭突きをされました。

不穏な状態になってしまってからの介入方法も難しい。《場面11》のように、どちらに転んでも（止めても止めなくても）他傷に至る可能性が高い場合もある。基本的には刺激の調整が第一であるので、どこがより本人にとって刺激が少ない環境かを、その都度判断しなければならない。事前に利用者の言動が想定できる場合は、援助者集団で対応を決めておくことが必要である。加えて、やはり人員配置の問題である。たとえば《場面8》や《場面11》のように、とっさの行動に女性援助者が一人で対応しなければならないのは、やはり危険である。

3　暴力を受けた際の対処

(1) 対抗的対処（感情に巻き込まれた対処）

暴力、すなわち他者を傷つける反社会的行為を認めない強い姿勢で、叱責、注意、抑制、応戦するもので、援助者側の突発的・反射的反応であることが少なくない。これには【身体接触を伴わないもの】と、【身体接触を伴うもの】とがある（表3）。

A　身体接触を伴わないもの

【身体接触を伴わないもの】として最も多かったのが〈注意：22人〉、次いで多かったのが〈叱責（厳しく注意）：9人〉であった。他に〈問い詰め：1人〉〈威嚇：1人〉〈個室で反省：1人〉がある。〈個室で反省〉では、「担当職員が厳しく注意し、暴力を振るったときの約束として、個室でしばらく反省してもらった」との記述があった。典型的な「負の強化法」（本人の望む生活場面からの隔離）に基づく罰（punishment）であり、叱責（reprimend）も含まれる。つまり、〈叱責〉はメッセージを伝える手段としてではなく、嫌悪刺激として与えられる。

〈問い詰め〉では次のような記述があった。「利用者と話し合う。物を投げてよいのか、手足で人をぶって痛くないのか。実際に行うのではなく、痛くないのか、良いのか、悪いのかを利用者に問う。場合によっては応戦する」。『対抗的対処』の場合、たとえば「噛むのはいけない」とのメッセージを伝えても、その場ではほとんど利用者は理解できない。また、さらに興奮をエスカレートさせる結果ともなりかねない。実際、前述のエピソード記述では、「場合によっては応戦する」と、利用者に伝わらなかった場合の次の行動である「応戦する」を想定している。興奮している利用者にメッセージが伝わらないのは当然であり、〈叱責：

表３　障害者施設における暴力を受けた際の対処（2010〜12年）

	カテゴリー	サブカテゴリー	対処法	件数（92件中）
1	対抗的対処	身体接触を伴わないもの	注意	22
2			叱責（厳しく注意）	9
3			問い詰め	1
4			威嚇	1
5			個室で反省	1
6		身体接触を伴うもの	制止	12
7			拘束	9
8			応戦	3
9			馬乗り	1
10	自制的対処	身体接触を伴うもの	ホールディング	2
11			気分転換（くすぐる）	1
12			落ち着くまで待つ制止	1
13		言語による働きかけ	援助者の感情・気持ちを伝える	6
14			利用者との話し合い	6
15			沈静を促す声がけ	5
16			説明	2
17			切り替え（話題を変える）	1
18			発語以外の言語（指で×印などのサイン）	1
19		環境の調整（刺激からの退避・遮断）	場所変更	3
20			タイムアウト	1
21		関与しながらの消極的反応	離れる	17
22			逃げる	11
23			無反応	5
24			見守り	2

表３　つづき

	カテゴリー	サブカテゴリー	対処法	件数（92件中）
25	自制的対処	関与しながらの消極的反応	クールダウンへの期待	1
26			観察	1
27			状況の把握	1
28		チームワークの活用	他の職員も介入（特に男性援助者）	11
29			他の職員に代わる	3
30		受動的対応	防御	1
31			気が済むまで叩かせて落ち着いてからの話	1
32	消極的対処	放置	やりすごす	1
33			やられっぱなし	1
34			何もできなかった	1
35	事後対処	振り返り（ディブリーフィング）	落ち着いてからの冷静な対応（話し）	10
36			利用者との振り返り	2
37			援助者の友人への相談	1
38		謝罪してもらう	謝罪	1

9人〉を加え〈個室で反省〉させる対処は、それが利用者にとってせめて嫌悪刺激となれば、援助者側の目的は達成されたといったところか。

一方、気になるのは「反省させる」という目的である。はたして、重度の知的障害のある彼らが一人で反省することがどれほど可能なのであろうか、しかも興奮しているときに。やはり、感情の整理や今後の課題などを整理するためには、時間と他者の援助が必要なのである。なお、〈威嚇：1人〉では、「反動的に利用者を叩きそうになった」との記述があった。

B　身体接触を伴うもの

【身体接触を伴うもの】としては、〈制止：12人〉〈拘束（体幹、手、手首を押さえる）：9人〉〈応戦：3人〉〈馬乗り：1人〉があった。利用者の攻撃レベルが比較的高い状況では、「応戦」「馬乗り」など援助者側の過剰な反応が触発されると思われる。

〈制止〉は、相手の手、手首、腕、肩、腰などを一時的に押さえる、利用者の前に立ちふさがる、手で引っ張るなど、行動を止めようとする行為であり、〈拘束〉〈応戦〉までいかない利用者の行動への対処が、〈制止〉である。

〈拘束〉は、相手の体幹を抱え、または倒して押さえるなどして、一定の時間、相手の行動を制限するものである。例としては、「利用者の手を押さえ、そこで注意。それでも暴れ、他の利用者にも殴りかかろうとするので、倒して押さえた」（30代女性、キャリア2年）場合、「倒して押さえた」が拘束にあたる。

〈応戦〉の例としては、女性の援助者への「強く髪を引っ張り離さなかったため、応戦した」（50代女性、キャリア6年）との記述があり、援助者がうまく離脱できないことからエスカレートしていった様子がうかがえる。それと関連して、「他の利用者への暴力、ガラス割りなどの危険があったため、その場に押し倒し、落ち着くまで馬乗りになって対応した（自分一人で応援職員も呼べなかったため）」（40代女性、キャリア6年）

との記述があった。単独で立ち向かうことは危険であり、援助者自身が冷静さを失い、パニックに陥る危険性は大きい。短時間でできるだけ多くの職員を、いかにして集めるかが課題である。

『対抗的対処』の特徴の一つは、援助者側に具体的見通しがないまま実施されることである。自分が起こす行為の結果がどうなるか考える余裕がないままに実施してしまっているということである。二つ目は、主に緊急性、非代替性から判断して、身体を張って、自分の判断で、自分のやり方で拘束するしかないと判断された場合である。この場合、援助者が巻き込まれておらず冷静な状態であっても、緊急性、非代替性から判断して利用者に〈馬乗り〉になって押さえるしかないといった状況も、現実には起こりうる。

(2) 自制的対処（感情に巻き込まれない対処）

『自制的対処』とは、援助者が利用者の感情に巻き込まれず、自制（セルフコントロール）を働かせ、状況を適切に判断し、結果を予測したうえで実施した対処である。

A　身体接触を伴うもの

【身体接触を伴うもの】としては、〈ホールディング：2人〉が挙げられる。最近になって知的障害分野においても〈ホールディング〉という言葉が聞かれるようになったが、内容は一定ではなく、援助者の恣意的判断、そのほとんどが対応した援助者独自のやり方で実施されているのが実態である。

ここでは、突発的抑制とは違い、利用者、他の利用者、援助者の安全の確保を目的とし、一定のトレーニングを積んだスキルとして身体全体を使って抱きかかえる行為を〈ホールディング〉と呼び、援助者個人の恣意による判断と方法による〈拘束〉とは区別する（トレーニングの内容は問わない）。例としては、「背後に回って押さえた」（30代男性、キャリア4年）、「利用者の体を押さえ、落ち着きを取り戻すのを待った」（40代男性、キャリア6年）、「興奮して暴れたすえ、髪引き、噛みつき、蹴る、叩くなどがあるときは、複数職員で抑制した」（30代女性、キャリア6年）などの記述がそれにあたる。

ここでホールディングの危険性について若干触れておこう。

（1）ホールドする必要のない段階で使用してしまう（日常化）。

（2）徐々に危険なものに変形していく可能性がある。

（3）利用者に傷つき体験を与える。

〈ホールディング〉には至らなくても、たとえば手を押さえて沈静するのを待つ介入〈制止〉がある。「本人の手首を握り、暴力ができない状況にしつつ、『落ち着いてください』とだけ静かな口調で間隔を開けながら繰り返し伝え、本人が少し落ち着いてきたところで、叩いたりするのではなく口で話をしてほしいことを伝える」（30代女性、キャリア6年）とのエピソード記述があった。ただ、身体の一部、たとえば両手を正面から押さえるなどの行為は、相手の迫害感情を刺激し、興奮を助長し、さらに激しい攻撃に至る可能性もある。次に関連するエピソード記述を挙げる。

「両手を押さえると噛もうとするので、『暴力を振るうのはおかしい』と伝えるが、その場ではまったく（話が）入らなかったため、別の職員に介入してもらう」（20代女性、キャリア3年）。次の記述は、まず手を押さえたが成功せず、結局床に倒して押さえつけた例である。「利用者の手を押さえた。そこで注意したがそれでも暴れるので（他利用者にも向かっていこうとするので）、倒して押さえた」（30代女性、キャリア2年）。典型的な「火に油（注意する）」型である。

成功の例もある。〈落ち着くまで待つ制止：1人〉として、「殴り続けてきたため、手を押さえてベッドに座ってもらい、落ち着いてもらいました」（20代男性、キャリア6年）。この場合、対応した援助者は6年目のベテランで、男性だったこともあり、利用者との関係性が良好なものであったのかもしれない。また、援助者の落ち着いた態度が功を奏したかもしれない。手を押さえることよりも、それに伴う関わりの質が重要である。また、〈気分転換：1人〉のための身体介入、たとえば、「くすぐり」をして、利用者の攻撃性を遊戯的な関わりに転換しようという試みも用いられている。

B　言語による働きかけ

【言語による働きかけ】には、暴力発生時の「交渉」として、〈援助者の感情・気持ちを伝える：6人〉〈利用者との話し合い：6人〉〈沈静を促す声がけ：5人〉〈説明：2人〉〈切り替え（話題を変える）：1人〉〈発語以外の働きかけ（指で×などのサイン）：1人〉が挙げられる。いわゆるディエスカレーション（de-escalation）の視点である。

　ディエスカレーションとは、「心理学的知見をもとに、言語的・非言語的なコミュニケーション技法によって怒りや衝動性、攻撃性をやわらげ、利用者をふだんの穏やかな状態に戻すこと」（包括的暴力防止プログラム委員会 2005, p.53）である。【身体接触を伴うもの】＝身体介入、は最終手段であり、とかく「どう身体を押さえ込むか」に関心が向いてしまいがちだが、そこに至るまでのこの段階が最も重要で、ディエスカレーションにこそ援助者は全力を費やすべきである（第3章Ⅳの「2 沈静」を参照）。

『自制的対処』における【言語による働きかけ】では、以下のエピソード記述があった（一部特徴的なものを挙げる）。参考にしてほしい。

①「その場では、その行為は行ってはいけないことを伝えるが、怒りが収まるまで距離を置く。時間がたち、落ち着いたころに『痛くて辛かった』と伝える」（20代女性、キャリア3年）

②「暴力を受けた際は注意をする。興奮が強く話が聞けないときは一人になってもらい、クールダウン後、再度話をする」（40代女性、キャリア3年）

③「その場で『やめてください』と声を大きく、低くして言う」(20代女性、キャリア2年)

④「注意する場合と、優しく声をかける場合が半々くらい。利用者により、落ち着きへつながるアプローチが違うため」(20代男性、キャリア2年)

⑤「その場で、『やってはいけないことである』と冷静に話す」(20代女性、キャリア1年)

⑥「『大事なことだから援助者はあなたに注意しているので、ルールを守りましょうね』と、静かにトーンを下げて言葉がけをした」(40代女性、キャリア2年)

⑦「(包丁を突きつけられた際)距離を取ったり、優しく言葉がけし、落ち着いてもらった」(50代男性、キャリア6年)

⑧「うるさく声を出して注意をしても伝わらないと思ったので、冷静に話をした」(20代男性、キャリア6年)

⑨「殴り続けてきたため、手を押さえてベッドに座ってもらい、落ち着いてもらった。本人に他の利用者さんのものだと説明して(利用者が他の利用者の物を盗ったため)、欲しいなら注文するということで、落ち着いてもらった」(20代男性、キャリア6年)

⑩「相手が落ち着くような声がけ、場面転換をするようにした」(20代女性、キャリア5年)

⑪「つかまれた腕を引き離して距離を置いた。他の援助者が気持ちを静めるよう言葉がけをして、退室させた」(40代女性、キャリア6年)

⑫「大きな声で利用者の名前を叫び、『話をしましょう』と少しでも冷静になっていただくようにした」(30代男性、キャリア1年)

⑬「他傷行為はイコール、利用者の精神的不安や恐怖の表れだと思う。よって注意や逃避では解決できない。その心のうちを探る(話を聞く、様子を見る)」(20代男性、キャリア1年)

⑭「場を切り換える、対応する人を変える、などをしたことが多かったと思います。解決しないこともありましたが。他はタイムアウト的に対応」（40代男性、キャリア6年）

⑮「自分のケガにつながらないような力での他傷は、気が済むまで殴らせた後、落ち着いてから話を行った」（20代女性、キャリア2年）

言語によるアプローチの内容が、「注意」や「説教」「痛みを伝える」段階で止まっているエピソードが多いのが残念である。その先の交渉に発展すること、そして利用者への共感、理解の段階へと進む必要があり、そこに至ることで、つまり利用者は他者に感情を受けとめてもらうことで、はじめて攻撃性を沈静することが可能になるのである（抜いた刀を鞘に収められる）。

C　環境の調整（刺激からの退避・遮断）

〈場所変更（場所を変えるなど）：3人〉や〈タイムアウト：1人〉といった、【環境の調整（刺激からの退避・遮断）】が見られた。

D　関与しながらの消極的反応

援助者が巻き込まれないために、ひとまず援助者が〈離れる：17人〉〈逃げる：11人〉といった「逃避」や「距離を取る」ことによって、相手の感情のクールダウンを待つことが求められる〈クールダウンへの期待：1人〉。特に、援助者が刺激になっている「注視行動」の場合は、あえて反応しない〈無反応：5人〉ことも必要になる。しかし、それは常に利用者への〈見守り：2人〉〈観察：1人〉〈状況の把握：1人〉を怠らず、利用者がクールダウンできたときには褒めるといった、【関与しながらの消極的反応】である。すなわち、オマーが「建設的な沈黙」（Omer, 2004／邦訳 p.40）と呼んだものと同様である。あたかも利用者がそこにいないように振る舞ったり、しかめつらをしたり、舌打ちをする、眉をひそめる、ため息をつくなど、利用者を嫌悪する表情を伴った悪質な無視ではなく、黙ってはいるが過剰な反応はしないといった、「そこにともに居る」ということを伝えることである（Omer, 2004／邦訳 p.40）。

E　チームワークの活用

他の職員，特に女性援助者がターゲットとなった場合は，対応を男性援助者へ代わる〈他の職員も介入（特に男性援助者）：11人〉などの，【チームワークの活用】を有効的に併用することは，現実的に有効な手段である。ただ，施設によっては，棟内に女性職員一人しかいない夜勤・宿直の場合も少なくない。よって，緊急避難を要する状況になった際も，女性一人で対応しなければならないといった高リスクな現場に身を置かなくてはならないという現実がある。この深刻な状況がなぜ，平然といまだに放置されているのか。緊急避難の際，いかに短時間に複数の職員を招集できるかが，重要な現実的課題である。

F　受動的対応

《場面12》　元施設長の真一さん（60代男性，キャリア35年）――その1

真一さん　32年前の話です。在宅のご本人とご家族を支援するセンターを立ち上げまして，そこで1週間お子さんをお預かりするキャンプを実施しました。たしか自閉症の小中学生の方が参加されていたと思います。この方たちと指導員が3人程度で，10キロぐらい山道を散歩してくるプログラムだったと思います。なかには水に飛び込んだり，沼に飛び込んだりする方もいたものですから，列の一番前と一番後ろに指導員が付いて，特に危険だと思われるお子さんに一人付いて，という形で歩いていたと思います。

私が付いて一緒に歩いていた男の子が，私の手をつねったり殴りかかってきたりして，中学生ですからそれほど体が大きくないということもあったので，「だめだよ」と制止したんですけどやめずに，相変わらず腕に爪を立てたりつねったりしてきました。これ以上制止の声がけをするとパニックを起こしたり、自傷行為に発展すると思いました。そうすると、他の十数人かの子どもがパニックになる恐れがあったので、キャンプが始まって間もなくだったこともあり、集団が落ち着くまでできるだけ混乱させたくないと思いました。それに、新しい日課にスムーズに導入したいので、そのために散歩に連れて行ったわけで、私が無理に制止したことでその子がパニックを起こし、それが他の子に伝播して収拾がつかなくなり、キャンプの目的が果たせなくなって途中で中断、その子が参加中止、なんてことにはしたくないなあという危惧や計算は頭の中にあったと思います。

その子は1時間くらい常に爪立てたり殴りかかってきたりしましたので、手を払いのける程度のことはしたと思います。3時間かかってキャンプ場に帰ってくる頃には、本人も私をつねったり、爪立てをするのに飽きてきたようでした。血だらけになっていた私の腕の血も固まっていました。皮膚だけ5、6カ所むけているだけですから、赤チンをつけて処置しました。他にしなければならないことがあって、この子だけに関わっているわけにはいかなかったので、この程度のことは私にとってたいしたことではなかったんです。他の子が池に飛び込まれたりされたほうがもっと恐いので。優先順位でいえば、もっと危ない子が他にもいたので。

【受動的対応】とは、相手の行動を身をもって受けとめる行為である。「自分のケガにつながらないような力での他傷は、気が済むまで殴らせた後、落ち着いてから話を行った」のエピソード記述に見られるように、〈防御：1人〉しつつ、気が済むまで援助者を叩かせて落ち着かせてから話をするという【受動的対応】も、実際にはあるだろう。いかなる意味を持っていても、暴力は一切認めず受けとめないというスタンスで臨むのかどうかは、暴力に対する姿勢、理解の仕方が問われるところである。

しかし、毅然とした態度で臨むには、それを可能にする環境、人材配置が前提となる。《場面12》の真一さんの場合、その子がパニックを起こした際、安全に対処できる環境ではなかった。ならば連れ出さなければよいだろうとの意見もあるだろうが、行動障害の激しい子どもに危険だからと何もさせずに過ごさせたのでは、キャンプに参加した意味がなくなってしまう。真一さんは自分の痛みよりも、子どもの改善と成長を願ったのであろう。

その後、真一さんとその子はどうなったか。トランスクリプトを続けよう。

《場面13》元施設長の真一さん（60代男性、キャリア35年）――その2

真一さん　その後、（その子の状態）は良くなりましたね。最後までキャンプに参加できました。最初のときのように激しい他傷をすることはなくなりましたね。結果的に、最初に彼の感情を受けとめて、吸収したことが良かったんだと思います。私のほうが体格がいいし、体力的に自信があったということもあるかもしれません。人間を見るときは、一番良い状態と一番悪い状態のときを知っていないと不安なんですよ。今回は一番悪い状態を最初に見ちゃったので、それを超えることはあまりないだろうと思えて楽だったんだと思います。「なんだこの程度か」って。

利用者は、暴力・他傷といった一般的には反社会的とされている行為をもってしなければ、自己主張できないほどに追い込まれているということを、忘れてはならないだろう。「それって暴力だよね」「それは暴力だからNO」と問答無用に拒否する態度は、彼らの傷ついている心に怒りや憎しみは喚起しても、他者や自分自身に対する信頼を築くことはできない。まず、暴力行為の背景にある感情や訴えにこそ、思いを寄せることである。

（3）消極的対処（適切な対処方法がわからないための放置）

A　放置

志向性のない〈やりすごす：1人〉〈やられっぱなし：1人〉〈何もできなかった：1人〉という『消極的対応』、いわゆる【放置】といってもよい状況は、程度にもよるだろうが援助者にとっても利用者にとっても大変危険な状況であり、最低限避けたいものである。

（4）事後対処（嵐が去ってからの対処）

次に『事後対処』、つまり嵐が去ってからの対処について見てみよう。【振り返り】として、〈落ち着いてからの冷静な対応：10人〉〈利用者との振り返り：2人〉〈援助者の友人への相談：1人〉が挙げられた。また、【謝罪してもらう：1人】が挙げられた。

〈落ち着いてからの冷静な対応：10人〉の主なエピソード記述は、以下のとおりである。

①「興奮が強く話が聞けないときは一人になってもらい、クールダウン後、再度話をする」（40代女性、キャリア3年）

②「別の職員に入ってもらい、自分は一時的に距離を取った。その利用者が落ち着いた後『何が悪かったか』などの振り返りを行った」（20代女性、キャリア4年）

③「暴力（他傷）の際は、他の職員に応援を頼み、落ち着くまで抑制する。その後、いったんその方との距離を置いて、クールダウンできたタイミングで振り返りを行う」（20代女性、キャリア2年）

④「利用者に落ち着いてもらった後、（暴力は）いけないことを伝えた」（20代女性、キャリア2年）

⑤「男性職員が止めに入り、自分はいったんその場を離れ、落ち着いてから冷静に、暴力はいけないとい

う話をした。自分が話す前に止めに入った男性職員から注意を受けていたので、自分はあっさりと話をしたのみ」（20代女性、キャリア４年）

⑥「施設では一人で対応しないようにする。話せる方には落ち着いたときに再度話をする」（30代男性、キャリア６年）

⑦「本人に対して落ち着くよう言葉がけをした。他の職員も駆けつけ、言葉をかけると静かになり、聞き分けがよくなってから、やってはいけないことなどを話をしている」（40代女性、キャリア６年）

⑧「自分のケガにつながらないような力での他傷は、気が済むまで殴らせた後、落ち着いてから話を行った。その際に、他傷はいけないということを注意した」（20代女性、キャリア２年）

記述を読んで気づくことは、振り返りの内容が、利用者の暴力・他傷行為に対する注意に偏っていることである。利用者の暴力行為の背景にある利用者の怒りや不安、嫉妬などの感情に触れようとする関わりはほとんど見られない。まず、話を聴くという段階をはずしてはいけない。感情を汲んでもらったという実感がなければ、メッセージは伝わらないのだから。

対象者が知的障害児者であれば、特に丁寧に振り返りを行う必要がある。他傷の場合は特に、先に述べたように本人にとっても抗いがたい生理的衝動によって行為に至っている可能性が少なくないので、本人の辛さに共感することはあっても、単純に行為を注意すればよいという発想では再発防止には至らないであろう。

１件だけ、援助者自身の【振り返り】についての、〈援助者の友人への相談：１人〉との記述があった。以下の記述である。「プライバシーを害さない範囲で、同業者もしくは異業者の友人に話を聞いてもらう」。いわゆるディフュージング（de-fusing）レベルでの『事後対処』である（Mitchell & Everly, 2001／邦訳 pp.132-145）。ディフュージングとは、主に援助者側の傷つき体験（トラウマ）を、いかに早期対応をもって緩和していくかといった心理的介入のことである。深刻な暴力・他傷を受けたことによる恐怖や不安は、援助者に癒えることの困難な心の傷を負わせ、場合によっては離職せざるを得ない状況に追い込まれることもある。また、利用者も、望まずして自ら援助者を傷つけてしまったことによる罪責感に苦しんでいるかもしれない。よって、可能な限り早期の対応が求められる。

4　暴力が援助者に与えた影響（「つながる喜び」による再生）

《場面14》　障害者支援施設援助者の淳子さん（30代女性、キャリア17年）——男性利用者の他者への暴力を阻止しようとして、顔面を殴打された

淳子さん　入院しているときは傷も痛かったので、私、もうこの仕事には戻れないかなって、もうこんな痛い目に遭うのはちょっとなぁって思いましたけど、元気になってきたら、けっこうやっぱり、こう、原因がわかっていたので、「私に止められた」というご本人の不本意さがあったから仕方ないなと思ったのと。あと、ご家族がすごくそのことを気にして、私が復帰するまで彼を登所させなかったんですね。本人も傷つくし、家族も傷つくっていうのをすごく私が感じて、そういう場面をつくってはいけないんだと気持ちを変えていくっていうか、自分はそのときそう思ったんですね。私も傷ついてショックだったし、だけど、おそらくご本人もご家族も私と同じくらい痛みを、同じくらい傷ついているんだなあって思って、そういう他傷をする場面をできるだけつくらないようにしたいって気持ちを変えて。もともと、私、あんまりいろんな人を恐いって思わなくて、利用者が自分を信頼して、頼ってくれているって思う場面もいっぱい出てくるんですよね。そうすると、こちらの気持ちもだいぶ軽くなってくるっていいますか。彼から、毎日のように他傷を受けてましたけれど、「大丈夫？」って私に聞いてきたり、何かあれば私の名前を呼ぶし、何かやったら、またやられるかもしれないのはわかっていても、そこに何かこう、自分もそこによりどころがつくれるっていうか。そうして十数年来たんですけど。やっぱりそういう気持ちで関わっていると、利用者自身も変わってくるなあという実感があります。

暴力が援助者に与えた影響についての記述をまとめ、パソコンに打ち込む作業をするなかで、著者は数回作業を止め、考え込んでしまうことがあった。「なぜこの人たちはこんなに優しいのだろう」「なぜこの悲惨な状況で仕事を続けていられるのだろう」、そんな率直な疑問である。しかも、女性が深刻な暴力を受けていることが少なくない。それは恐ろしい現実である。しかし、そこから逃げ出さず、利用者と共にとどまろうとするのはなぜか。その背景には、他者と「つながる」ことに喜びを感じる心性が存在し、その仕事にとどまり、利用者と関わろうとする意志に、何らかの影響を与えているのではないかと思うに至った。

《場面15》元施設長の真一さん（60代男性、キャリア38年）——その3

真一さん　私もカーッとなることはあります。でも、悪い見本をいっぱい見てきたので。狭い空間の中で職員が怒鳴ったり暴力を振るっているのを見たりすると、利用者さんはビクビクして部屋の隅っこのほうに行ってしまったり、敏感に雰囲気を察知するんですよね。そういうのを見ていると、自分もそういう（職員の）役割をやろうとは思いませんでしたね。暴力や権力の持つ横暴さに異議を唱えることができない無力な人たちのなかに私も入っていましたので。どこの家庭であれ、何らかの問題は抱えていると思うのですが、私もかつてそういう環境にいました。暴力まではいきませんでしたけど、酒を飲んでの大人の怒鳴り合いとか。そういうものを見ていて何もできない無力な自分というものを、幼少のころから感じていました。知的障害者と援助者の関係性において、自分が幼いときから感じてきたものを、彼らのなかに見てきたのだと思います。私の立ち位置は、弱く迫害を受けている方と共にありたいということです。

自分の体験を利用者に重ね合わせる、いわゆる感情移入は、援助者が自らの体験に直面し意味づけを行い、その体験の意味を理解することができてはじめて利用者との共感が可能となる。真一さんはそのことができていたからこそ、執拗な他傷にも理性的な共感を持って、自らの感情をコントロールすることができたのであろう。あくまで利用者の利益を最優先に考えた結果、援助者が痛みを負うことになったとしても、それは利用者とつながった喜びとして昇華されるのかもしれない（表４）。

表５は、２０１２年に著者が２カ所の障害者支援施設（主に知的障害者が利用する入所施設）で、79人の援助者に実施した記述式質問紙によるアンケート調査の結果を整理したものである。質問の内容は、「あなたは今の仕事に『やりがい』を感じることがありますか」というものであり、①「いつも感じている」、②「ときどき感じる」、③「感じない」から選んでいただいた。結果は、①15人（19・0％）、②62人（78・5％）、③2人（2・5％）であった。なお、①「いつも感じている」②「ときどき感じる」のいずれかの該当者には、「それはどのようなとき」か、エピソードも記述していただいた。

援助者が「やりがい」を感じるときで多かったのは、〈利用者の笑顔を見たとき、引き出せたとき：23人〉であった（表5）。利用者の【笑顔】を見ると嬉しくなる。それは著者の経験からもよくわかる。言葉がなく、めったに笑ったことのない方が、私がそばで食事介助を始めると笑顔になり食べ始めたという体験があるが、そんなときは本当にこの仕事をしていて良かったと改めて思ったものである。

他にも、援助者が「やりがい」を感じるときとして、【成長】〈利用者・援助者・自分の成長や肯定的変化（その可能性）：20人〉、【役割】〈誰かの役に立っているという実感、「ありがとう」と言われたとき：16人〉、

表4　障害者施設における暴力が援助者に与えた影響（2010〜12年）

	カテゴリー	サブカテゴリー	影　響	人数（92人中）
1	影響なし		特に影響なし	10
2	ネガティブな影響	恐怖	利用者が恐くなった	15
3			身構えるようになった（注意過剰）	3
4			その利用者に近づきがたくなった	2
5			その利用者を警戒するようになった	1
6			夜勤のときはものすごく緊張する	1
7			その利用者が怖くて、いなければいいと思った	1
8			利用者を守らなければという気持ちだけで行動している	1
9			またやられるのではないかと不安	1
10		嫌悪	その利用者を嫌いになった（嫌悪感）	3
11			嫌な気分になった	2
12			その利用者に苦手意識を持った	2
13			イライラしてしまう	2
14		混乱	ショックを受けた	3
15			驚き	2
16			頭が真っ白になった	1
17			自分が全否定されたようでショックだった	1
18			どう関わってよいか悩んだ	1
19		怒り	怒りが湧いてきた	2
20			「女性には暴力を使えば勝てる」という最終手段を使われた気がした	1
21		パワーレスネス	落ち込んだ	4

表4　つづき1

	カテゴリー	サブカテゴリー	影　響	人数（92人中）
22	ネガティブな影響	パワーレスネス	ゆううつになった	2
23			やりがい、モチベーションが低下した	1
24			その利用者のマイナス面ばかり見るようになった	1
25			仕事を休みたくなった	1
26			辛い	1
27		心的外傷	トラウマになった	1
28		身体的外傷	痣ができた	1
29			出血した	1
30			ムチウチになった	1
31		自己嫌悪	介入してもらって男性職員に申し訳ない	1
32	ポジティブな影響	自分の関わり方の振り返りと変容	距離感に注意するようになった	4
33			原因、理由、きっかけについて考えるようになった	4
34			利用者のことを理解しようと思った	4
35			自分の支援を振り返るきっかけになった	2
36			利用者を観察するようになった	2
37			暴力をさせないよう配慮するようになった	1
38			少しずつ関わりを増やすようにした	1
39			こちらも自分の行動を振り返るべきだと思った	1
40			未然に暴力を防ごうと考えるようになった	1

表4　つづき2

	カテゴリー	サブカテゴリー	影　響	人数（92人中）
41	ポジティブな影響	自分の関わり方の振り返りと変容	その利用者に、むやみに近づかないようになった	1
42			利用者の動き、表情をよく見るようになった	1
43			その利用者がいるときは大まわりをして通るようになった	1
44			利用者のバックグラウンドについて考えるようになった	1
45			相手が叩かなくてすむ距離を考えるようになった	1
46			原因はわかっているので、どう対応したらいいのか考えるようになった	1
47			話術を身につけたいと思った	1
48			その利用者に背中を見せないようにしている	1
49			興奮しているときには別の話題を提供するよう心がけている	1
50			その利用者が今どんな状態なのか考えながら介助や声がけをするようになった	1
51			自分の対応に問題があることがわかった	1
52		自己認知の変容	生育歴などを考えると仕方ないと思う	1
53			慣れるしかないと思う	1
54			自分（支援者）の存在が利用者に認められたと思った	1
55			利用者の個性、性格と見るようになった	1

表4　つづき3

	カテゴリー	サブカテゴリー	影響	人数（92人中）
56	ポジティブな影響	自己認知の変容	経験を子育てに応用した	1
57			自ら成長する機会となった	1
58			勉強になった	1
59			本人の理解につながった	1
60			利用者の表現方法として理解した	1
61			ひとつの経験として受けとめた	1
62			慣れてきた	1
63		ソーシャルサポート	支援者同士の共有が必要と思う	1
64			周囲の職員とシェアすることで励まされた	1

【共有】〈利用者、他の援助者と同じ気持ちを共有できたとき：12人〉、【関わり】〈利用者とコミュニケーションがとれた、関係が築けたと感じたとき：9人〉、【協働】〈利用者と一緒に身体を動かす、仕事をする：3人〉、【他者との差別化】〈利用者が自分を他者とは違う存在と見てくれたとき：1人〉、【表情】〈利用者の表情が柔らかく穏やかなとき：1人〉、があるが、いずれも利用者と『つながる』「つながった」喜びである。また、【受容】〈自分の考えが受け入れられ、評価されたとき：4人〉、【人物】〈尊敬できる人がいる：2人〉も、他の援助者と「つながった」喜びである。この他者と「『つながる』喜び」こそが、援助者を力づけ、痛みを癒やし、再生させてくれるものなのかもしれない。

表５　援助者が「やりがい」を感じるとき（障がい者支援施設〈主に知的障がい利用する入所施設〉２カ所）（2012 年）

	カテゴリー	サブカテゴリー	内　容	人 数（79 人中）
1	（利用者と）つながる	笑顔	利用者の笑顔を見たとき、引き出せたとき	23
2		成長	利用者・援助者・自分の成長や肯定的変化（その可能性）	20
3		役割	誰かの役に立っているという実感、「ありがとう」と言われたとき	16
4		共有	利用者、ほかの援助者と同じ気持ちを共有できたとき	12
5		関わり	利用者とコミュニケーションがとれた、関係が築けたと感じたとき	9
6		協働	利用者と一緒に身体を動かす、仕事をする	3
7		他者との差別化	利用者が自分を他者とは違う存在と見てくれたとき	1
8		表情	利用者の表情が柔らかく穏やかなとき	1
9	（援助者と）つながる	受容	自分の考えが受け入れられ、評価されたとき	4
10		人物	尊敬できる人がいる	2
11	変化	達成	援助者の努力が報われたと感じる	15
12		課題	何か課題を見つけそのことについて考えること	3
13		発見	新しいことに気づく、新しいことを学ぶ	3
14		創造	新しく何かをつくり出す	2
15		納得	今の仕事が自分に合っていると感じたとき	2

第２節　児童福祉領域における暴力

Ⅰ　調査方法と分析方法

１　記述式質問紙調査

著者は２０１０～１２年にかけて、４カ所の児童自立支援施設において施設長の同意のもと、援助者88人に対して自由意思に基づいて記述式質問紙調査を実施し、調査票に記されたエピソードの分析を行った。暴力を受けたことのある援助者への質問項目は、後述の三つである。属性として、年齢、性別を、キャリアは種別を問わず福祉施設での通算勤務年数を記入してもらった。

（１）誰に、どのようなときに（状況）、どのような（種類）、暴力・暴言を受けたか。どこをどうされたか、できるだけ詳しくお書きください。

（２）暴力・暴言を受けた際、どう対処しましたか（対処）（例：応戦した、逃げた、厳しく注意した、など）。

（３）暴力・暴言はあなたにどのような影響を与えましたか（例：利用児が恐くなった、離職した、うつになった、など）。

88人中、暴力を受けたと答えた援助者は60人（68・２％）。うち、男性47人（78・３％）、女性13人（21・７％）

であった。データの分析は、質問項目（暴力の種類、状況、対処、影響）ごとに類似の記述をまとめて、共通する概念を、カテゴリー（『　』で表記）と、サブカテゴリー（【　】で表記）にまとめた。

2　インタビュー調査

著者は２０１０〜１３年にかけて、施設長の同意のもと、２カ所の児童自立支援施設において援助者５人、児童養護施設２カ所において援助者３人、施設長１人に対し、インタビュー調査を実施した。インタビューの内容は録音したものを逐語録に起こし（トランスクリプト）、エピソードを《場面○》として掲載している。なお、匿名性を確保するため、回答者はすべて仮名とした。また、エピソードを複数名分まとめて紹介する場合は、番号を付けて記載した。

Ⅱ　暴力の実態（種類、発生要因、対処方法、影響）

1　暴力の種類

暴力の形態は、『瞬間的な暴力』『身体接触が持続的な暴力』『凶器を用いた暴力』に分類される（表６）。

(1)　瞬間的な暴力

『瞬間的な暴力』は、一瞬のスキを突いて発生する攻撃で、対象者は攻撃から身をかわすことが困難である。『瞬間的な暴力』の形態を以下に挙げる。

【身体接触を伴うもの】としては、〈蹴られる：22人〉〈殴られる：16人〉〈肩パンチ：６人〉〈引っかかれる：５人〉〈頭突き：４人〉〈押される：４人〉〈突き飛ばされる：３人〉〈体当たり：３人〉〈目を突かれる：１人〉

表6　児童自立支援施設における暴力の種類（2010〜12年）

	カテゴリー	サブカテゴリー	形　態	件　数（60件中）
1	瞬間的な暴力	身体接触を伴うもの	蹴られる	22
2			殴られる	16
3			肩パンチ	6
4			引っかかれる	5
5			頭突き	4
6			押される	4
7			突き飛ばされる	3
8			体当たり	3
9			目を突かれる	1
10			服を破られる	1
11		身体接触を伴わないもの	物を投げられる	10
12			唾を吐きかけられる	5
13			水をかけられる	1
14	身体接触が持続的な暴力	身体接触を伴うもの	胸ぐらをつかまれる	10
15			噛まれる	5
16			首を絞められる	4
17			つねられる	1
18			つかみかかられる	1
19			服を破られる	1
20	凶器を用いた暴力	攻撃	鎌を振り上げて向かってくる	1
21			ガラスの破片を首に突きつける	1
22			鉄アレイ入りのバッグで殴る	1
23			枝で刺す	1
24			棒で殴る	1

〈服を破られる：1人〉。【身体接触を伴わないもの】としては、〈物を投げられる：10人〉〈唾を吐きかけられる：5人〉〈水をかけられる：1人〉が挙げられた。

(2) 身体接触が持続的な暴力

『身体接触が持続的な攻撃』の形態を以下に挙げる。すべて【身体接触を伴うもの】で、〈胸ぐらをつかまれる：10人〉〈噛まれる：5人〉〈首を絞められる：4人〉〈つねられる：1人〉〈つかみかかられる：1人〉〈服を破られる：1人〉であった。

(3) 凶器を用いた暴力

『凶器を用いた暴力』の形態を以下に挙げる。〈鎌を振り上げて向かってくる：1人〉〈ガラスの破片を首に突きつける：1人〉〈鉄アレイ入りのバッグで殴る：1人〉〈枝で刺す：1人〉〈棒で殴る：1人〉であった。

《場面16》 児童自立支援施設援助者の真理子さん（40代女性、キャリア21年）

真理子さん　私が一人だけのとき、強い立場の子が同級生の弱い子の胸ぐらをつかんで、その子の頭を壁に打ちつけようとしていたので、私一人だったので止められないんで、とりあえずその子の頭を抱えながら、「ちょっとやめなよ！　落ち着きなよ！」って言って、「誰か職員呼んで来て！」と言ったら、他の子が一番近い寮の職員を呼んで来てくれたんです。そしたらその子も手を離して、やめて。（女性の）私だったので、軽く脅かすくらいのつもりだったのだと思います。ほんとにぶち切れてやったらこんなもんじゃないので。殴ったら個別指導[*6]って感覚があったので、そこまではやらないとセーブを利かせながらやっていたと思います。

《場面17》　児童自立支援施設援助者の純一さん（40代男性、キャリア4年）

純一さん　その子は中学まで情短（情緒障害児短期治療施設）に入っていたんです。他の子の漫画を持ってきちゃったり、ゲームを持ってきちゃったりして、注意されても自分のだと言い張って、証拠を挙げても認めようとしないんです。それでキレて。胸ぐらは1回だけです。でも、身体を接触してくることはよくあることで、ふざけてパンチをしてきたり、足を蹴ってきたりとかはよくありました。別に流せるような内容なんですが。そのときは、胸ぐらをつかんできたので本気かなと思って彼の手を持って押さえたら、私の力のほうが強かったんだと思います。しばらくして手を離したんですけど、「オレ本気じゃなかったんだよ」とか、「先生、ずいぶん力強いね」とか言ってましたけど。彼としては反撃した私の力が意外に強かったのを、その場で確認したのでしょう。すっとおとなしくなりましたね。その後は暴力はなくなりました。

次に記述式質問紙調査（2010〜12年）から、一つのエピソードを紹介しよう。

「ルールを守るよう指示した場合に向かってきた。鎌を振り上げて向かってきた。そしてガラスを割り、破片を首に突きつけられ「殺してやる」と言われた。相手の挑発に乗らないよう、無視して様子を見た。また、悪ふざけで通りすがりに蹴られ、叩かれた。通りすがりに悪ふざけで「死ね」「クズ」「バカ」などと声をかけられた」（40代男性、キャリア6年）

＊6　個別指導とは、暴力行為などがあった際、ある一定期間、援助者が子どもに一対一で付き、他の子ども集団からは離し、基本的に自室で過ごさせるもの。他の子どもが学校に行っている間は一人の援助者が付いて話をしたり、節目節目に面接を入れながら振り返りを行う（面接での説明から）。

これは著者の印象にすぎないのかもしれないが、子どもたちの暴力には〝遊び〟の部分がある。「挑発」といってもよいだろう。いきなり我を忘れて攻撃するというよりは、攻撃をしかけて相手の様子を見る段階がある。たとえば、胸ぐらをつかむ行為は、挑発、脅しとしての意味合いが強い。また、〈肩パンチ〉は、致命的痛手はあえて与えず、軽い刺激を与えて相手の様子を見るといったところだろうか。大人を挑発に乗せること、自分の操作どおりに相手が動いたことで、自分が一歩優位に立ったと実感したいのだろうか。それとも単純に援助者の関心を引きたいのだろうか。

2　暴力の発生した状況

(1) 要因が特定できる状況 (暴力)

前節同様、暴力の詳細な発生要因を分析するため、「暴力」と「他傷」を区別したが、児童自立支援施設における本調査では、そのほとんどが「暴力」であった(表7)。

〈突然〉は1人だけで、後は『要因が特定できる状況(暴力)』であり、それはすべて【援助者との直接的関わりに起因するもの】であった。発生状況について分類してみよう。目立って多いのが〈援助者からの注意:35人〉、次いで〈他児童とのトラブル時における援助者の介入・制止:11人〉〈行動の制止:6人〉〈ホールディングしたとき、またはしようとしたとき:4人〉〈他児童・職員への暴力に対する援助者の介入・制止:2人〉〈行動の促し:2人〉〈要求の拒否・不受理:1人〉〈援助者の不注意(外にいた児童に気づかず戸締まりをしてしまった):1人〉〈個別対応をしているとき:1人〉であった。

このうち、〈援助者からの注意〉〈他児童とのトラブル時における援助者の介入・制止〉〈行動の制止〉〈他児童・職員への暴力に対する援助者の介入・制止〉は、子どもが興奮している場面での注意や制止といった

表７　児童自立支援施設における暴力の発生した状況（2010〜12年）

	暴力の発生した状況	サブカテゴリー	発生の状況	件数（60件中）
1	要因が特定できる状況（暴力）	援助者との直接的関わりに起因するもの	援助者からの注意	35
2			他児童とのトラブル時における援助者の介入・制止	11
3			行動の制止	6
4			ホールディングしたとき、またはしようとしたとき	4
5			他児童・職員への暴力に対する援助者の介入・制止	2
6			行動の促し	2
7			要求の拒否・不受理	1
8			援助者の不注意（外にいた児童に気づかず戸締まりしてしまった）	1
9			個別対応をしているとき	1
10	要因が特定できない状況（他傷）	突発的攻撃	突然	1

援助者による介入である。言い方によっては火に油を注ぐ行為となる。前述したように、多少〝遊び〟のある子どもの心境に油を注いで引火するか、水を注いで沈静化するか、それはまさに介入の仕方、伝え方の問題である（記述式質問紙調査〈２０１０〜１２年〉では、具体的にどのような言葉で注意したのかなどの記述はなかった）。

ここで思い出すのが、サッカーＷ杯予選を日本チームが突破した日、渋谷の交差点で興奮の絶頂にあったサポーターを見事誘導した、「ＤＪポリス」と呼ばれる警察官のことである。「危ないからルールとマナーを守りましょう」と通り一遍な注意で終わりそうなところを、彼は「サポーターの皆さんは12番目の選手でもあります。ルールとマナーを守って、フェアプレーで今日の喜びを分かち合いましょう」と笑顔で語りかけた。このユーモアとゆとりあるアナウンスは、興奮したサポーターに聞く耳を持たせたのである。しかし、一部の児童福祉施設の現場では、彼のような援助者は「子どもをビシッと、きちんと指導できないダメ指導員」という評価を受けることだろう。

(2) 要因が特定できない状況（他傷）

本調査では1名のみが、突然、暴力を受けたと記していた。

3　暴力を受けた際の対処

(1) 対抗的対処（感情に巻き込まれた対処）

援助者からの〈注意〉によって興奮し、暴力に至った子どもは、さらに援助者より〈叱責（厳しく注意）：7人〉〈注意：6人〉されることになる。いずれも【身体接触を伴わないもの】だが、場合によっては【身体接触を伴うもの】として〈抑制（押さえ込み）：14人〉が行われ、他に〈応戦：5人〉〈馬乗り：2人〉〈制止：1人〉が行われる（表8）。

「ならぬものはならぬ」ことを教えるには、そのことを納得させる道徳観が子どもの内面に構築されていなければならない。大原幽学（江戸後期の農政学者）が、「(子どもと）情を通ずること1年、而《しこう》して理を論す」と指摘したように、子どもが注意を受け入れることができるのは、納得できる理《ことわり》を、信頼し尊敬する大人から与えられたときである。中江藤樹（江戸初期の儒学者、陽明学者）は、自らの教育法を「徳教」と呼び、単に口で教えるのではなく親や教師がまず身を修め、身をもって模範を示すことを通して子どもが自然

表８　児童自立支援施設における暴力を受けた際の対処（2010～12年）

	カテゴリー	サブカテゴリー	対処法	件数（60件中）
1	対抗的対処	身体接触を伴わないもの	叱責（厳しく注意）	7
2			注意	6
3			言葉での制止	1
4		身体接触を伴うもの	抑制（押さえ込み）	14
5			応戦	5
6			馬乗り	2
7			制止	1
8	自制的対処	身体接触を伴うもの	ホールディング	10
9			落ち着くまで待つ制止	3
10			離脱	1
11		言語による働きかけ	沈静を促す声がけ	3
12			援助者の感情・気持ちを伝える	2
13			説諭（話を入れる）	2
14			痛みを伝える	1
15		毅然とした姿勢	警察に通報	3
16			毅然とした姿勢を見せる	3
17		環境の調整（刺激の遮断）	場所変更	4
18			タイムアウト	2
19		チームワーク	他の職員を呼ぶ	4
20			職員を替える	1
21		受容	話を聴く	1
22			謝罪	1
23		認知	冷静な自分がもう一人いると考える	1

表8　つづき

	カテゴリー	サブカテゴリー	対処法	件数（60件中）
24	自制的対処	関与しながらの消極的対応	無反応	4
25			見守り	2
26			時間を空けてみる	2
27			逃げる	1
28	事後対処	振り返り	落ち着いてからの冷静な対応（話し）	5
29			落ち着いてからの指導	1
30			自省させる	1

に変化していくことが、理想的教育であると説いた（市川 2005, pp.11-20）。そのような柔和と寛容さ、そして凛とした、毅然とした態度（声を荒げて感情的に叱責することとはまったく違う）を持つモデルとして、私たちは子どもたちと接しているであろうか。援助者が今の子どもの状態を的確にアセスメントし、子どもの状態に合わせて関わっていくことが大切なのである。

援助者の抱きやすい思い込みには、次の二つがあると思われる。一つは「追い込み（心の兵糧攻め）」である。子どもの甘えを許さず、子どもの逃げ道を断ったうえで、子どもに一人で考えさせるという教育法である。その背景には、「施設を出れば他人に甘えることはできない。何事も自分で解決していかなければいけないという厳しさを、子どもに学ばせる必要がある」といった援助者側の思い込みがある。しかし、考えなければならないのは、今、目の前で混乱している子どもに、問題に直面し自分一人で考えることがはたして可能なのかどうかである。私たちは誰しも、他者に依存することなく自分一人で生きてきたわけではない。ときには誰かに相談し、迷惑をかけ、依存して生きてきた。彼らも同じである。自分で考え、答えを出すことができるよう、心の整理をするための援助が必要なのである。

二つ目は、「世の中は厳しい」論である。「社会は甘えが許されない厳しいところだから、一人で生きていかなければならないのだから、今から厳しさに慣れさせておく必要がある」といった援助者の思い込みである。強くあるためには、まず、安全基地を獲得していなければならない。「世の中はそんなに捨てたものではない」「世の中には自分の話を聞いてくれる大人がいる」「自分の気持ちをわかってくれる大人がいる」と実感できる体験を多く積むこと、信頼できる他者に依存することから強さは生まれる。困難に立ち向かえるパワーと、他者に依存するスキルを育てることが、入所中の子どもたちの課題のひとつではないだろうか。

（２）自制的対処（感情に巻き込まれない対処）

『自制的対処』とは、援助者が利用者の感情に巻き込まれず、自制（セルフコントロール）しつつ、状況を適切に判断し、結果を予測したうえでの対処である。

Ａ　身体接触を伴うもの

【身体接触を伴うもの】として多かったのは、〈ホールディング：10人〉であった。記述式質問紙調査（２０１０〜１２年）からは、具体的なホールディングの細かい手技法まではつかめなかったが、著者がトレーニングを実施したことのない施設からの記述に、「セラピューティック・ホールドを念頭に置いた対応をとった」との記述があった。トレーニングを受けずに見よう見真似、あるいはテキストだけを見て実施したとすれば、これは極めて危険なことである。

また、次のような記述があった。「上にかぶさり、かなりの力で手足をロックした。私自身、初めてのことだったが、とにかく自分自身にこのような力があるのかと、不安と恐怖を感じた」（20代男性、キャリア２年）。これを『自制的対処』に含めるかどうかは悩ましいところではあるが、「ロック」という言葉を使っているところから察すると、ホールディングの技法を何らかのかたちで知ったうえで使用したと推測される。

注目すべきは、「自分自身にこのような力があるのかと、不安と恐怖を感じた」との告白である。実施する過程で自分でも予想外の力が出てしまうという、ホールディングの恐さを表している。

次の記述について、読者はどのような感想を持たれるだろうか。「マウントし、落ち着くように伝え、その後クールダウンした際に話をした」（50代女性、キャリア6年）。マウントとは格闘技で使われる技のひとつで、選手が相手選手の上に馬乗りになり、また肩部に馬乗りになるポジションで、上の選手は両手が自由に使えるので関節技や締め技もかけやすい。まさしく攻撃のための技である。また、著者も写真で見たことがあるが、援助者が肩部に馬乗りになって利用者が押さえられている光景は、屈辱的であることこのうえない。他に「投げ飛ばし押さえ込んだ」（40代男性、キャリア6年）、「職員数人（3人か4人）で手足を持って、地面にうつぶせに押しつけた」（30代男性、キャリア6年）との記述もあった。

次の記述も気になる。「指導中話が聞けず、物を投げる、器物損壊。その行為を制止しようとしたら、手を振り払う、足を蹴る、手を殴る、辞書を顔に向かって投げる。とにかくクールダウンするまでホールディングした」（30代男性、キャリア6年）。〝とにかく〟ホールディングし、押さえつける行為に踏み切ったという判断であるが、この場合に援助者がとるべき行動は、〝とにかく〟距離を取ることである。場合によっては子どもの視線の届かない場所に移動し、様子を見る（非強制的タイムアウト）。なぜなら援助者自身が刺激になってしまっているのだから。援助者にしてみれば、まるで子どもから逃げるようで自尊心が傷つくかもしれないが、この場合はホールディンに至るほどの緊急事態とは判断しない。ホールドをすれば子どもはさらに興奮するということ、そして子どもの沈静に失敗した援助者も興奮がエスカレートするということを忘れてはならない。次の記述はそれを示唆している。「生活指導中に暴言があり、その後、つかみ合い、揉み合い、15分ほど押さえ込むが、その後首を締められる。言葉で『ふざけるな!』と厳しく注意した」（30代男性、キャリア4年）。

インタビュー調査（２０１０〜１３年）においては、かなり具体的なホールディングの様子が語られたので以下に紹介する。

《場面18》　児童自立支援施設援助者の俊介さん（40代男性、キャリア7年）

俊介さん　面接室で私が関わったケースですが、その子は寮の生活に行き詰まってしまったりしてまして。興奮して危なかったので部屋でホールディングをやって、また解いたり、また、落ち着いたところで話したり。その間私も部屋を抜けたりして、ホールディング自体は短かったと思いますけど、2時間くらいやりとりしていたと思います。「わかった」と子どもが言ったので離して、「じゃ、少し考えてみよう」ということで私がその場を離れたりして。また話していると興奮しだして、気持ちの持って行き場所がなかったということもあったと思います。その後話し合いの場を設けました。そのときは彼自身も興奮していて、効果がないというのもあって、部屋に入ったり抜けたりの2時間だったんです。その結果、その子については寮を変えたりしました。でも、そこでも同じことが起きましたね。

著　者　ホールディングはどんな形で行ったのですか？

俊介さん　背後からです。職員に向かってくることが多いですね。それから、子どもが外に飛び出そうとするのを押さえたりが多いです。他の生徒に向かっていくときも職員が楯になると、結局職員に向かっていくことになりますので。面接室の中で子どもが興奮したので、後ろに回って押さえたんです。ソファだったので足をからめて横になっちゃたんです。その子は口達者なんですが体力のない子なので、5分もしないうちに力を抜いちゃったんです。すごく反抗するのであれば、すごいやりとりもできるんですが、身体を使って抵抗しない子だったんです。高1で身長は１６５㎝くらいでした。その子との関係性があるので、そのときは落ち着いてもらうことだけを考えてますね。その子の場合、それほど体力がある子ではないので、まず落ち着いてもらえば、また話ができるだろうというのがありましたので。どうしてもここで話をしなくては、彼自身が苦しくなってしまいますので、その気持ちを汲んであげなければと思いました。

著　者　ホールドをしたことで子どもへの影響はありましたか？

俊介さん　それは、口で言っても本当に子どもがそう思っているかはわからないです。「痛い！　離せ！」と言っていましたので、どうとらえたのかどうか。でも、そのことで暴力を振るわれたと思ったということは、ないと思います。うちの学園はいくらでも苦情を表明できる方法があるんですが、そのときは訴えにはなってなかったですね。

《場面19》　児童自立支援施設援助者の健一さん（20代男性、キャリア11年）

健一さん　他の子に注意がいかないように話しかけて介入して、こっちに向かってきたらホールディングします。その前に、何でも使えるツールは使います。テレビだったら「これ、おもしろいじゃない」とか言って注意をそらしたり、本を見て「これおもしろいね」と言ったり。たいがいうまくいきますけど、それでもだめなときはホールディングします。背中に回ってそのままエスコートします。それができるときは、それで部屋に連れて行って落ち着くこともあります。後ろに回れないときももちろんありますし、そのときは他の子が見ていてちょっと引くんですけど、横四方固めみたいな……。倒して、自分の体重で仰向けに倒れたら子どもにかぶさる感じで、横四方固めして、「ちょっと他の職員呼んでくれる？」って他の子に言って、そのとき自分が蹴られたりするのはしょうがないです。子どもに怪我をさせないのが一番なので。私、身長がけっこうあるので、多少子どもの足が入っても（蹴られても）そんなに致命傷にならないんです。一番怖いのは他の子に手を出しちゃうことですね。そのほうがリスクが高いので、ある程度押さえるんです。

著　者　そんなとき、他の職員さんは来るんですか？

健一さん　来ますね。勤務態勢によりますが、朝の時間は一人ですね。17時以降も一人ですね。18時以降は学生アルバイトさんが入ってくださるんです。そうなると二人、応援に来ることもあるのかなと思います。子どもが無断外出とかしちゃったら職員に連絡したりとか、学生アルバイトさんが子どもと直接関わることもあります。たとえば、子どもが職員との関係でこじれちゃって外に飛び出しちゃったりすると、学生アルバイトさんが追いかけて子どもの話を聞いて戻って来るとか、基本的にぼくらとやることは変わらないです。

著　者　さっきのホールディングとかは自己流ですか？

健一さん　危なくないようにという形で、何かの資料を見たような気がしますけど、それをアレンジして使っています。知的障害児施設にいたときにそういう研修があったので。自分は受けてないですが。

著　者　どのくらいの時間でヘルプが来るんですか？

健一さん　子どもは自分とは敵対関係になっていますので、駆けつけた職員は友好的に子どもと接します。それでだいたい落ち着きますね。それで自分は引っ込んじゃいます。その後子どもが再燃することもありますが、その場合は自分が行くようにしています。子どもが落ち着いたら自分は引っ込んじゃいます。子どもも疲れちゃってヘロヘロになって。中学生以上がホールディングの対象になりますね。落ち着いたあとはしゅーんとなって落ち込んじゃったり、寝ちゃったりとか。職員は交代制なので、そのことを引きずることもないように思います。たとえばホールディングをかけた側の職員は、次の日はその子の寮には入らないんですよね、基本的には。そこで1回間が空いてクールダウンできて、休み明けにまた会って、お互い何となく流れるというんですかね。謝罪が必要なときは言いますが、子どもが「あんときやったな！」とか言って、向かってくるというようなことはないですね。次に子どもと会ったときに、あいさつが返ってくるかどうかとかを見ます。

《場面18、19》ともに、自制的なホールディングを実施しているとの印象を受けた。しかし、対象は比較的ホールディングしやすい体型、体重、パワーの子どもである。とすれば、あえてホールディングをする必要があったのかどうか。健一さんが言っているように、他の子に攻撃が向かったときにはホールドの必要があるかもしれない。何度も執拗に繰り返される場合にはなおさらである。一度だけなら制止で済むかもしれない。

気になるのは、健一さんはかなり自制的なホールドをしているのだが、正式なトレーニングを受けていないということである。しかもホールディングに関する資料の内容を、自分でアレンジしてしまっている点が気になる。ホールディングの方法も当然、組織として認められたものでなければならない。当然アレンジの方向性についても、個人の判断ではなく組織としての検討が必要とされる。一時的とはいえ身体拘束である以上、その方法を用いるに至る手続きは慎重かつ丁寧に行われなくてはならない。

【身体接触を伴うもの】としては他に、〈落ち着くまで待つ制止：3人〉〈離脱：1人〉がある。〈落ち着くまで待つ制止〉とは、ホールディングほどの侵襲性は持たない、たとえば手や腕を押さえる、腰を押さえる、腕を引っ張るなどの行為である。〈離脱〉では「『手を離しなさい』と言いましたが、苦しくなったので払いのけました」（50代女性、キャリア6年）との記述があった。じつはこの段階が非常に重要である。援助者に攻撃を向けてきた場合は、距離（間合い）を取り様子を見る。他の利用者に向かった場合は、制止、離脱を用いて他の利用者を逃がす。まず、この段階での具体的対応技術の確立が求められるところである。

B　言語による働きかけ

【言語による働きかけ】では、〈沈静を促す声がけ：3人〉〈援助者の感情・気持ちを伝える：2人〉〈説諭

〈話を入れる〉：2人〉〈痛みを伝える：1人〉が挙げられた。

〈沈静を促す声がけ〉に関する具体的な記述のあったものを紹介しよう。「寄り添うような言い方で『頭にきているだろうけど，やめよう』」（30代男性，キャリア6年），「話せるようになったらおいで」（30代男性，キャリア6年），「しばらくしたら（5分）また来るから」（30代男性，キャリア不明）。回答のなかに，以下のような印象的な記述があった。

「噛みついてすぐに相手が自室に逃げ込んだので，部屋へ行き，ゆっくりめの言葉でどうしたのかを尋ねましたが，『うるさい』『あっち行け』と蹴ってくる（力は強かったり弱かったり，少しずつトーンダウン）。私目線のそのときの状況を細かく伝えた後に，『君はどうだったの?』と尋ねました。10分後，別の職員と対応を交代し，1時間後に本人が謝るまで関わらないようにしていました。こちらも，本意ではなかったが興奮させてしまったことを謝りました」（40代男性，キャリア6年）

はたしてこの後，子どもとの関係はどうなったのか，以下の記述が加えられていた。

「それまでは，噛まれる前にうまく対処（心理的，物理的に）していけていたので，このとき自分の判断力，敏捷性の衰えを感じて少しショックでした。他は変わりなく影響はなし。その後も噛まれたりしましたが，今ではそのことを本人となつかしく話せているので，今は決して暴力を私にしてくることはありません（関係改善ということでしょうか?）。子どもは口で言えない分，手や足が出てしまうもの。けがはしても殺されることはないだろうと思っていますので，特に構えたりはしていません」

立派な関係改善である。いや、それ以上のものを、子どもに与えたのではないだろうか。

〈援助者の感情・気持ちを伝える〉の具体的記述を挙げる。「注意をしても聞かないので、自分の思い（言われて悲しいなど）自分の気持ちをその都度伝える」（40代男性、キャリア６年）。この場合、援助者との間にある程度の肯定的信頼感があることが前提となる。「この人を傷つけてしまった」「この人を傷つけたくない」との思いが心によぎるかどうかである。

〈説諭（話を入れる）〉、特に「（話を）入れる」あるいは「（話が）入らない」といった援助者同士の会話は著者もよく耳にしたが、あたかも子どもを壊れた機械であるかのようにとらえる援助者側の傲慢さが表れているようで、あまり好きな表現ではなかった。大人の伝えようとするメッセージの内容は、子どもはすでにわかっているのである。ただ、素直に受けとめられない状況にあるということではないだろうか。子どもが援助者に伝えたいことは何か、「まず私の話を聴いてくれ」ということではないのか。自分の気持ちを理解してくれる相手の話なら、聞いてみようと思うのではないか。今回の記述式質問紙調査（２０１０～１２年）での暴力を受けた際の対処で、〈話を聴く〉との記述がたったの1件しかなかったというのは何とも悲しい。説諭とは「悪い点を改めるよう言って聞かせること、諭すこと」である。そのためには、まず子どもの話を聴く、ということがあってもよいのではないか。

C　毅然とした姿勢

【毅然とした姿勢】では、以下の二つが挙げられた。〈警察に通報：３人〉〈毅然とした姿勢を見せる：３人〉。

〈警察に通報〉では以下の記述があった。

①「警察に通報し、安全対策課の方に厳しく指導していただいた（暴力が続いている生徒で連携していた）」（50代女性、キャリア６年）

②「言葉がけができる状態ではなかったので、職員から言葉がけはしなかった（その児童は「ぶっ殺して

やる」「てめえ」「くそが」などの暴言を吐き続けていた）。上と協議して警察を呼んだ」（50代男性、キャリア6年）

③「中2男児が問題行動をし、それでも無理やり外に出ようとした際に制止した。そのときバッグを振り回し、その中に鉄アレイが入っていて左太ももを打撲。被害届。警察通報。システム的に職員がケガをしなくてもすむようにしなくてはならない」（30代男性、キャリア6年）

〈毅然とした姿勢を見せる〉では以下の記述があった。

①「毅然とした態度は崩さない。指導の趣旨・ポイントがズレないように、何がダメなのかのみ根気よく伝える」（30代女性、キャリア6年）

②「目をそらさずに、毅然もしくは引かない姿勢を見せる。相手の怒りよりも大きな怒りを見せる」（30代男性、キャリア6年）

③「ひるまず、淡々と、何がダメか伝えたうえで、話が聴けないようなときはクールダウンするまで別室へ移動させて、落ち着くのを待ってから指導に入る。イライラして暴れるときは解離している場合もあるので、なるべく関わりを持たず（安全確保だけはして）落ち着いてから対処すれば、わりとスムーズに対処できる」（40代女性、キャリア6年）

一見、「厳しい注意」と「毅然とした姿勢」は同じ行為ととらえがちだが、大きな違いは、「毅然とした姿勢」とは援助者が自らの感情に影響されず、「平静」な状態で子どもに対しているということである。〈毅然とした姿勢〉では、顔が険しく憤怒の形相である必要はない。また、大声で恫喝する必要もない。むしろ逆である。柔和な表情（涼しい顔で）で、不退転の意志を相手に伝えることである。

武士道を背景とした「日本型パターナリズム」（市川 2005）の要素の一つは、「平静」である。新渡戸は次のように「平静」を説明している。

真に勇敢なる人は常に沈着である。彼は決して驚愕に襲われず、何ものも彼の精神の平静を乱さない。
（Nitobe, 1899／邦訳 p.45）

怒りの嵐に翻弄されている子どもに向かう援助者に必要なのは、自己に向かう勇気であり、怒りに任せて子どもを怒鳴り、場合によっては殴り叩きかねない自らの攻撃性を抑止する強さではなかろうか。

D　環境の調整（刺激の遮断）

【環境の調整（刺激の遮断）】としては、〈場所変更：４人〉〈タイムアウト：２人〉が挙げられていた。以下、記述内容を紹介する。

①「場所を移動させ、落ち着いた口調で話しかけ、クールダウンさせる」（30代男性、キャリア６年）

②「居室に移動させてクールダウン」（40代男性、キャリア６年）

③「話が聞けないようなときは、クールダウンするまで別室に移動させて、落ち着くのを待ってから指導に入る」（40代女性、キャリア６年）

④「一人になる場所へ連れて行ってクールダウンを見守る」（40代男性、キャリア６年）

〈タイムアウト〉では、基本的に子どもを一人にすることで、子どもに「しまった体験」をさせるというペナルティとしての意味を加えて利用する場合もある（野口 2009）。ただ、援助者は常に観察を怠ってはならない。それに対して、〈場所変更〉は〈タイムアウト〉とは違い、利用者と援助者が一緒に場所を移動することで、環境を変えた後も援助者は子どもと関わり続ける。

E　チームワーク

【チームワーク】としては、〈他の職員を呼ぶ：４人〉〈職員を替える：１人〉が挙げられていた。日常的な援助者のチームワークが問われるところである。また、そもそも他の代替職員がいるのか、離れたところにいる職員をどう集めるのか、設備はどうするのか、といった物理的問題を検討しなければならない。

「あいつは俺たちのことわかろうとしないから嫌いだ」「あいつは話を聴いてくれるから好きだ」。子どもの援助者に対する感情は、明確に二分されていることが少なくない。それを利用し、指導に、援助者の関わり方も、あえて二分させようという試みが用いられることがある。「私は厳しく叱りますから（父親役）、先生は話を聴いてやってください（母親役）」「私は嫌われ役をやりますから」。実際に子どもに関わる場面で、そんなロールプレイが行われる（著者には、自分の性格や対人傾向を役割のせいにしているのではないかとも思えるのだが。また、あえて嫌われ役が必要とは思わない）。人と人との関わりとは、そのようなステレオタイプな単純なものではない。子どもたちも、相手が厳しく恐いだけではなく、優しい温かいところもある人なのだと、他者を統合してとらえる体験が必要なのである。そうはいっても、一度定着してしまった人のイメージは、そう簡単に払拭できるものではないというのも事実であろう。関わる人を代えただけで、憑き物が落ちるように落ち着くということも、現実には起こることである。

F　受容

【受容】としては〈話を聴く：1人〉〈謝罪：1人〉が挙げられる。子どもたちの中心的課題は、自分の思い、感情を言葉で表すことが下手だということである。そして、言葉を吐き出せる人がいない。だから暴力に走る、といってはあまりにも単純であろうか。

なぜこうも援助者は、子どもに自分たちのメッセージを「入れる」ことにこだわり、子どもからのメッセージを「入れる」ことに消極的なのだろうか。数少ない〈話を聴く〉に関する記述を紹介する。

①「暴れている場合は遠目から見守るしかない。厳しく注意すると逆効果なので、こちらが落ち着いて話を受け入れ、説諭していくしかない」（20代男性、キャリア6年）

この記述もかなり消極的で、「話を聞くしかしようがない」といった、あきらめによる消極的方法として用いられている。「聴く」ことは本来、最もダイナミックな変化を及ぼす力強い積極的方法なのだが。

〈謝罪〉に関する記述には次のものがあった。

①「こちらも、本意ではなかったが興奮させてしまったことを謝りました」(40代男性、キャリア6年)

このようなことができる援助者は、一部の施設では受け入れられることはないだろう。子どもではなく、他の援助者に。「子どもの権利」「意思決定支援」「パートナーシップ」などの理念が登場し、多くの研修会では援助者の基本的姿勢として紹介され、誰も否定する者はいない。しかし、援助者はどこかで、そんなものは「絵に描いた餅」「きれいごと」にすぎない、と決めつけてはいないか。子どもは未熟な存在であり、大人が枠にはめて操作しなければならない、との「非合理的思い込み」[*7]に支配されてはいないか。大人が子どもに興奮させてしまったことを謝罪する、ここに気づくことと、それができる援助者が、本当の意味で暴力の問題を解決する道筋を示してくれるに違いない。

G 認知

具体的【認知】として、以下の二つの記述が挙げられている。

①「冷静な自分がもう一人いると考えるよう努めた」(40代男性、キャリア6年)

②「子どもの心の奥底と向き合う努力をした」(30代男性、キャリア3年)

前者は、自分に対する認知を変えようとする手段と推察する。たとえば、冷静な自分が興奮しそうな自分に「落ち着こう」「大丈夫なんとかなる」と語りかける、いわゆる言語による自己教示(内向セルフコントロール)である(祐宗ら 1984)。後者は、子どもの暴力を引き出しているものは何かを理解することで、子どもへの認知を変えようとする試みであろう。これは援助の方向性、具体的手段に変化をもたらす可能性のある、極めて重要な取り組みである。

H　関与しながらの消極的対応（無視、無反応、建設的沈黙）

【関与しながらの消極的対応】は、〈無反応：4人〉〈見守り：2人〉〈時間を空けてみる：2人〉〈逃げる：1人〉が挙げられた。

〈無反応〉は「無視」と区別する必要がある。「無視してクールダウンを待つ」（50代男性、キャリア2年）の記述では、「無視」という言葉が使われているが、行為の背景には子どもが落ち着くのを傍《かたわ》らでじっと待つ、といった関わりがある。援助者の介入が、いわゆる「火に油を注ぐ」ことになりかねないと判断した結果、介入を一時的に回避することである。

「無視」とはneglect（放置）、disregard（無関心）のことであり、相手の存在そのものを否定することである。相手を「いてもいなくても関係ない人間」と評価をすることである。それに対して無反応はno responseのことであり、子どもの特定の不適切行動にのみ反応しないということである。「内容によっては反応しないときもあった」（50代女性、キャリア6年）では、心はむしろ反応する場合よりも使っているのである。

課題行動の消去には、「消去抵抗」と「反応率・反応強度の上昇」といった厄介な現象が、必ずといってよいほど伴う（Alberto & Troutman, 1999／邦訳 pp.224-225）。「消去抵抗」とは、たとえば無反応によって相手の行動を減少させようと目論んでも、実際にはかなりの時間がかかるということである。子どものドアを蹴る行為がだんだんエスカレートしていったところで、「いい加減にしろ！」と反応してしまった場合、子どもにとっては援助者の注意を引くことが目的であったなら（注視行動）、援助者の無反応に耐え切れなくなっ

＊7　「非合理な思い込み（irraitional belief）」とはアルバート・エリス（Ellis, A.）が用いた言葉で、援助者がある出来事に遭遇した際、瞬時に頭にひらめく、根拠のない、役に立たない思い込みのこと。たとえば「私は絶対失敗してはならない」「失敗することは恐ろしいことだ。もう私はだめだ」といった〝ねばならない〟思考など（Edelstein & Steele, 1997）。

た結果の反応は、子どものエスカレートした強力な蹴りをむしろ強化してしまうことになる。いったん無反応を決め込んだら、徹底的に無反応を決め込むことである。はたしてそれが可能なのか、さもなければ援助者はその場を離れることである。いずれにしても、子どもが危険な状態に置かれることに違いはない。

「反応率・反応強度の上昇」とは、課題行動が減少する前にはいったんその行動が頻繁に起こるようになり、かつ内容もエスカレートするということである。つまり、援助者に「前よりも悪くなった」と思わせてしまう現象である。この場合も徹底して無反応でなければならない。まさに援助者と子どもの根比べである。「無反応」を実施したいのであれば、はずしてほしくないのは、子どもが評価できる行動をとった場合はすかさず褒めることである。子どもにとって褒められることはうれしいことであるし、良い意味での驚きでもある。褒めることを中心にした援助者との関係は、やがて「この援助者を悲しませることはしたくないな」「この保育者を喜ばせるようなことをしたいな」といった感情を生み育むことにつながる。もし、褒めるという行為なしで「無反応」による徹底的な対応が続けば、課題行動は減弱、あるいは消失するかもしれないが、同時に子どもの他者に対する関心や期待も消失することになるだろう。

〈見守り〉となると、〈無反応〉とは微妙にニュアンスが違ってくる。記述を見てみよう。

①「暴れている場合は遠目から見守るしかない。厳しく注意をすると逆効果なので、こちらが落ち着いて話を受け入れ、説諭していくしかない」（20代男性、キャリア6年）

②「基本的には冷静になるような言葉がけをし、一人になる場所へ連れて行って、クールダウンを見守る」（40代男性、キャリア6年）

〈見守る〉とは、援助者も子どもが見える位置、同じ空間にいるということである。

オマーは「非暴力」による対応のスキルとして、子どもの暴言に反応せず、また、子どもが発する要求や不満に安易に応えず反応を遅らせる、「建設的な沈黙」（Omer, 2004／邦訳 p.54）の行使を推奨している。オマーは子どもの暴力に悩む母親に対して，次のように述べている。

言いなりにならずに黙ることとは，説教や議論よりもずっと効果的です。沈黙することで，あなたがもはや，子どもからの戦いの誘いに協力していないことが明らかになります。建設的な沈黙は，あなたの分を悪くすることはありません。黙っていてもあなたは，親としてそこに確かに存在しているのです。

(Omer, 2004／邦訳 p.54)

子どもが落ち着いてきたら（鉄が冷めてきたら），座って静かに話し始める。子どもの暴言や不当な要求には沈黙する。「非難せず，説教せず，脅さず，大きな声も出さない」(Omer, 2004／邦訳 p.57)。子どもが解決方法を見出すまでここを動かないとの決意を見せる。これをオマーは「座り込み」(Omer, 2004／邦訳 p.56)と呼んでいる。子どもが何らかの提案をしたら，それがどんなものであっても評価し取り上げる。なかなか根気のいる方法である。しかし，子どもと向き合うには，ときには援助者も腰を据えて子どもと関わる覚悟が必要になるだろう。

《場面20》　児童自立支援施設援助者の豊さん（50代男性，キャリア33年）

豊さん　私が蹴られたときは職員がいなかったんですよ，私しか。それで，避難することが一番と考えました。なぜかというと，職員が虐待したとか，やったやらないとか，後で収拾がつかなくなるだろうし，実際に現実にはわからなくなるじゃないですか。私もそのときは事務室に逃げ込んだんですけど，「子どもの暴力に抵抗した」とか言っても，今の時代，誰か証明してくれなければ職員が不利になる。これは私の本音ですね。それはもう，虐待ということになるんでしょうね。微妙なところが，今の現状では、時代では、ちょっと制止して手が触ったということだけでも虐待と言われる。また、そういう子たちなんですね。すぐ「虐待だ」と言ったり。ある程度、私たちもそういうことを頭の中に入れておかないと。だから逃げるのが一番良いみたいですね。——中略——実際に子どもが落ち着くまでには、物理的にインターバルが必要だと思っています。絶対子どもは落ち着きますから、ある程度の時間を置くと。時間が必要なんです。周りがはしゃぎ立てても、今の子たちははしゃぎ立てることが多いけれど、時間を置くと周りもはしゃがなくなるから。

〈逃げる〉は、語感から消極的な意味ととらえられそうだが、豊さんが言っているような現実的な理由もあるだろう。基本は、「不必要な対立を避け」(Omer, 2004／邦訳 p.52) るということである。単に〈逃げる〉だけではなく、「時間を稼いで」次の手を考えるという、フレキシブルな対応が求められよう。

(3) 事後対処(嵐が去ってからの対処)

『事後対処』としては、子どもとの【振り返り】が挙げられた。対処法は以下の三つである。〈落ち着いてからの冷静な対応(話し):5人〉〈落ち着いてからの指導:1人〉〈自省させる:1人〉。以下に記述の一部を挙げてみる。

①「ひるまず淡々と何がダメだったか伝えたうえで、話が聞けないようなときはクールダウンするまで別室に移動させて、落ち着くのを待ってから指導に入る。イライラ暴れているときは解離している場合もあるので、なるべく関わりを持たず(安全確保だけして)、落ち着いてから対処すればわりとスムーズに対処できる」(40代女性、キャリア6年)

②「指導は落ち着いてから行う。行動の振り返りと原因を確認する」(20代男性、キャリア5年)

③「話ができる状態になったところで再度ゆっくり話をした。その際、他の職員にも入ってもらった」（20代女性、キャリア4年）

④「叱るが、その後振り返りで丁寧に対応することを心掛ける」（40代男性、キャリア6年）

⑤「当事者以外の職員が厳しく対応。その後、当事者同士で向き合い、話し合う機会をつくってもらい、しっかりと子どもと向き合うことができた」（50代男性、キャリア6年）

⑥「日を変えて、援助者が伝えた話の意味、内容を確認、自省方向へもっていく」（50代男性、キャリア6年）

オマーがいうように、「鉄は冷めてから打て！」（Omer, 2004／邦訳 p. 40）である。興奮状態の子どもの頭の中は、火災報知機が鳴り響いている状態と同じである。アドレナリンが脳全体に影響を与えている状態であり、まずは火災報知機を止めることが先決である。十分に落ち着いてからでないと再燃する可能性もあるので、解決をいたずらに急ぐことは、かえって興奮を長引かせることとなる。食事をとり、ゆっくり睡眠をとってから、短めに振り返りをするほうが良いであろう。援助者が伝えたいことを子どもはすでにわかっている場合も少なくない。そして、子ども一人で考える時間を保証すること。子どもは一人のときに変われるのかもしれないのだから。その自省（内省）のとき彼らに働きかけるのは、自分を心配し気持ちを汲んでくれる援助者のイメージである。トリーシュマンらは援助者のイメージを、次のように具体的に述べている。参考にしたい。

　かんしゃく行動がいかに馬鹿げたもので危険なものであるかをレクチャーしようとする者もいるが、それは無意味である。子どもは外界からの刺激をできるだけ避けようとしているのであり、それを援助してあげる方がいい。——中略——もし何か子どもに話しかける場合には、できるだけ簡潔で穏やかな言葉を平静な口調で語りかけるといい。あなたの関心を表現するようなメッセージ、必要とあらばいつでもあなたが力になれるというメッセージ、子どもが悲しみの状態にあることをあなたが理解しているというメッセージなどがここでは適切であろう。

（Trieschman et al., 1969／邦訳 p. 244）

4　暴力が援助者に与えた影響

著者が行った記述式質問紙調査（２０１０～１２年）の結果で特徴的なのは、児童自立支援施設にのみ見られたことであるが、『ポジティブな影響』における【関係改善】である（表9）。「雨降って地固まる」とでもいうのであろうか。援助者が子どもから暴力を受けたことをきっかけとして、〈子どもとの関係が深まった：８人〉との答えである。また、おそらくそれと関連していると思われるが、【児童の変化】〈児童が自分について振り返る機会になった：１人〉〈子どもが落ち着くきっかけになった：１人〉の記述である。この2件のエピソードにも、援助者との関わりが、その後の子どもの変化に何らかの影響を与えたのでないかと推測される。

〈子どもとの関係が深まった〉ことに関する記述を、以下に挙げてみよう。

①「児童との関係が深まり、面接時はもとより、日常生活でも行動を共にするようになった。信頼関係が生まれた」（30代男性、キャリア2年）

②「相対的に児童の場合は、関係改善に至ることが多かった」（50代男性、キャリア2年）

③「長い目で見るとお互いの出来事を乗り越え、関係性ができたと思う。利用者、退所生より、あのときは怒られて良かった、入所したことで初めて怒られた……などと感謝されるため。決して手を上げる暴力ではない」（30代男性、キャリア6年）

④「落ち着いて話をしていくなかで、生徒から別な内容など、これまで聞けなかったことなどを話してき

表9　児童自立支援施設における暴力が援助者に与えた影響（2010～12年）

	カテゴリー	サブカテゴリー	影　響	件数（60件中）
1	影響なし		特に影響なし	7
2	ネガティブな影響	恐怖	利用者が恐くなった	4
3			身構えるようになった（注意過剰）	1
4			勤務中は緊張する	1
5		不安	不安になる	2
6		嫌悪	嫌な気分になった・不快になった	1
7			むかむか、イライラしてしまう	1
8		混乱	ショックを受けた	1
9		怒り	怒りを感じる	1
10		パワーレスネス	仕事を休みたくなった、職場に行きたくない	4
11			ゆううつになった	3
12			落ち込んだ	1
13			精神的な疲労感を感じる	1
14			やりがい、モチベーションが低下した	1
15			処遇に対し消極的になる	1
16			離職・転職を考えた	1
17			気疲れする	1
18			徒労感	1
19			その児童と関わるのが面倒くさくなった	1
20			無力感	1
21		心的負担	ストレスを感じる	2
22			何年たっても忘れない	1
23			傷ついた	1
24			出勤前に吐き気がする	1

表9　つづき1

	カテゴリー	サブカテゴリー	影　響	件 数（60件中）
25	ネガティブな影響	寂寥感	心がさみしくなった	1
26		自己不安・恐怖	児童を押さえて、自分にこのような力があるのかと不安・恐怖を感じた	1
27			自分の判断力・敏捷性の衰えを感じてショック	1
28		自己嫌悪	もっと厳しく注意すればよかったと自分を責めた	1
29	ポジティブな影響	自分の関わり方の振り返りと変容（具体的な）	対応について考えるようになった	2
30			距離感に注意するようになった	1
31			常に警戒し距離を取り、慎重に対応するようになった	1
32			原因、理由、きっかけについて考えるようになった	1
33			タイミング・伝え方が大切だと思った	1
34			児童がどんなストレスを感じているのか考えるようになった	1
35			素早く動けるようになった	1
36			子どもと信頼関係を築くための努力をした	1
37			どう関係を構築していくか悩んだ	1
38			暴れる児童を押さえるには複数でなければ無理と再認識した	1
39			一人での対応は危ないと実感した	1
40			予測のつかないことの恐さを学んだ	1
41			暴力防止について考えるようになった	1
42		自己認知の変容	逃げてはいけないと思う	1
43			簡単に物事が進む職場ではないと認識した	1

表9　つづき2

	カテゴリー	サブカテゴリー	影　響	件数（60件中）
44	ポジティブな影響	自己認知の変容	冷静に客観的にとらえることが大切だと考えた	1
45			関係づくりのためのきっかけと思っている	1
46			子どもの支援の立て直しが必要だと思った	1
47		児童の変化	児童が自分について振り返る機会になった	1
48			子どもが落ち着くきっかけになった	1
49		関係改善	子どもとの関係が深まった	8
50		ソーシャルサポート	原因や対応について他職員と話し合う機会になった	1
51		組織の取り組み	処遇検討会を行った	1
52			職員がケガをしなくてすむようにシステム的にしなくてはならないと思った	1
53			複数で対応するようになった	1

てくれて、今まで知らなかった一面を知ることができた」（40代男性、キャリア6年）

⑤「身の危険を感じることもあるが、さらに関係づくりのためのきっかけだ!!と思うようにしている。そうすることで関わるしかない!! と思えるので」（40代男性、キャリア6年）

⑥「怒りや恐さは確かに湧いてきますが、指導を通じて子どもとの関係をつくった部分もあります。結果、関係は良くなったとは感じますが、長い時間をかけて、その他の関わりも含めてのものです」（30代男性、キャリア6年）

⑦「管理職に相談して場を設けてもらって和解。より関係性は深まった。当時、非常勤講師（アルバイトだったので、職員とは違う目で見られていた、ナメられていた）。バイトも正規職員も関係なし、人は人ということを伝える良い

機会となった」（30代男性、キャリア4年）

⑧「その後も噛まれたりしていますが、今ではそのことを本人となつかしく話せているので、今は決して暴力を私にしてくることはありません（関係改善ということでしょうか？）」（40代男性、キャリア6年）

トラウマとは、整理されることなくばらばらの状態で心に押し込められた記憶である。子ども自身も気づかずにいる感情や本音を、援助者と関わるなかで少しずつ語り、受けとめられることを通して、過去の出来事として整理し、混乱を鎮めることができる。

著者が行った記述式質問紙調査（2010～12年）では母集団が少ないので言い切ることはできないが、知的障害領域と比較した場合、暴力の対象となるのが知的障害領域で男性42・4％であるのに対して、児童福祉領域では男性78・3％と多くなる。この数字の背景には、子どもたちの男性性、父性に対しての何らかの複雑な思いがあるのではないかと推測する。それは、思春期、青年期の子どもに見られる、権力者である父親に対する恐怖や憎しみから始まるのかもしれない。しかしそれは、いずれは乗り越えなければならない壁でもある。と同時に、父親に対する恐怖とともに、父親に認められたい評価されたとの思いと裏腹なものなのかもしれない。

《場面21》 児童養護施設援助者の拓さん（30代男性、キャリア7年）

拓さん その子（17歳、男子）は家が半壊するくらい暴れるんです。援助者がルールを守らせないといけないというのは強かったと思いますね。夜遅く帰ってきたらそれは注意もしますし。でも、言い方が強すぎたのかな、と。子どもの立場になったら、何か理由もあるだろうし、聴き方ひとつ、子どもによって変えなきゃいけないのに、全部一律でやってたのかなとも思いますし。職員側がそういうことと全然できていなくて、暴力が出てきて、その子、少年院に行ってしまって、大変なことになっちゃったと思うんですね。

著　者　子どもにとって安心できる場って，どのような場だと思いますか？

拓さん　基本的に自分の思いが出せる場。自分の思いが出せるということは，相手のことも考えられる。相手のことを考えたうえで，自分の意見も出せるという場所なのかなと思います。――中略――やっぱり自分の話を聴いてくれるのはうれしいことだし，信頼関係もそこからできるとか本人たちも言いますし，だけどそこらへんが私なんかは未熟でできないんですよね。

著　者　どうしてできないんですか？　大事だということがわかっているのに。

拓さん　そうなんですよね。僕らも生活してきた生い立ちがあるので，自分たちのそういうのも見ていかなければいけないんだと思いますし。自分の性格とか，たとえば人にこう言われたら嫌だとか。子どもも側もそうですし，そこらへんに目を向けていかないといけないなと思うんですけど。子どもに変わってほしいとか言うんですけど，そう簡単には子どもは変われないと思います。職員もそうですけど。

《場面22》　児童養護施設園長の次郎さん（70代男性，キャリア不明）

次郎さん　（子どもにとって）人間関係がすべて強いか弱いか。優しく言う人の言うことは絶対に聞かない。管理と強制でずっとやられてきた子が，中学になるとそれが通用しなくなる。手に負えなくなるわけです。そうすると，家に帰されたり，児童自立支援施設に出されたりするわけです。力がすべての人間として組み立てられると，まずそれを壊さないといけないんです。壊さないと主体的に考えないから。欲望があったら，それを外枠から制限されるかどうかでしか考えませんから。それで，枠がなくなると何をしてよいかわからない。やっぱり情緒が育つ，そういう養育がなされないといけないと思います。――中略――それが発達障害だからと言ってしまえばおしまいですけど、私はそうは思わない。後天的なものがすごくあると思います。確かに人間関係が下手くそとかありますけど、そこは育てないと。枠がなくなったら、欲望のおもむくままにしか生きていけなくなっちゃう。――中略――だいたい、施設でびしっと問題ない子どもなんていうのは、よっぽど子どもを管理していて、それをはみ出したら子どもを施設から追い出してるんです。それか、子どもの問題を見て見ぬふりをしているかのどっちかです。だから、問題が起こったときは、今まで結べなかった人間関係を結ぶチャンスなんです。だからむしろ、施設の中で問題を起こしてもらわないといけない。それが大事なんだと。――中略――自立というのは孤立ではないですよ。自立は依存なんです。だから人間関係というのは、上手に依存できるようにならないといけない。良好な依存ができれば、力に頼らなくてもいいわけですよね。力関係以外の対人関係の持ち方があるんだっていうことを、子どもが理解するということですね。でもそんなもん、いくら口で説教したってできるわけない。実際の生活のなかでそういう関係をつくっていかないとできないんですよ。昔の施設みたいに「1回でもなめられたらだめだ」って言って、力による関係に頼ってきたらだめなんですよ……結局、養育ってのは、子どもが「生まれてきて良かった」と思えることなんじゃないですかねえ。

図らずも暴力をきっかけとした【関係改善】から、暴力を介してまで他者と関わろうとする、つながろうとする子どもたちの必死の思いがあることに、私たち援助者は気づかされるのである。暴力とは子どもにとって、最後のSOSなのである。第1章で述べた「愛着と甘え」「関係性の障害」「接近・回避動因的葛藤」といった、他者から関わってもらいたい、愛されたいとの基本的欲求がありながら、同時に存在する恐怖や不安のため、暴力といった歪んだかたちで表現してしまう子どもたちをどう受けとめたらよいか。子どもを生かすも殺すもまさに援助者の対応にかかっているのである。暴力の背景にある感情を汲むところから関係改善の道は開かれる。「愛着と甘え」「関係性の障害」や「接近・回避動因的葛藤」といったテーマは、何も子どもたちだけのものではない。私たち援助者自身のテーマでもある。暴言や暴力にさらされている援助者にとっては、時として子どもは恐怖や緊張、嫌悪の対象であることもあるだろう。その葛藤とは、現実には援助者と子どもが共有するものなのである。しかし、もし、援助者がその壁を越えて子どもの気持ちに寄り添おうとすることができれば、子どもは驚きとともに、それまで経験したことのなかった他者との関係が存在することに気づくことだろう。

第3節　高齢者介護領域における暴力

I　調査方法と分析方法

1　調査の方法と対象

本節では、高齢者（以下、利用者）を対象とした入所施設である特別養護老人ホーム、介護老人保健施設、養護老人ホームなどにおいて実施された、記述式質問紙調査（2012年）および半構造化面接（2013年）により得られたデータをもとに、高齢者介護の現場で起こる暴力・他傷について考察する。

（1）記述式質問紙調査

記述式質問紙調査は、同意を得ることができた4カ所の高齢者関連施設（特別養護老人ホーム、養護老人ホーム、介護老人保健施設、通所リハビリテーション事業所）の援助者、112人を対象に行った。質問項目は、①暴力を受けた際の状況、②暴力を受けた際の対処、③暴力によって受けた影響の三つを基本に、年齢、性別、福祉施設での勤務年数を記入していただいた。

112人中、暴力を多少受けたと答えた援助者は65人（58％）。うち男性26人（40％）、女性39人（60％）であった。

データの分析は、児童福祉領域、障害者福祉領域と同様に、質問項目ごとに類似の記述をまとめ、共通する概念をカテゴリー（『　』）、サブカテゴリー（【　】）にまとめた。

（2）インタビュー調査

2010～13年にかけて、特別養護老人ホームと介護老人保健施設において、フォーカスグループインタビューを実施した。インタビューは木村と市川が担当した。調査は、同意を得られた3カ所の高齢者福祉施設において、計13人の施設職員に半構造化形式で実施し、質的な情報把握を行った。回答者の性別と介護経験は次のとおりである。

①施設A（特別養護老人ホーム：4人）

介護職女性（キャリア9年）、介護職女性（キャリア6年）、介護職男性（キャリア4年）、介護職男性（キャリア3年）。

②施設B（介護老人保健施設：4人）

介護職男性（キャリア10年）、介護職女性（キャリア10年）、介護職男性（キャリア6年半）、介護職女性（キャリア3年）。

③施設C（特別養護老人ホーム：5人）

生活相談員男性[*8]（キャリア13年）、介護職男性（キャリア9年）、介護職女性（キャリア8年）、生活相談員男性[*8]（キャリア8年）、介護職男性（キャリア5年）。

インタビューにおいて得られた情報は、同意のもとICレコーダーに録音のうえ、音声データを書き起こし逐語記録とした。なお、回答者の名称は仮名を用いている。

Ⅱ　暴力の実態（種類、発生要因、対処方法、影響）

1　はじめに――施設生活を余儀なくされる高齢者に対する若干の説明

施設生活をされている利用者に対して、若干の誤解を抱いている方がいるようである。その誤解とは、特別養護老人ホームなどで生活する利用者（特に認知症の方）は虚弱である、という一方的で偏った高齢者観である。施設に暮らす利用者は暴力を振るわない、あるいは、暴力があったとしても基本的に実害がない（たとえば、利用者は体力が低下しており動作も緩慢である。暴力の威力も軽度であり、援助者は容易に攻撃をかわすことが可能であろう、など）との考えである。確かにそのような側面もある。穏やかな方も多い。しかし、それらがすべてではない。

本節では、高齢者福祉施設に勤務する職員からのインタビューを頼りに、利用者からの暴力にはどのような種類や傾向が見られるのか、また、援助者たちは利用者からの暴力に対してどのように対応し、折り合いをつけながら介護に関わっているのかについて、若干の考察を加えながら検証したい。

＊8　二人は介護職を経験後に生活相談員となった。

では、はじめに高齢者福祉施設を利用している方々について述べる。まず、思い浮かべていただきたいのは、２０１６年現在、特別養護老人ホームなどに入所されている方々の年齢である。彼／彼女らは、太平洋戦争をまたいだ、いわゆる戦前・戦中そして戦後を生きてきた世代である。生きてきた時代背景もあり、男性利用者には兵役を経験した方々もいる。著者の経験としては、特別養護老人ホームで介護をしていた際、認知症を患う男性に「軍刀で叩き切ってやる」と怒鳴られ、突き上げた拳を振り下ろされたことがある。

さらに、認知症を患う方々には、病める脳とは別に、強靱な肉体を持つ方もいる。これは、施設が設置される地域の産業や、彼らの歴史と関係があるとも思われるが、第一次産業に従事されてきた方々の場合、兵役による体力の強化だけでなく、戦後の生活における就労体験を通した体力の増強と維持の影響が大きいと考えられる。

先の「軍刀」発言をされた方も、農業を中心に第一次産業を生業とされてきた方であり、認知症の症状を呈しＡＤＬは低下しているものの、いわゆる〝骨太〟な方であり、繰り出す拳の威力は相当であった。パンチを受けたときの一撃は非常に重く、受け手にとって相当にこたえるパワーを持っていた。とても虚弱高齢者のゆるいパンチであるなどと笑ってはいられない。著者は身長が１７５㎝、体重も75㎏ほどの男性であるため、ある程度の衝撃には耐えることはできるが、小柄な女性の援助者であってはひとたまりもないことは想像するまでもない。

男性に比べ女性の寿命が長い日本では、特別養護老人ホームなどの福祉施設利用者も女性が多く、男性は少数であることも多い。しかし、少数の男性利用者が持つ秘めた力は、援助者の想像を凌駕することは間違いない。またこれは、男性利用者に限ったことではないことも付しておく。

冒頭に述べた利用者に対する若干の誤解、いわゆる「エイジズム」は、少なからず福祉施設という閉ざされた空間における利用者から援助者に対する暴力を、見えにくくしている要因のひとつであろう。利用者は単に弱い存在であるという観念を一度保留したうえで、この先を読み進めていただきたい。

2　暴力の種類

はじめに、2012年の記述式調査で明らかになった、高齢者福祉施設における暴力・他傷の種類を概観する。

高齢者福祉領域の暴力の形態は、他節の児童福祉領域、障害者福祉領域の分類と同様に、『瞬間的な攻撃』『身体接触が持続的な攻撃』『凶器を使っての攻撃』の3形態とする。

(1) 瞬間的な攻撃

【身体接触を伴うもの】としては、〈叩かれる：20人〉〈引っかかれる：17人〉〈殴られる：12人〉〈蹴られる：8人〉〈押される、突き飛ばされる：2人〉〈体当たりされる：1人〉が挙げられた。

【身体接触を伴わないもの】としては、〈唾を吐きかけられる：15人〉〈物を投げられる：2人〉〈コップの水をかけられる：1人〉が挙げられた。

(2) 身体接触が持続的な攻撃

【身体接触を伴うもの】としては、〈つねられる：21人〉〈噛まれる：10人〉〈髪を引っ張られる：3人〉〈殴りかかられる：2人〉〈首を絞められる：2人〉〈身体の一部をつかまれる：2人〉〈爪を立てられる：1人〉〈服を引っ張られる：1人〉〈手を強く握られる：1人〉が挙げられた。

（3）凶器を使っての攻撃

【脅迫】は〈手を振り上げる：1人〉〈ハサミを突きつけられる：1人〉が、【攻撃】は〈杖で殴られる：6人〉〈入浴道具の入った袋で叩かれる：1人〉〈食器で叩かれる：1人〉〈杖で押される：1人〉〈箸で腕を刺される：1人〉が挙げられた。

（4）まとめ

攻撃の例として、介護老人保健施設における出来事を挙げ、暴力について考察を加えたい。

《場面23》 介護老人保健施設援助者の佐代子さん（40代女性、キャリア10年）

佐代子さん 今も鮮明に覚えているんですけど、杖で殴られたこと、夜勤明けに。朝起きて来た方にコーヒーを入れて差し上げるのが、ユニットの決まりごとだったんです。ちょうどその方のお砂糖が切れていて、「お砂糖が今日はないんですよ」と言ったところ、「そんなことはない、ウソだ」と言って。ふだんは杖をついて歩いている方なんですけど、そのときはいきなり殴りかかってきて、殴られまして。腕と膝と太腿を、そのときはかなりアザになるくらい強く殴られました、加減を知らないので。95か96の女性です。止めなくちゃいけない、心を静めてあげなければいけないんでしょうけど、そのときは走って逃げました。そしたら、走って追いかけてきて。追い詰められて、また逃げ切れずに。ちょうど宿直の人が彼女のユニットのリーダーだったので、宿直者に電話をして応援に来てもらって。その宿直の男性も殴られましたが、男性なので杖を取り上げて、というかたちになったんですけど。一人ではどうにもならなかったと思います。逃げたら追いかけてきて、転んでしまうんじゃないかと、本当はそこまで考えなければいけなかったんでしょうけど、そこまで考える余裕がないくらい恐ろしかったです。

攻撃の際用いられた凶器は、杖であった。杖を利用しているということは、本人には何らかの理由で移動の不自由が生じていると考えることができる。移動の不自由には段階があり、歩行がままならない場合は、移動のために車いすなどを用いることになる。つまり、このトランスクリプトからは、攻撃を仕掛けた本人は、移動に若干の不自由を抱えてはいるものの、自らの足で歩行移動が十分に可能である状態にいると読み取ることができる。移動について不自由があり杖を利用している人が、移動が自由な人を攻撃しようとすれば、自らの移動範囲の狭さをカバーする意味でも、身の周りにある道具を利用することは道理が通る。この場合、杖である。

また、杖を利用している利用者が走って追いかけてきたことにひどく驚いているが、杖を利用している利用者は、決して「走れない」のではなく、個人的な理由により「走らない」「走る必要がない」だけであることも忘れてはならない。杖を利用している利用者は「走れない」という援助者の思い込みが、援助者に必要以上の恐怖をもたらすと同時に、トランスクリプトにおいて援助者自身も語っているように、何より利用者を転倒などのリスクに巻き込む原因にもなる。

援助者には、利用者が安全に活動できるよう配慮する責任がある。「暴力行為があったから」では、援助者としての責任を放棄することになることも忘れてはならない。

3　暴力の発生した状況

高齢者福祉施設において最も多い暴力は、身体接触を伴う攻撃である。具体的には、叩く、つねる、蹴るなどである。高齢者介護の現場において、これらの攻撃がどのような状況で発生しているのかご覧いただきたい。

(1) 要因が特定できる状況(暴力)

高齢者福祉施設における暴力は、そのほとんどが介助に関係した、【援助者との直接的関わりに起因するもの】であった。特に、介助時に暴力が発生していることに注意しながら、分類に目を通してみてほしい。〈排せつ介助時：12人〉〈おむつ交換時：8人〉〈入浴介助時：7人〉〈移動介助時：6人〉〈介助をする：5人〉〈トイレ誘導時：4人〉〈医療処置時：4人〉〈リハビリ時：3人〉〈声がけ時：3人〉〈入居者同士のケンカ仲裁時：3人〉〈経管栄養接続時：2人〉〈投薬時：2人〉〈吸引のため押さえているとき：2人〉〈臥床対応時：2人〉〈あいさつ時：2人〉〈要求の拒否、不受理：2人〉〈正面で話をしているとき：1人〉〈入居者の前で他職員と話したとき：1人〉〈補装具を着けようとしたとき：1人〉〈衣服を整えようとしたとき：1人〉〈バイタル測定時：1人〉。

(2) 要因が特定できない状況(暴力)

少数ではあるが要因が特定できない暴力もあった。【援助者とのイメージ内での関わりに起因】〈入居者が被害者意識を持ったとき：1人〉、【突発的攻撃】〈突然：1人〉〈離床時：1人〉〈入室した途端：1人〉、などの状況である。

(3) まとめ

暴力の発生した状況について考える際に、ひとつ忘れてはならないことがある。それは、この分類の根拠が、援助者の証言をもとに分類した、援助者側の論理に基づく要因であるということである。援助者から見て、自らに起こった出来事をどのように理解しているのかについて、便宜上分類したにすぎない。対象である利用者の論理は含まれていない。つまり、あくまで援助者側の論理にのみ依拠しているという点である。それではこの分類に意味がないのかといえば、まったく意味がないものであるとはいえない。

援助者にとって利用者からの暴力とは、このように見えている／見ているという傾向を垣間見ることができる。援助者自身が理由づけできる暴力は要因が特定できる暴力であるし、理由づけができない暴力は要因が特定できない暴力である。当たり前と思われるかもしれないが、利用者からしても同様のことがいえるのではないか。暴力をしなければならないほどに、訳がわからないことをされていると利用者が認識しているので、援助者に暴力を振るうのである。

さらに、認知症を患う利用者にとっては、援助者から受ける介助について「状況が理解できない」場合、それは常に、要因が規定できない暴力を援助者から受け続けていると感じているのではないかとも思えるのである。

このように、援助者と利用者、意図せずとも双方に内在する介助場面における暴力理解の対称性に基づいて考えてみれば、援助者が援助者自身を納得する／させるための理由を見つけられるかによって、利用者の行為が「訳のわからない暴力」に特定されてしまう危険性も併せ持つことを、援助者は肝に銘じなければならない。

以上のような危険性を前提にこの分類を見ても、暴力の発生した状況が指し示す内容については、援助関係を再考するうえで示唆に富んでいる。

（1）これらの要因、つまり状況において暴力は起こりやすい点。

（2）これらの状況において生じた利用者からの暴力を、援助者は【援助者との直接的関わりに起因するもの】と理解しているという点。

つまり、援助者に対する暴力の発生要因としては、援助者自身の働きかけによって利用者が暴力を振るう、という図式で解釈している者がほとんどであると見受けられる点である。その際に重要なのは、自分が原因か、相手が原因か、あるいは双方か、要因はどこにあるのかと援助者が解釈しているかである。自らに原因があると考えるのであれば、関わる方法を改善することで暴力の発生を回避することも考えられるが、仮に、相手（高齢者）に原因があると考えている場合は、相手（高齢者）の介助行為に対する解釈が変化しない限り、暴力がなくなることはない。しかし、現在の高齢者介護の現場では、後者の場合であっても援助者が自らの関わりを変化させることにより、状況の改善を目指す介護が実践されることになる。これについては後述する。

認知症を患う方の場合、援助者の実践（介助）に暴力の要因を見出そうとする傾向が認められるのには、それ相当の理由というものがある。そのためには、認知症そのものに対する理解が欠かせない。

4　暴力を受けた際の対処

（1）対抗的対処（感情に巻き込まれた対処）

【身体接触を伴わないもの】は、〈注意：8人〉〈叱責：2人〉。【身体接触を伴うもの】は、〈制止：7人〉〈応戦：1人〉であった。

(2) 自制的対処（感情に巻き込まれない対処）

【身体接触を伴うもの】は、〈制止：7人〉〈感情・気持ちを伝える：1人〉〈優しく注意：3人〉〈説明：1人〉〈沈静を促す声かけ：2人〉〈利用者に謝罪：5人〉〈やめてくれるようにお願いする：2人〉〈なぜ怒っているのかなど問う：3人〉〈やめてくれるように話す：3人〉〈一つ一つの介助に沿って声をかける：1人〉〈痛くないか確認する：1人〉〈大げさに反応する（痛い！　痛い！）：1人〉であった。その他は、【受容と傾聴】は〈その場で話を聴く：1人〉、【関与しながらの消極的反応】は〈時間をおいて落ち着いてから再度対応：5人〉〈避ける：1人〉、【チームワークの活用】は〈他の職員も介入：8人〉〈他の職員に代わる：4人〉、【受動的対応】は〈逃げる：6人〉〈離れる：5人〉〈耐える：3人〉〈防御：1人〉、であった。

(3) 消極的対処（適切な対処方法がわからないための放置）

【放置】は、〈やり過ごす：6人〉〈やられるがまま：1人〉であった。

(4) 事後対処（嵐が去ってからの対処）

【振り返り】は、〈利用者と振り返り：1人〉であった。

(5) まとめ

著者は、暴力を誘発したいと思いながら利用者の暮らしに介入し、介助をしたことはない。むしろ、自分が利用者の暮らしに介入することによって、利用者の気分を害してしまうのではないかと、そちらを気にしていることのほうが多かった。当然、暴力を振るわれることを前提とした関わりなどは、望んでいなかった。

それでも、利用者からの暴力はなくなることはなかった。

著者に暴力を振るった利用者本人に、暴力を振るおうと思って待ちかまえていたかどうかなどと確認したことはないが、利用者本人も、暴力を振るおうと計画的に意図的に日々を過ごしていると考えるのは難しい。つまり、援助者にとっても、利用者にとっても、暴力は突発的に生じた交通事故のようなものであるとも考えられる。むろん、私たちは援助の専門職であるので、状況を判断し、リスクを回避することも想定しながら活動をするのは基本である。しかし、交通事故のように〝もしも〟の事態が起こったとき、想定どおりに対応することのできる人は限られてくるだろう。

利用者からの暴力についてもある程度予見していたとしても、実際に、その場に自身が置かれたときにとる行動は、文脈に即して刹那的な対応になることが多い。つまり、ある意味で援助者の〝素〟が出る瞬間といってもいいだろう。

以下に、記述式質問紙調査から得られた回答、身体接触を伴わない対抗的対処として挙げられている「注意」について考察する。

《場面24》 特別養護老人ホーム援助者の緑子さん（30代女性、キャリア4年）

①暴力の状況

緑子さん　利用者に引っかかれた。噛みつかれた。蹴られた。ひっぱたかれた。髪の毛を引っ張られた。つばをかけられた。

②対処の方法

緑子さん　「どうして叩くんですか」「人を叩いたりすることはいけないことです」と注意しました。

これは、ある援助者が暴力を受けたときに採用した対処の方法である。援助者は利用者からの暴力に対し、身体接触を伴わない対抗的対処として、「どうして叩くんですか」「人を叩いたりすることはいけないことです」と、「注意」をしている。一見、穏やかに、身体接触もなく、冷静に対処しているように思われる「注意」であるが、ひとつ考えてみよう。私たちは日常の生活のなかで、むやみに人を叩く経験を持っているだろうか。人を叩いた経験のない人も多いであろうし、人を叩いた経験がある人も、〝それなりの〟理由があったことだろう。理由もないのに人を叩くことはない。このように考えてみれば、利用者には叩く理由があり、利用者が援助者を叩かざるを得ない状況に、援助者が利用者をさらしていると考えることもできる。

人が人を叩く場合、何かしらの理由があると考えるほうが自然である。とするならば、この「注意」は不自然な「注意」としても受け取ることができるのである。援助者は理由があると考えているから、叩いている利用者に理由を尋ねている。とはいえ、叩いている理由を聞いたところで、暴力は収まらないだろう。

このときの援助者は、理由を聞いてどうにかしようというよりもむしろ、自分は叩かれるようなことをしたつもりはないのにどうして叩かれなければならないのかという、利用者に対する問いかけや注意を装った援助者自身の叫び、援助者が援助者自身に問うている確認、のようにも見えるのである。

前項の「3 暴力の発生した状況」で記述したように、相手が自分に暴力を振るう理由がわからないのは、叩かれた自分だけである。なぜなら自分は相手ではないからである。ときには、相手も自分がなぜ暴力を振るったのかわからないときもあるだろう。援助者であるならば、相手には相手の論理があること、相手の論理に基づく攻撃が自分に対して展開されているという視点、「なぜ」「どうして」と問うたところで何も解決しないことも、頭のどこかに留め置きたい。

5　暴力が援助者に与えた影響

他者から暴力を受けるという出来事は、私たちの生活において日常ありふれた経験とは言い難い。むしろ、ほとんどない稀有な経験ともいえる。仮に他者から暴力を受ける／受けた場合（たとえば、路上で知らない人に殴られる、家庭内で配偶者に殴られる、職場で上司に殴られるなど）、皆さんはどうするだろうか。

著者ならば、路上で知らない人に理由もわからず殴られたとしたら、反射的に殴り返すかもしれない。あるいは、交番に飛び込むかもしれないし、110番に電話を掛けるかもしれない。驚きのあまり何もできずに腰を抜かすかもしれないし、泣き出すかもしれない。その他の場合も何かしらの方法で、今、置かれている状況を自分自身で理解しようと試みるし、誰かに伝えるなどの手段をとるだろう。しかし、著者が施設に勤めていた当時は、他者から暴力を受けるという日常では考えられない経験が、考えるまでもなく当たり前の経験になっていた。

他者から暴力を受けるという経験が著者にもたらしたものは、相手だけではなく、自分に対する怒り、悲しみ、恐怖、失望など、非常に複雑な精神的影響である。身体的影響などさして足るほどのことはない。

他者から暴力を受けた者が抱く精神的身体的な影響については、福祉領域に限ったことではなく、医療の現場においても関心が高い事柄の一つである。看護職が暴力を受けることについて記された書籍では、次のような精神的影響が、暴力を受けることによりもたらされる事項として挙げられている（三木・友田 2010, p.59）。

（1）怒り・恐怖、不安
（2）無力感・頭痛、胃痛

(3) 不眠・疲労感・落胆、困惑・失望、絶望・恥、嫌悪

医療現場と福祉現場において生じる暴力が同じであるとはもちろんいえないものの、援助者が暴力を受けるという現象と帰結は共通であると考えるならば、福祉の現場においても、援助者のなかに看護師が抱く感情と同様の感情が芽生えていると考えても無理はないだろう。

以下は、高齢者福祉施設に勤務する援助者が暴力を受けた後にどのようなことを考えたか、アンケートに記された生の声である。

①「その利用者に声をかけるには少し時間がかかった」（50代女性、キャリア４年）
②「利用者が怖くなった」（30代女性、キャリア２年）
③「その利用者といっさい関わりたくなくなった。顔を見ると吐き気を感じた」（40代女性、キャリア６年）
④「暴力を振るう利用者に対しては、介助などで近づく際に警戒するようになった」（30代男性キャリア６年）
⑤「精神的につらく落ち込んだ」（40代女性、キャリア３年）
⑥「厳しい環境のなかで仕事に従事しているにもかかわらず、このような行為を受けると、仕事への意欲が減少するなど気持ちの部分で影響があった。出勤したくないと思うこともあった。本気で離職を考えることもあった」（40代男性、キャリア４年）
⑦「怖い、嫌だと思う」（40代女性、キャリア３年）
⑧「利用者が怖くなった」（20代男性、キャリア６年）
⑨「自分の対応が悪かったのかなど、考察を行った」（20代男性、キャリア５年）
⑩「怒りの感情が湧き、強い口調になった」（30代男性、キャリア６年）

⑪「怖かった、嫌になった」（30代男性、キャリア6年）

⑫「ある程度は、これも仕事のうちと思うようになった」（30代男性、キャリア6年）

⑬「仕方がないことだと思ってはいても、その利用者の介助は警戒するようになったし、嫌だなという思いもぬぐえなくなった」（30代男性、キャリア4年）

⑭「その利用者が怖くなったし、どう対応していいのか悩み、精神的にまいった」（40代男性、キャリア3年）

⑮「仕事として割り切ることにした」（40代男性、キャリア3年）

概観してもわかるように、暴力を経験した援助者が利用者に対して抱く感情は、先の看護師の例のように恐怖や不安、嫌悪や失望がほとんどである。

援助者は、自らの仕事に意味や意義を見出しながら取り組む。介護という仕事の持つ意味や意義を確かめながら、自らを奮い立たせているといってもいい。しかし、意味のある、意義のある仕事と考えていた介護の場において、援助者の想定を超える事態（ここでは、利用者からの暴力）が起きたとき、それが援助者にもたらすストレスは援助者の状況対応能力を凌駕する。特に、「そんなつもりはない」と援助者側の論理によって出来事を解釈する傾向が強い者にとっては、〝ありえない〟高齢者の態度となる。

仮に援助者が抱いたストレスを適切に対処できないとすれば、社会的に意義のある活動を通して暴力を受けるという〝耐えられない〟状態が継続することにより、介護が「嫌になる」「怖くなる」という拒絶、ないし「あきらめる」「割り切る」という無気力へとつながることになる。

次節では、自身に降りかかったネガティブな出来事に対し、どのように対処することが可能であるのか、いくつかの例を参考にしながら検討する。

Ⅲ　暴力と向き合う職員の知恵

1　未熟な職員に対する熟達者による省察の機会の提供

特別養護老人ホームなどでは認知症を患う利用者が多く、著者がインタビューを実施したある高齢者福祉施設でも、入居者70人のうち60人（86％）が認知症とのことであった。多くの高齢者福祉施設において援助者は、当然のことながら認知症そのものに関する知識と、認知症を抱える方への接し方について相応の専門的技術が求められる。

しかし、現実的には、知識と技術について十分でないまま介護業務に就いている人も多い。その理由の一つとして挙げられるのは、介護現場における恒常的な人手不足がある。介護の担い手が不足した状況にあっては、欠員補充の際に介護福祉士などの専門職を採用することもままならない。現場では、猫の手も借りたい状況のなかで、知識や技術がなくとも応募者を採用するという、いわば場当たり的な採用をせざるを得ないジレンマが確実に存在する。この傾向は、東京都などの関東や他の都市部であっても、東北の中山間地域であってもあまり変わりはない。

採用者はどのような経歴であれ、採用後に職場内研修で知識や技術の習得を求められる。しかし、習熟するまでは、当然ながら認知症への理解が未熟なままに介護を行うことになる。この傾向は、新人援助者に顕著であり、多くの場合は新人時代をどのように乗り切るのかが課題になる。新人時代に嫌気がさし、職を辞する人が後を絶たない。新人時代を〝健康な状態〟で乗り切ることができる環境の有無は、過酷な新人時代を乗り切るために重要な要素の一つである。

このような場合、熟達者からの指導（スーパービジョン）が未熟者に省察を促すとともに、知識や技術の獲得に大きな役割を持つ。対人援助職の実践における省察が持つ重要性については、ショーン（Schön, 1983）に詳しく記載されている。関心のある方は通読をお勧めする。

《場面25》 特別養護老人ホーム援助者の幸吉さん（20代男性、キャリア9年）

幸吉さん 実際、うちの新人にいましたよ。去年、実際。「入居者にやられたからぶっ飛ばしてやりてえ」とか、声も直接聞いたし。まあ、そういった場合は、その職員は冷静じゃないですよ。ぜったい。だから一度、現場から離して。で、その後、なんでこういうふうになったか実践させたんですよ。で、結果的に、その配慮が足りないからそういうふうになっちゃったわけで、「次からこうやってみろ」ってアドバイスしたら、そういう事例はなくなったんですよ。だから、その職員も結構、結果的には精神的にも落ち着いた状態で対応できるようになったっていう、一つの。細かいことといえば、時間結構かかっちゃうので、結構あれなんですけど。

このトランスクリプトに見られる新人と熟達者のやり取りから、スーパービジョンと省察の重要性をうかがい知ることができる。しかし、残念なことにインタビュー時の印象からは、熟達者は自分がスーパービジョンをしている自覚はないようであった。関係性のなかで、自然のうちに指導的役割を遂行しているにすぎない。よって、この関係をスーパービジョン関係と呼ぶことがふさわしいかどうか微妙なところではあるが、新人と熟達者の関係を参考にするには十分であろう。欲をいえば、熟達者は自分がスーパーバイザーの役割を持ち、自覚的に遂行できることが望ましい。

さて、トランスクリプトに見るこのやり取りであるが、新人の言葉を受けた熟達者は、新人が置かれている状態を「冷静じゃない」と評価している。評価した後に、苛立つ新人を現場から離した。離しただけではなく、離した後に、新人と利用者の関わりについて再現（ロールプレイ）させている。この熟達者は、ロールプレイにおける新人と利用者の関係を確認したうえで、「配慮が足りないから関係がこじれた」と見立て、新人に省察を促し、次回の実践において参考になるように、新人にも理解できる具体的な方法を伝えている。その結果、同じような出来事で新人が苛立つことはなくなった。

このように、苛立つ人を受け入れるスーパーバイザーの存在や、状況を新人とともに再現しながら考え、新人にもわかるように具体的なアドバイスを提示すること、つまり省察を促す関わりが重要である。そうすることで、新人は自分の実践を冷静に振り返る（省察する）ことが可能になる。さらに、同じような場面において、熟達者とのやり取りを思い出すことによって、利用者に対して苛立ちを覚えることも減少する。

結果として、利用者からの暴力を誘発する新人からの関わりを未然に防止し、新人の育成も達成しているのである。特に、新人の場合、暴力を誘発する要因が自分にあることに無自覚な場合も多く、省察の機会を活用することは有効な対策となる。

2　「割り切る・あきらめる」という技法

高齢者介護の場における認知症高齢者への対応について、援助者が行き着く一つの境地がある。それは高齢者介護領域と他の福祉領域との異なりともいえるし、一つの特異性であるといってもよいだろう。援助者の言葉を借りるならば、それは「割り切る」「あきらめる」という技法である。「割り切る」「あきらめる」はともに、通常ではポジティブな文脈で用いられる言葉ではない。むしろ、後ろ向きの言葉であるとさえいえよう。文字に書き起こしてみるとその印象はさらに強く、一見すれば援助者が利用者を「見捨てる」ようにも受け取れる対応である。

《場面26》 特別養護老人ホーム援助者の夢さん（30代女性、キャリア9年）

夢さん でも、なんかそれはすごく葛藤する部分でもあって、なんか、そうなんですよね。実際。私も考えたときがあるんですけど、でもやっぱり、利用者さんとかに、逆に私たちが不適切なケアにつながらないためにはどうしても必要なことだと思うし、突き離しているわけじゃないし、ほっといているわけでもないし、遠巻きに支援はしてますし、その他でもカバーしてますし。あのー、ただ自分が。これ、やっぱり自分のためでもあるっていうか、自分のストレスのためでもあると思うんですよね。だから、やっぱり。それはちょっと、あれは、割り切るしかないのかなとも思うけれども、それは。それ以外でのフォローはちゃんとしているつもりではいますので……なんか……そうですよね。そう思われるかなとは、やっぱり、割り切る……割り切るっていうのは、うーん、切り離しているわけでは、切り捨てているわけではないので。

このトランスクリプトには、介護現場で働く援助者の認知症高齢者への対応の知恵が示されている。この援助者は、「割り切る」ことは、決して「突き離す」ことでも「切り捨てる」わけでもないと言っている。さらに、それは自らが利用者に対して「不適切なケア」をしないための選択であるという。本人は引け目を感じているような控え目な表現をしているが、利用者との適度な距離をどのように保障するかについて、慎重に検討しながら援助関係を築いている。その際に、いったん距離を置く。つまり「割り切る」というアクションが用意されている。言い換えるならば、利用者との適切な距離を確保するための一つの方法であると、評価できるだろう。

ここでは、援助者の「不適切なケアにつながらないために」という言葉に注目してほしい。この「割り切り」は、利用者との距離を保ち、「不適切なケアにつながらない」ために意図的に行われた方法であり、援助者のストレス対処の一種である。利用者との援助関係において、巻き込まれること、振り回されることを未然に防ぐ一つの手立てとして、経験的に身につけ実践していると考えられるのである。

このような対応は、一般的には望ましい対応とは思われないかもしれない。専門職として不適切な対応と考える方もいるだろう。しかし、考えてみてほしい。多床室による集団介護から、個室ユニット制が主流となっている高齢者ケアの場では、介護にあたる援助者もユニット化しているということである。たとえば、多床室における従来型のケアの場であれば、ある援助者が対応に苦慮する事態が発生した場合に、別の援助者が入れ替わり対応することで状況の悪化を回避する方法が容易であった。しかし、ユニット化が進むことで、簡単に援助者が入れ替わるということが事実上できなくなった。小さなユニットはいわば密室である。少人数の援助者と少人数の利用者の空間である。このような場合、援助者が最善を尽くしたとしても起こりうる状況の回避に、頼れる他の援助者はいない。

他の関わり技法を見出すまでは、このような方法も選択肢の一つとして考えてみることも必要であろう。

3　暴力をとらえる多面的なまなざし

高齢者領域の援助者は、利用者からの暴力を、「強い抵抗」と認知している向きもある。

《場面27》　特別養護老人ホーム援助者のAさん（30代男性、キャリア13年）、Dさん（20代男性、キャリア9年）

著　者　そうですか。「暴力を振るわれたことはないですか」と聞いただけでは、排せつの場面の出来事について皆さんは口にされませんでしたけど、その場面での出来事というのは暴力だというふうには受けとめていないんですか？　拒否というふうに？

Dさん　うーん、抵抗とか拒否という感じのほうが強いですかね。うーん。
Aさん　うーん。なんかこう、プライベートっていうか、プライバシーっていうか。プライベートな部分に踏み込んでいるっていう状況も自分たちでわかっているので、まあ、これは強い抵抗みたいな。暴力というよりは。
一同　うん。
Aさん　結果、まあ、ちょっと傷ついたかなっていう。そういう感じですかね。受けとめ方としては。
著者　強い抵抗の場合は、落ち込んだり、切り替えたりというのは必要ないんですか？
Aさん　どうなんですかね。そういうときっていうのはなんか、さっきの話じゃないですけど、自分のやり方も悪かったのかなっていうところが、まず頭にきちゃうので、そのあたりは……。どうなんですか。どうなんですかねえ。
Dさん　嫌がられても、まあ、時間ずらしたりとか、タイミング、自分が悪かったのかなとか、もしかしてとか、そういうふうに思っちゃうんです。排せつに関してとか。もしかして冬場とかだったら手が冷たく、それが嫌だったのかなとか。そういうところもあるから、さほどそんな。後でまた確認するから、まあ、いいやって感じというところは正直あるかなと。

本書において暴力とは、「叩く、殴る、蹴る、つねるなど直接的に、また、つばを吐きかける、物を投げる、物を使って攻撃するなど間接的に、意図的に他者の身体を攻撃の対象とするもので、その理由がある程度本人、他者とも理解可能なものをいう」と定義している。
ところが、行為の在りようは暴力として分類できる事態ではあるが、このトランスクリプトを見る限り、援助者は「暴力」としてとらえるのではなく、「強い抵抗」としてとらえているのである。このような認知の仕方についてはどのように解釈できるだろうか。著者はインタビューにおいて交わされたやり取りを通して、次のような解釈を試みた。

高齢者領域の援助者が暴力を受ける場合、暴力を受けたときの状況からも明らかなように、暴力のほとんどが介助中に起こっている。援助者が介助のために利用者へ接触することが、暴力を誘発している要因であることを援助者自身が〝わかって〟おり、暴力の原因が援助者の介助行為にあると受けとめている。そのため援助者は、利用者からの暴力としてではなく、援助者の介助（本人の望んでない状況が他者によって引き起こされる）への抵抗、としてとらえることが自然であると考えられる。

次の発言は、利用者からの暴力に対する、援助者の特徴的な認識である。

《場面28》介護老人保健施設援助者の昭雄さん（40代男性、キャリア10年）

昭雄さん　認知症に関していえば、こちらの対応のまずさからというのが多いのではないでしょうか。私がやっていたことが気に入らなかった。

では、なぜ高齢者福祉領域の援助者は、このように暴力を介助行為に対する抵抗ととらえながら、利用者との援助関係を継続することが可能なのであろうか。これは、暴力行為に対する理解ととらえ方が大きく影響している。暴力に対するこのような認識は、介護業界全体にいえることでもあるが、援助者の認知症に対する理解の促進の影響も大きい。その結果として、認知症患者の行動障害のほとんどは、認知症の症状に付随して起こる二次的なことと考えることができるようになるのである。

認知症を抱える利用者からの暴力は、認知症の症状に付随して起こる二次的なことであり、一時的なことであると、援助者が経験的にあるいは学習を通して受けとめることができるようになっているために、利用者からの暴力は、援助者の「対応のまずさ」が原因となって引き起こされていると解釈できているのではないかと思われる。

著者も施設勤務当初は、認知症の方々の世界を想像する力が足りず、想定を超える理解できない事態が多発した。そのため、援助者、利用者双方に混乱が生じ、たびたび利用者から暴力を受ける経験をした。しかし、認知症に対する理解が進むことで暴力に対する認識が変化し、先に挙げたトランスクリプトのように自分の関わりに問題があると考えるようになっていったのである。

このように考えることは、二人、つまり援助者と利用者の双方を守ることにつながっている。介護を生業にしている職業者、専門職としてのプライドにもつながる。利用者に対する援助者の関わりに暴力の原因があるという認識は、専門職としての技量が不足しているということを意味している。援助者は経験を積むにつれて、技量形成に重点を置くようになる。つまり、援助関係の形成が不全であることの原因として利用者に怒りの矛先を向けるのではなく、そのエネルギーを自己研鑽に費やすようになる。

4　プロ意識と自己研鑽

次の発言は、援助者が「プロ意識」という言葉を用いながら、援助者と利用者の間に起こる援助関係の不全状態についてどのようにとらえているのか、また、利用者からの暴力をどのように援助者の技量形成に結びつけているのかについて、示唆している。

《場面29》　特別養護老人ホーム援助者のAさん（30代男性、キャリア13年）、Bさん（20代男性、キャリア8年）、Fさん（30代女性、キャリア9年）

著　者　では、皆さんがいう割り切るっていうか、距離を置くというのは、断ち切るというのとはちょっと違って。なんて言えばいいですか？

Ａさん　プロ意識ですか。

Ｆさん　そうなんですよ。

Ｂさん　うん。

著　者　プロ意識？

Ｆさん　うん、なんか、私のなかでの感情は、「なんか悔しい」なんですよ。なんでできなかったんだろう、今回興奮させちゃったみたいな。だけど、そのぶん、うまくいったときの達成感は、なんとも言えないと思うんですよ。いつも怒っちゃうであろう利用者さんが、なにも怒らずにことがすべてうまくいったってときに、「みんな見たか」みたいな、「やったぞ」みたいな。その達成感はあるし、やっぱりその意地ですかね、専門職としての。プロ根性みたいな。

Ａさん　プロ意識ですね。

暴力行為を受けた援助者は、利用者に巻き込まれない、あるいは巻き込まない適度な距離を設ける。この距離には、身体的距離もさることながら精神的、心理的距離も含まれ、相手との関係形成に応じて、その距離をコントロールしている様子が見てとれる。そのうえで、利用者からの介護拒否をどのように回避するかに腐心する。それは、対処法、つまり逃げるかわすなどの消極的対処法から一歩進んだ積極的対処法といってもよい。利用者が落ち着いた状況のなかで、無理を強いることなく介助するためのあらゆる工夫を試みるといういたって単純なことではあるが、経験を積み重ねることで「勘どころ」が磨かれていく、ある種の職人技（ブリコラージュ）であるといってもよい。

とはいえ、職人技として対処している以上、トランスクリプトにある「うまくいったとき」は、たまたまそのときは「うまくいった」のであり、いつも同じとは限らず、常に場面における対応を求め続けられているという不確定要素が大きい。二度と同じ状況がないなかで「うまくいったとき」を増やすためには、継続した自己研鑽が必要であろう。経験による実践の効果を裏づけるための理論が伴うことによって、「うまくいったとき」も、経験による〝たまたま〟から根拠を持って援助者が確信的に導き出す可能性につなげることができるだろう。

Ⅳ　認知症ケアのテクニック

先に触れたように、認知症を患う人が起こす暴力には、認知症ゆえの特殊性がある。それは、当事者のみが見ている世界であり、当事者自身の理解をも超える世界でもあり、援助者には非常に難しい関係形成術が要求される。経験に基づき〝たまたま〟「うまくいった」のではなく、援助者が理由を持って取り組むための実践を支持する、理論的背景も必要であろう。そこで、認知症ケアにおける主要理論ともいえるいくつかの方法について、若干紹介しておく。

1　パーソンセンタード・ケア

パーソンセンタード・ケアは、イギリスのトム・キットウッド（Kitwood, T.）によって提唱された認知症ケアの方法の一つで、「その人（パーソン）を中心とした（センタード）ケア」を意味している。行動障害が認知症という病気よってもたらされると考える、医学モデルに偏りすぎているこれまでのケアに対する問題提起から生まれた、新しい認知症ケアのパラダイムである。

キットウッドは、認知症の人たちが示す状態は、次の五つの要因の相互作用と考えた（Kitwood, 1997）。

（1）もともとの性格や人格（気質・能力・対処スタイル）
（2）これまでの生活史や経歴
（3）運動能力など、身体的な健康状態や感覚機能（視力・聴力）
（4）神経学的な障害や、脳病理（アルツハイマー病や脳血管障害等による）
（5）社会心理学（人間関係のパターン）

そのうえで、医学モデルに偏りすぎたケア文化から、パーソンセンタード・モデルへのパラダイムシフトを促している。パーソンセンタード・ケアの理念は、本人の性格や生活史、健康状態や感覚機能等に配慮しつつ、周囲の家族や介護者が適切な認識を持って接することによって、認知症の状態により良い影響を与えようとするものである。

2　バリデーション・テクニック

バリデーションは、アメリカの老年学者ナオミ・フェイル（Feil, N.）によって提唱された、認知症の高齢者とコミュニケーションするための援助法である。

バリデーションは、混乱状態にある利用者を落ち着かせるということよりも、援助者側の発想を転換して援助者自身が利用者の世界に入っていくこと、そして相手に共感的に関わることによって利用者と心を通わせることを目指している。実践するにあたり援助者には、自分自身に正直になること、自分自身の感情に向き合うこと、自分の感情を脇に置き、利用者の感情に率直に対応することが求められる。具体的なテクニックは以下のとおりである。

①センタリング（精神の集中）、②事実に基づいた言葉を使う、③本人の言うことを繰り返す、④極端な表現を使う、⑤反対のことを想像する、⑥過去に一緒に戻る、⑦真心を込めてアイコンタクトをする、⑧あいまいな表現を使う、⑨はっきりとした低い優しい声で話す、⑩相手の動きや感情に合わせる、⑪満たされていない欲求に目を向ける、⑫好きな感覚を用いる、⑬触れる、⑭音楽を使う。

3　ユマニチュード

ユマニチュードは、フランスのイヴ・ジネスト（Gineste, Y.）とロゼット・マレスコッティ（Marescotti, R.）によって提唱された、包括的コミュニケーションによるケアの方法である。ユマニチュードでは、「人と人との関係性」に着目した、いわば人と人の「絆」を重んじるケア哲学と、それに伴う実践が展開される。その哲学とは、「ケアの中心にあるのは病気や障害ではなく、ケアを必要とする人でもない。その中心に位置するのはケアを受ける人とケアをする人との絆であり、絆によって両者の間に前向きな感情と言葉を取り戻すことができる」（本田ら 2014）というものである。

そして具体的な技法としては、①見る、②話す、③触れる、④立つ、の四つの柱が示されている。ユマニチュードでは、この四つを援助することによって利用者の能力や状態を正しく観察し、評価分析することも可能であると考えている。さらに、行動抑制も強制も行わない環境をつくることにつながれば、利用者の能力を維持し、改善することも可能であると考えられている。

Ⅴ　おわりに

認知症を患う方々に対する介護は、ひとえに援助者の献身的な努力によって支えられているといっても過言ではない。職業だから苦労は当然であり、その対価をしっかりともらっているのだから、苦労は当然だろうという方もいるだろう。しかし、誰かに寄り添う認知症介護の仕事は、賃金に置き換えて整理できるほど単純な営為ではないというのが、著者の実感である。それは、ときに想像もできない喜びをもたらし、ときに想像もできない絶望を伴う、極めて人間らしい営みでもある。そして、ときに勇気を与えてくれるし、ときに憎しみを伴う。もちろん、職業としての援助者であるから、その対価である賃金で暮らしているし、それに見合った仕事をしなければならないことには違いない。

本節では、高齢者福祉施設における利用者からの暴力の実態と、それに向き合う援助者の実態について、いくつかの調査結果から考察を加えてきた。一般的に、社会的弱者といわれる援助の必要な利用者に対する援助者からの虐待が注目されている。このようなことは決してあってはならないが、その背景には、本節で述べてきたような利用者から援助者に対する暴力も実在し、それは援助者に対して途方もないストレスをもたらしていることも承知しておいてほしい。だからといって、利用者に対する虐待が正当化されるはずもない。

本節では、利用者からの暴力に対してどのような対応が可能であるか、そのいくつかについてインタビュー調査の結果から示した。また、認知症介護のテクニックとして、いくつかの考え方を紹介した。

今、介護現場で苦戦している援助者の皆さんの工夫に、少しでもお役に立つことを願う。

第3章 暴力防止サポート[*9]

I 暴力対応の現状

施設内における利用者、特に知的障害、発達障害のある方、あるいは子どもたちの暴力は、ときには他の利用者、援助者、あるいは器物に対する激しい攻撃として現れることがある。また、援助者以外の人がターゲットとなった際の援助者の介入で、結果的に援助者が暴力を受けるといったケースもある。ほかにも、激しい自傷を止める際の身体的介入や、窓ガラスに突っ込む、包丁を取ろうとするなど、極めて危険と予想される場合などのとっさの身体的介入もあろう。

《場面30》 援助者の明子さん（30代女性、キャリア17年）

明子さん ある程度（利用者が）不穏だとわかるときは距離を取るようにしてますけど、彼女（利用者）

＊9 暴力防止サポート（SV：Support Technics against Violence）として本章で取り上げる技法、特に「離脱」「救助」は障害者や児童を対象としたもので、基本的に高齢者は対象としていない。

の場合は突発的に他の人に行く可能性があるので、職員は止めざるを得ないんです。職員に行くんだったらいいんですけど、利用者にも行ってしまうんで。一般の人とか、それは止めざるを得ないので。

ある研修会場で参加者からこんな質問が出された。「(先生は) 女性が一人で対応するのは危険なので、その際はとにかく逃げてくださいとおっしゃいますが、私 (女性) が逃げちゃうと他の利用者に向かって行くんです。その場合は何が何でも、私一人ででも、止めなければならないんです」。悲痛な叫びである。暴力の際、ターゲットとなり傷つくのは、やはり女性が多い。それでも職場を離れず、利用者と関わり続ける援助者もいる。

《場面31》 援助者の佐枝子さん (20代女性、キャリア8年)

——作業場で男性利用者より暴力を受ける

佐枝子さん 自閉症の方が好きなんですよ。すごい能力を持っているじゃないですか。その強みを生かしてあげたいなと思うんですよ。それに自閉症の人たちって応えてくれるじゃないですか。たとえば、同じことをずっと繰り返すって良さがあるじゃないですか。私が活動を提供すると、一生懸命やってくれるじゃないですか。こっちがああでもない、こうでもないと考えると、良くなっていくじゃないですか。それが私は楽しい。理解していけるのは楽しい。自閉症の人は何を考えているのかなあとか、ああそれがわかると、分析できると嬉しいって思う。自閉症の人たちはもろにそれが出てくるので大変なんですけど、いろいろと考えて対応できるのが楽しいですね。

《場面32》　援助者の明子さん（30代女性、キャリア17年）
――散歩中に男性利用者に頭突きをされ、顔に怪我を負う

明子さん　施設としては、他の利用者に行かないように私たちが楯になったりするのみで、本人には直接働きかけるということはしないようにしているんです。直接働きかけることが刺激になって、もっとひどくなったりパニックが長引いたりすることがあるので、職員は今のところは他傷を受けてしまっています。彼なんかはもう、何かあったときとかは人に向かって行くんですね。それはおそらく、自己を防衛するためにまず人に行ってしまうという感じなのかなと。周りに他の利用者さんがいたので、そこは私が他傷を受けることで被害は最小限で済むと考え、他の職員の応援が来るまで時間をかせぎます。それでも、以前に比べるとまだ良くなってきたかなと思います。

明子さんのような体験が、じつは利用者との日々の関わりのなかで起こっているということは、あまり知られていない。しかし、これらの隠れた、すさまじい真摯な実践の積み重ねと、援助者の利用者への掛け値なしの愛情が、利用者に、小さいかもしれないが確実な変化を及ぼしているのは事実である。しかし、それが援助者の犠牲と忍耐の上にしか成り立たないとすれば、それができる援助者は限られてしまう。利用者に他者を傷つける場面をつくってはいけない、利用者に罪を負わせてはいけない、利用者を加害者にしてはいけないということが大原則であることを、改めて思い起こしたい。大好きな援助者を傷つけてしまったことに、利用者自身が深く傷ついているのだから。

Ⅱ　緊急介入・身体拘束の実態

前章の「暴力を受けた際の対処」で詳しく説明したが、問題は、興奮している利用者に対し、援助者が自分の判断で、自分のやり方で身体拘束（徒手拘束）を行い、実施した後に記録も残さずスーパービジョンも受けていない、つまり自己流の身体拘束が行われ、しかもやりっぱなしのまま放置されている、いや、場合によっては隠蔽されていることもある。

論を進める前にまず言葉の整理をしておこう。「行動制限」とは、素手による徒手拘束、拘束衣（写真3）やベルトなど身体拘束器具を用いる身体拘束に加え、薬物による身体拘束（化学的抑制）、個室への隔離、面会通信・外泊・外出の制限、小遣いや私物の管理、買い物を援助者が行う代理行為をも含む、幅広い概念である（図1）。一方、「身体拘束」とは、「精神保健および精神障害者福祉に関する法律（以下、精神保健福祉法）」第36条に規定されている「衣類または綿入り帯」（最近ではマグネット式製品等を用いるもの）ならびに徒手拘束を指し、「行動制限」の方法の一部と理解する。

本章で身体拘束という場合、主に援助者自身の身体介入によって身体拘束を行う徒手拘束（身体サポート）を指し、精神保健福祉法第36条の「衣類または綿入り帯」を使用した身体拘束とは区別する。精神科医療においては徒手拘束による一次的拘束に続き、場合によっては隔離、薬物による化学的抑制、ベッドへの拘束、拘束衣による二次的拘束へとつながる可能性があるが、福祉の現場においては二次的拘束は許されないことを改めて確認したい。

２０１０～１３年にわたって著者が実施した調査（記述式とインタビュー）によると、やり方では「馬乗り」のほかに、特に児童施設においては、①「押さえ込み」、②「マウント（ポジション）」、③「横四方固め」、

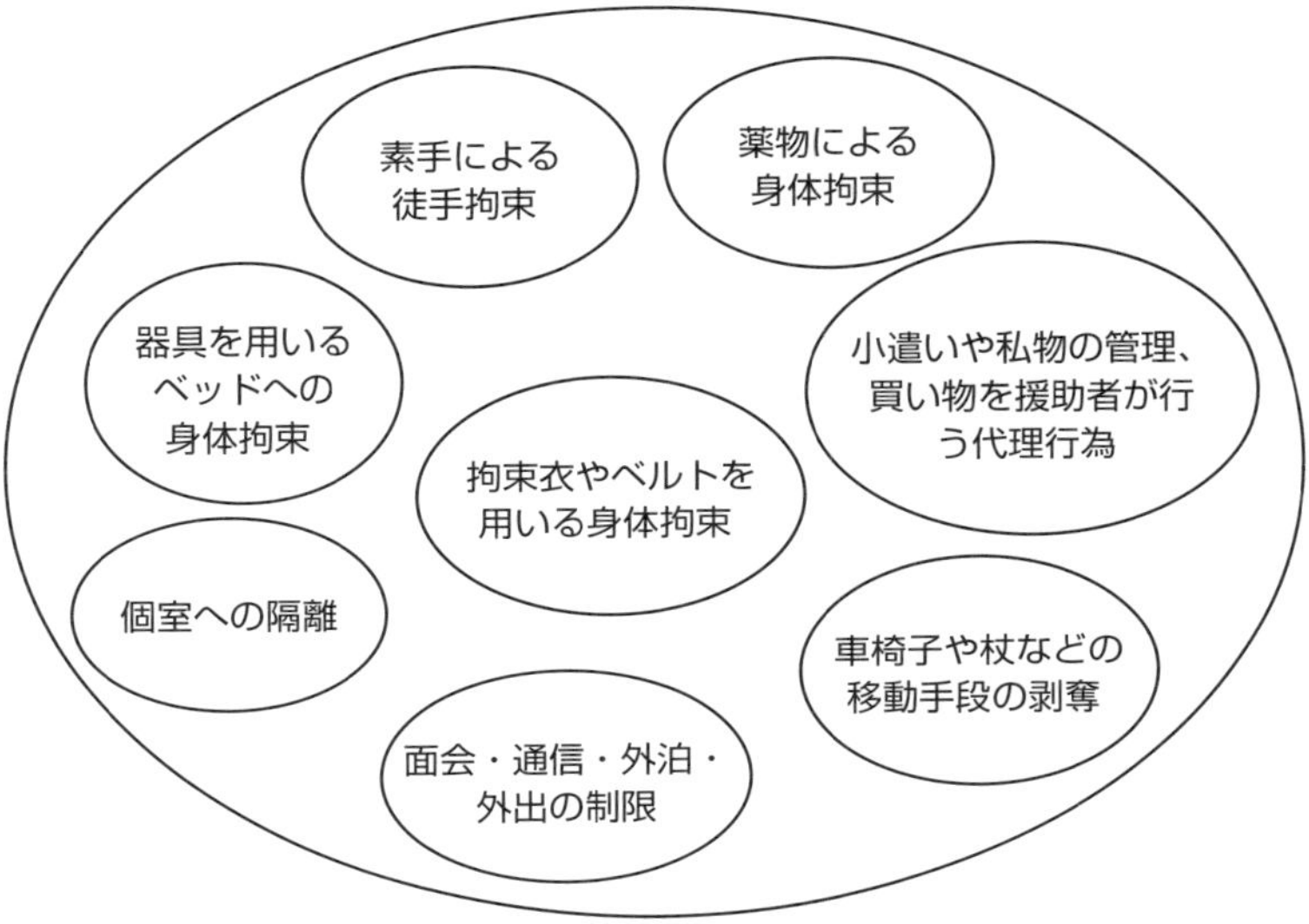

図1　行動制限の種類（長谷川，2013をもとに著者作成）

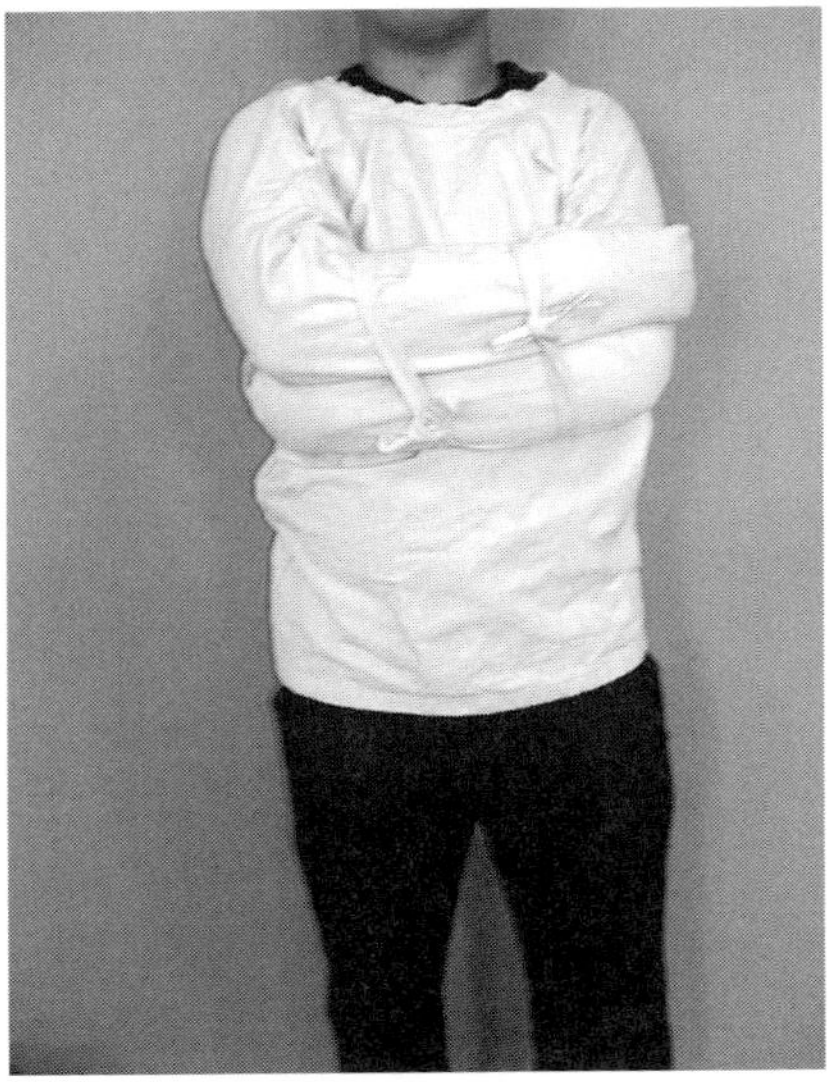

写真3　拘束衣

④「ホールディング」といった言葉が登場する。①②③は格闘技の技の名前である。格闘技の技名が使用されているということは、身体拘束が、まさしく格闘技と同様のものになっているということの証しではないか。

また、④「ホールディング」であるが、まず著者は読者諸氏に対してお詫びを申し上げなければならない。拙著『虐待のない支援――知的障害の理解と関わり合い』において紹介した、「セラピューティック・ホールディング」であるが、著者は今後、これを封印することにした。現場でこのスキルを必要とする現実があるのも事実であろう。馬乗りや格闘技の技が日常的に用いられる悲劇を考えれば、多少アレンジを加えてでもこれを用いることは可能だとの考え方もあるかもしれない。それに対してとやかく意見する立場に著者はない。しかし、少なくとも小学生を含む子どもへの使用と、「うつぶせ状態でのホールド」は禁忌であると考える。写真4は、著者自身が研修中に利用者側になってホールドされ、腕をクロスされ、手首を強く握られた際に負った痣《あざ》である。ホールダーが力一杯グリップすることで、相当の力がかかることがわかる。

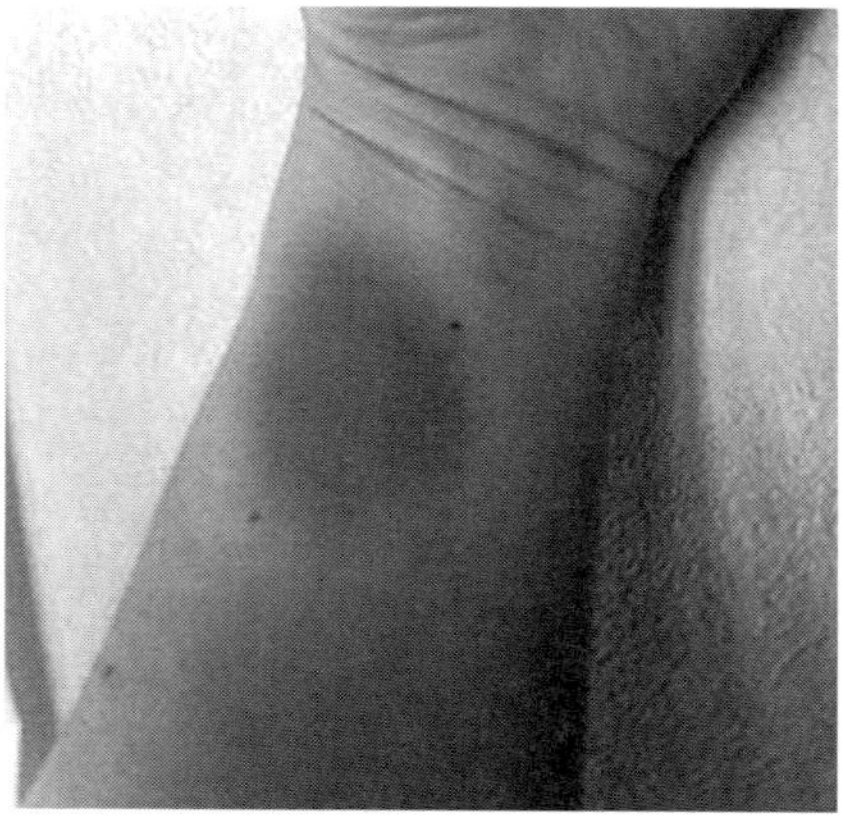

写真４　手首を強く握られた際に負った痣

そして、決定的だったのはある方からの忠告である。仮にHさんとしよう。著者が講師として行ったホールディングの研修に参加したHさんは終了後、著者に以下のように忠告してくれた。「あれはどう見ても虐待以外の何ものでもありませんね。力に力で抗する構図そのものです」。私はハッとさせられた。私の意識は、まずホールドありきとなっていたのかもしれない。もっとほかに全精力をつぎ込まなければならないものがある。それは、いかに利用者に興奮を鎮めていただけるか交渉すること、リラックスできる雰囲気をつくりだすこと、つまり利用者がふだんの落ち着いているときの予防的関わりこそ、時間をかけてトレーニングしなければいけない援助技術ではないのかと。しかし、ときには利用者自身、他の利用者、そして援助者自身の安全の確保のために、やむをえず身体拘束をしなければならない場面があろう。それが現実である。そのための何らかのスタンダードスキルが必要とされている、という思いは今も変わらない。傷つく援助者がいなくなるように、そして、加害者となってしまったことで傷つく利用者がいなくなるように。

その後、いくつかの施設（知的障害者施設）の協力のもと、試行錯誤を繰り返した結果、現時点で最善と思われる方法が今回紹介する「暴力防止サポート」である。今後も読者諸氏からの忌憚のないご意見をいただきたい。

Ⅲ　暴力防止サポートの構成

著者が参考にしたのは、主に精神科病棟で導入されつつある「包括的暴力防止プログラム（ＣＶＰＰＰ：Comprehensive Violence Prevention and Protection Programme）」である。２０１１年2月、著者は佐賀県の肥前精神医療センターで行われた「包括的暴力防止プログラム研修」（４日間）を受講した。

「包括的暴力防止プログラム」とは、日本の精神科医療の現場で使用可能な暴力介入技法で、詳細は『医療職のための包括的暴力防止プログラム』（ＤＶＤ付き）のタイトルで、２００５年に医学書院より出版されている。一つ一つの技法を、丁寧に時間をかけてじっくり練習するという真摯なプログラム作りには、学ぶところが多かった。

なぜ「サポート」なのか。援助者を傷つけてしまった利用者も傷ついている。「このままではいけない」「何か別の方法で訴える方法はないか」「安心できる方法はないか」「自分で抗いきれない衝動を抑えることはできないか」。そういった利用者自身の声にならない苦悩に寄り添い、ほかでもない利用者自身を守り支える技術であるがゆえに、「サポート」なのである。

暴力防止サポートを整理すると以下のような構成になる。

（1）離脱――利用者から攻撃され、つかまったり、押さえられたりした際に逃げるためのテクニック。
（2）沈静――怒りや衝動性、攻撃性を和らげ、利用者を穏やかな状態に戻れるよう促す。
（3）救助――あらゆるアプローチが効を奏さず、暴力が極めて危険な状態に至った場合に実施する、緊急避難的身体サポート（一番苦しんでいる利用者本人を救助するという意味である）。
（4）和解――利用者が落ち着いてきた場合、受容的な声かけやストローク、タッピングなどの「触れる関わり」を用いてリラクゼイションを図ると同時に、利用者の気持ちを汲むための語りかけ、傾聴を行う。
（5）理解――暴力を振るってしまった利用者、暴力を受けた援助者それぞれと、振り返りを行う。
（6）安心――日常的に、援助者は利用者が安心できる安定した関わりを持つ。たとえば、「触れる関わり」を日常に取り入れるなども一つの方法である。また、援助者、利用者双方に対して、暴力に関しての教育、学習を行う。

著者は、暴力に対処する方法のトレーニングは、火災・避難訓練と同じものと考えている。火災も飛行機事故も絶対に起こってほしくないことであり、そのために日頃の点検、チェックを怠らないことがまず第一に心がけなければならないことだ。しかし、万が一火災や事故が発生した際にあわてず冷静に最善の対処が行えるように、定期的に訓練を繰り返すことは大切である。ここに紹介する暴力防止サポートも、利用者の暴力を予防することを第一とするが、万が一発生した際に速やかに対処するためのトレーニングを定期的に実施することで、はじめて実行可能なツールとなりうるのである。

最後に注意していただきたいのは、プログラムのうち「離脱」と「救助」は、施設内で十分な議論を尽くしたうえで、施設長など責任ある立場の方が導入するかどうかの判断をすべきであるということと、講師（現時点では著者）による研修トレーニングを受けないで使用することは絶対に避けていただきたい、ということである。よって、トレーニングを受けずに本書を片手に実施するようなことがあってはならない。研修トレーニングの内容については後述するが、著者が研修を行う場合、現時点では、講義、ロールプレイも含めて最低７時間は受講していただくことにしている。その後も毎年継続して講師による研修トレーニングを行うことが望ましいが、各施設で指導者を養成し、自主トレーニングを継続するという方法も考えられよう（ただし、あくまで当該施設・法人職員に対してのみ）。勝手なアレンジで格闘技まがいのものに変貌したり、使用する必要のない段階で安易に使用されることなどは、著者が最も危惧するところである。

Ⅳ　暴力防止サポートの実際

1　離脱（離れて距離を取る）

「離脱」とは、利用者に「両手首をつかまれた」「胸ぐらをつかまれた」「正面から首をつかまれた」「後方から髪や襟、首をつかまれた」「後方から抱きつかれた」「腕を咬まれた」「髪をつかまれた」など、『身体接触が持続的な攻撃』を受けた場合に、瞬時に離脱し距離を取る方法である。

英国の精神科病院・司法関係施設では、C＆R（Control and Restraint）と呼ばれる抑制テクニックが確立され、実施されているが、それと並行して離脱のテクニックであるブレイクアウェイ（Breakaway）も用いられており、1日の研修コースにはすべての看護師、病院スタッフに、司法施設においては事務職員にも受講が勧められている（下里 2003, pp.46-50）。

(1) 離れること

著者の調査（2010～13年）によれば、利用者から暴力を受けたことがあると答えた知的障害施設援助者92人の内訳は、男性が39人（42・4％）、女性が53人（57・6％）であった。暴力におけるターゲットの過半数が女性であるということは、暴力の結果援助者が被る被害は、体力の差から男性のときよりも深刻であると予想される（第2章第1節、《場面8》の佐枝子さんの例）。

まずリスク・アセスメントである。不穏な状態の利用者と1対1にはならないこと、外出は控えること、可能であれば女性のみの対応は避ける、やむを得ず女性が1対1で対応しなければならない場合は、その空間に危険物（ハサミ、カッター、バット、鉄棒など）がないか確認し、出入り口の近くに移動する。また、緊急時に連絡が取れる体制を事前につくっておく、などの配慮、工夫が試みられるべきだろう。

《場面33》 児童自立支援施設援助者の豊さん（50代男性、キャリア33年）

豊さん 私が蹴られたときは職員がいなかったんですよ、私しか。それで避難することが一番と考えました。なぜかというと、職員が虐待したとか、やったやらないとか、後で収拾がつかなくなるだろうし、実際に現実にはわからなくなるじゃないですか。私もそのときは事務室に逃げ込んだんですけど、「子どもの暴力に抵抗した」とか言っても、今の時代、誰も証明してくれなければ職員が不利になる。これは私の本音ですね。それはもう、虐待ということになるんでしょうね。微妙なところが、今の現状では、時代では、ちょっと制止して手が触ったということだけでも虐待と言われる。また、そういう子たちなんですね。すぐ「虐待だ」と言ったり。ある程度、私たちもそういうことを頭の中に入れておかないと。だから逃げるのが一番良いみたいですね。ただ、指導論とかいうことでいえばそれは違うと思いますよ。ここらへんは今の福祉・教育の信条からいくとね、正しいとか正しくないとか誰が決めるのかと。生徒だって自己防衛しますからね。当然の話ですよね、自己防衛するのは。周りの生徒も子どもに味方するだろうし、でもそれが現実じゃないですか。——中略——実際に子どもが落ち着くまでには、物理的にインターバルが必要だと思っています。絶対子どもは落ち着きますから、ある程度の時間を置くと。時間が必要なんです。周りがはしゃぎ立てても、今の子たちははしゃぎ立てることが多いけれど、時間を置くと周りもはしゃがなくなるから。

ここでまず、明確にしておきたいことが二つある。一つは、利用者の攻撃が援助者に向いた場合は、とにかく離れて距離を取ることである。立ち向かって押さえようと思ってはならない。ここで援助者は誘惑を受ける。「離脱」「救助」といったスキルを身につけたのでこの機会に試してみたい、と。あるいは、ここで逃げてはみっともない。本人のためにも思うとおりにはならないこと、ましてや暴力は許されないということを体でわからせるために、今ここで押さえ込まなければならないのだ、といった心の声である。「離脱」を用いるのは、両手をつかまれてしまったり、髪をつかまれてしまい離れられなかった、などの場合であり、まずはつかまれる前に距離を取ることである。

「救助」を用いるのは、以下の四つの状況に限定する。

（1）繰り返し執拗に，他の利用者に攻撃が向かったとき。
（2）激しい自傷が止まらないとき（壁やガラスに頭部から激突するなど）。
（3）危険なものを手に取ろうとしたとき（包丁，バット，薬品，薬物など）。
（4）激しい興奮状態での飛び出しや転倒，転落事故につながる恐れがあるとき。

二つ目は，利用者の攻撃が，援助者を傷つけることではなく，甘えたい思いを受けとめてほしいことにあった場合や，援助者が受けるダメージがそれほど深刻ではない場合は，条件反射的に離脱することはかえって利用者を興奮させることになる。援助者が利用者を嫌悪して，あるいは怒って離脱するという印象をできるだけ利用者に与えないことである。即座に離脱する必要がない場合は，たとえばハグすることで，別の形で感情の吐露を促すことができるかもしれない。

「離脱」のポイントは以下の三つである。

（1）素早く——一瞬で力を入れる瞬発力が大切。心の中であるいは実際に「イチッ，ニッ！」などと声を出して行う。
（2）驚き——相手が不意を突かれて驚いた瞬間に離脱する（包括的暴力防止プログラム認定委員会 2005, p.72）。
（3）助けを呼ぶ——「誰か来てくださーい！」「力を貸してくださーい！」などと叫んで助けを呼ぶ。助けが来ると心に余裕ができると同時に，噛みつき，髪引きなどの場合は，2人以上のほうが離脱しやすい。

(2) 離脱の実際

以下にいくつかの方法を紹介する。改めて確認しておくが、接触される前に離れることが大前提である。

A　援助者に向かった場合

a　両手首をつかまれた場合

・パターン１——両手のひらを素早く合わせると同時に左足を一歩後方に引く。次に、肘を支点にして瞬間的に自分の両手を引き寄せる。即座に後方に離れる。

・パターン２——両手の五指を瞬間的に外側に開き、そのまま内側（または外側）に回し、相手の前腕内側を押すと同時に下に向かって切り、即座に離れる（写真５）。

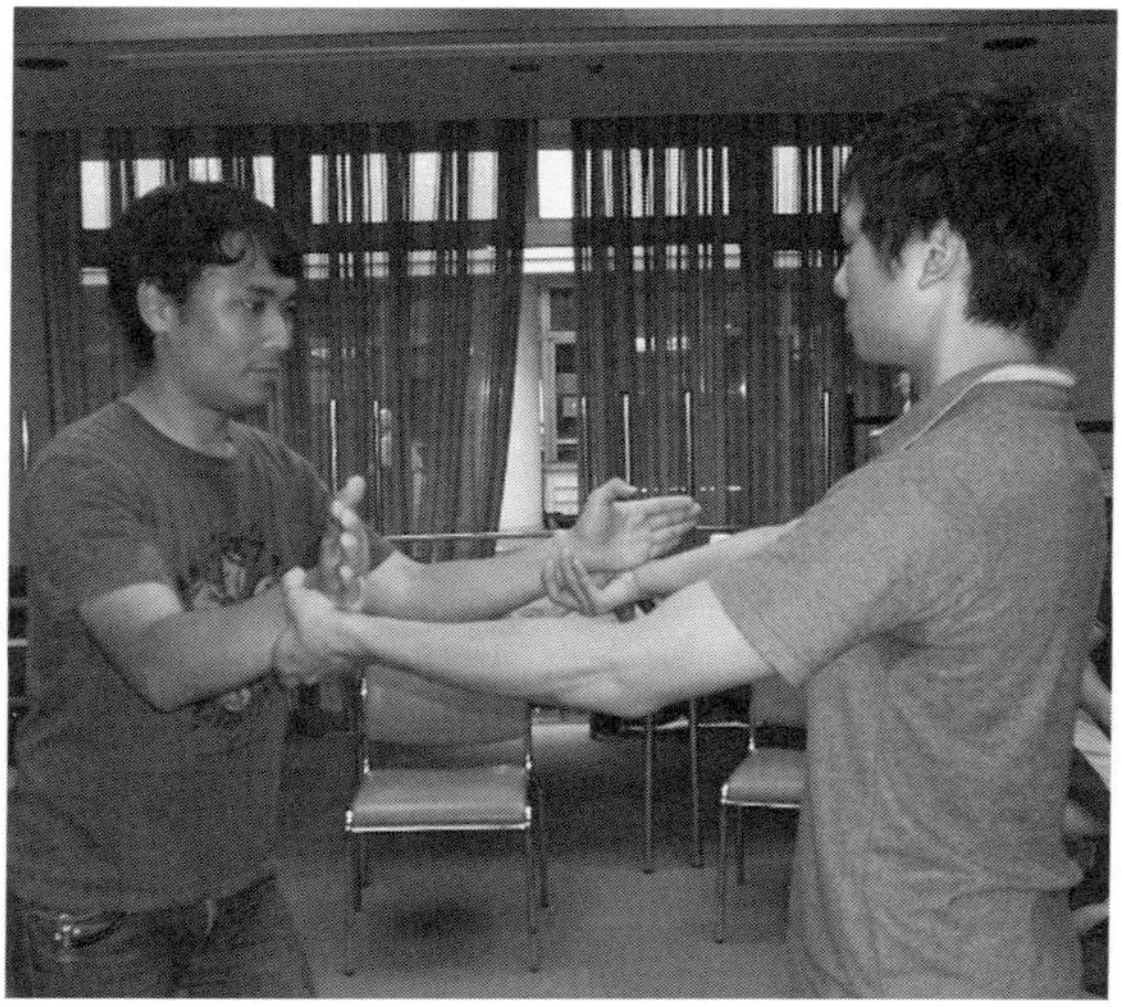

写真５　手首をつかまれた場合の離脱（パターン２）

利用者に両腕をつかまれたとしても、反射的に離脱することはない。利用者の悔しさ、悲しみ、怒りを受けとめることができるレベルであればそのまま受けとめる。あるいはそのまま抱きかかえてもよい。

b　両手で首をつかまれた場合

両手を合わせると同時に右足を右斜め前に出す。次に、抜ける側（右側）の相手の前腕部に両手を押し当てながら自分は半回転し、右側に抜けて離れる。

c　腕を噛まれた場合

相手の口に腕を押し込むと同時に、片手で後頭部を支えて相手の転倒を防ぐ。腕を押し込む際、いきなり強く押し込むと利用者の顎や頸椎を痛めるので、注意を要する。一人での離脱は難しい場合が多いので、他の援助者の助けを求める。たとえば、他の援助者が後方から相手の両脇下（または横腹）をくすぐるなどが有効である（素早く、驚き）。腕を引いて離れようとすると、噛む力が強まるのでやめたほうがよい。

d　髪をつかまれた場合

髪をつかまれたら瞬間的に相手の手を押さえ、自分の頭部に押しつけながら指を離してゆく。その場合、小指は弱く骨折しやすいので、人差し指から抜いていく。一人での離脱は難しい場合が多いので、助けを求める。c同様に、他の援助者が後方から相手の両脇下（または横腹）をくすぐる（素早く、驚き）。

写真６　ミロク型のポーズ

e　突然顔面を叩かれそうな場合

距離を取り刺激しないことが基本だが、そばにいないと危険な場合は、著者はミロク型（弥勒菩薩のポーズに似ている）と呼んでいるが、援助者の顔に片手を添えて立つ。咄嗟のときに手を添えているので、顔面をガードしやすい（写真６）。

B　他の利用者に向かった場合

a　横からの制止

他の利用者に向かって行く途中で横から片手を出して介入し、止め、ターゲットとなっている利用者を逃がす。

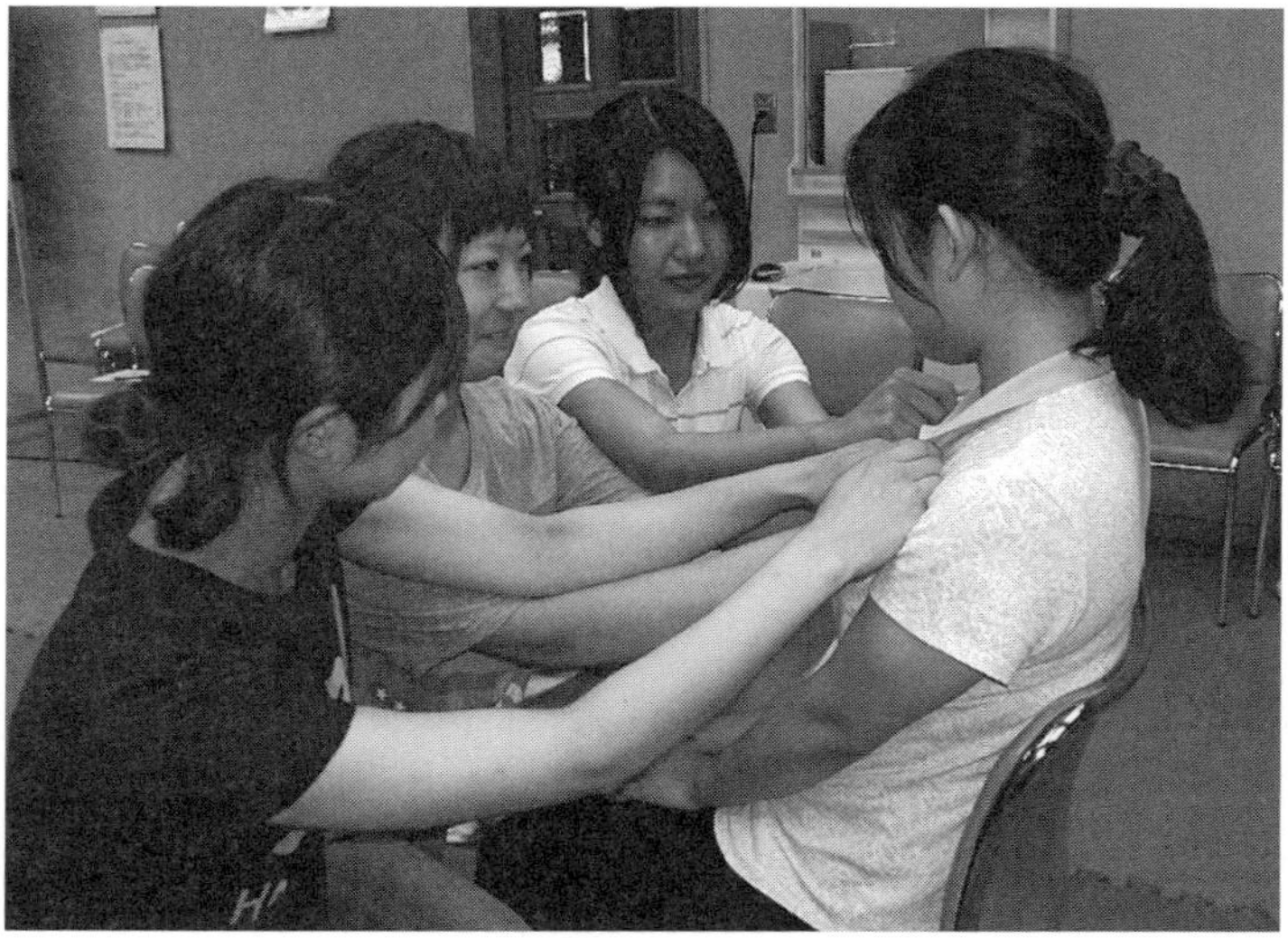

写真7　横から利用者の指を外す（2人の場合）

b　横から利用者の指を外す（1人の場合）

すでにつかみかかっている場合は、横から利用者と同じ方向を向いて介入し、利用者の両腕に体重をかけながら指を外し、ターゲットとなっている利用者を逃がす。

c　横から利用者の指をはずす（2人の場合）

援助者が2人の場合は、両脇から攻撃しようとしている利用者と同じ方向に向いて介入し、利用者の腕に体重をかけながら指を外し、ターゲットとなっている利用者を逃がす。（写真7）

2　沈静（怒りなどの攻撃的感情を静める）

「沈静」とは、興奮している、あるいは不穏な状態の相手に対して、言語的、非言語的コミュニケーションをもって働きかけ、怒りや攻撃性の沈静化を図ることである。その前提として援助者は、なぜ利用者は興奮しているのか、何が不穏の要因なのかを冷静に、かつ的確に理解することが求められる。すなわち援助者の理解、あるいは理解しようと努める姿勢が出発点となる。

（1）生理学的理解

《場面34》障害児施設援助者の礼子さん（30代女性、キャリア10年）
——毎早朝、自室で奇声をあげ、激しい自傷を始める利用児への対応に関して（夜間は女性援助者一人のみの配置）

礼子さん そうとう女性スタッフは、特に身体の細い人は、恐かった数年間だったと思います。でも「大変な人だから入所施設を利用しているんだよ。そういう人たちを見るのが自分たちの仕事なんだよ」って優しく上の人から言われて、「そうだな、この人を拒んではいけないんだな」と思って、「この人はお給料だ」と思いながら仕事していましたし、本人が思春期というのもあって、「彼が悪いんじゃない。彼のアドレナリンが悪い、ホルモンが悪い」とか思うようにしていました。

人は恐怖や怒りにさらされたとき、その原因である相手や物、環境に対して闘いを挑む本能的な反応がある。第1章でも述べたが、種族保存のため、人間に太古から備わっている「闘争-逃走反応」である。強い恐怖や怒りを感じると、私たちの身体は、心臓の拍動や呼吸が速くかつ強くなり、瞳孔が広がるといった変化が現れる。これらの変化は、脳内にノルアドレナリンが分泌されたことによる。そして副腎は、ストレスホルモンであるコルチゾールを血中に分泌する。

「闘争-逃走反応」によって私たちには、①被害意識の亢進（自分ばかりがなぜこんな目に遭うんだ！）、②合理的な思考ができなくなる（投げやりになる、我を忘れる）といった認知の変化がもたらされる。まさに、利用者の頭の中で非常ベルが鳴り響いている状態ともいえるだろう。《場面34》の礼子さんのように「彼が悪いんじゃない」むしろ「一番つらいのは彼なのではないか」と援助者側が理解することができるかどうかで、援助者のその後の関わり方は大きく変わってくる。

(2) 心理的理解

一方においては、今、目の前の利用者がどのような感情の嵐に巻き込まれているのかを、理解しようとすることである。すなわち、相手の「心に触れよう」とする試みである。それを可能にするのはふだんからの利用者への関心と理解である。たとえば、第1章で挙げた以下の要因、①欲求不満状態なのか、②愛着と甘えによるものか、③関係性の障害によるものか、④接近・回避動因的葛藤で混乱しているのか、⑤転移が起こっているのか、⑥権力への反抗か、⑦志向的自律型暴力か、⑨防衛手段か、のいくつかが当てはまるかどうかの検討をしておくこと。利用者は今自分がどのような状態に陥っているのかを理解していないことが多いので、援助者のなす援助は、利用者自身の感情の整理を助けること、そして「あなたのつらい感情は今、確かに受けとめましたよ」とのメッセージを伝えることである。

(3) 沈静のためのポイント

利用者の攻撃性沈静のためには、まず援助者自身が落ち着くことが前提である。援助者が興奮していればそれは利用者に伝わり、利用者の不安は増し、興奮はエスカレートするだろう。逆に、利用者の感情の嵐に巻き込まれない援助者の平静な姿も利用者に伝わり、利用者の不安や興奮を静めるだろう。

そこで、まず援助者自身の沈静のポイントから述べよう。

A　援助者が沈静するためのポイント

a　呼吸を整える

まず深呼吸（吐き切ってから静かに吸う）と、それに続く静かな呼吸を繰り返す調息を行う。緊急避難的な状況で自分の呼吸に気づくためには、ふだんから呼吸に気づく練習をしておく必要がある（Hanh, 1996／邦訳 pp.90-91）。歩いているとき呼吸に気づいたら、ゆっくり呼吸に合わせて歩いてみる。休憩・息抜きのときや、就寝前に布団の上で横になっているときに実行してみよう。もちろん、5分でも10分でも姿勢を正して座り、リラクゼイションの時間を取ることができれば理想的である。ちなみに1分間の平均呼吸回数は13回で、15回以上はストレスの影響を受けている可能性がある（谷川・加藤 2010, p.35）。

また、上司や同僚の言葉にムッとしたとき、コンビニのレジで待たされてイラッとしたときなどに呼吸を意識し、調息するなど、日常的に活用してみると良い練習になる。

b　暴言に巻き込まれない

暴言は暴力に至る導火線ととらえられる。よって暴言がエスカレートしないよう沈静化を図ることが第一で、決して感情的に反論したりはしないことである。一方、暴言は、暴力に至るのを避けようとする利用者のセルフコントロールの一方法、ととらえることもできる。限界まで膨れ上がった風船は空気抜きをする必要があり、利用者も暴力に至らないよう、暴言を吐く行為によって自らの攻撃エネルギーを発散させているわけである。大切なのは、相手の暴言に巻き込まれて援助者が興奮しないこと。興奮状態において利用者の暴言を責めることは、火に油を注ぐ行為以外の何ものでもないということを意識する。もちろん、暴言を認めるわけではない。嵐が去って沈静した後に「～と言われて悲しかったな」「さっきは、ちょっと傷ついたな」と〈援助者の感情・気持ちを伝え〉てみるとよい。そして暴力に至らずに済んだ場合はそのことを褒める。

攻撃性を暴力以外の方法で発散させるという視点も大切で、たとえばキューブラー-ロスはワークショップにおいて、暴力を禁ずる代わりに大声で叫んだり泣きわめいたり、短いホースでマットレスを思い切り叩くなどの行為を許容している。参加者の影の部分が赤裸々に表出された後にはじめて参加者は心を開き、抱き合い、慰め合い、甘え合うことが可能になる（共体験）と説明する（Kübler-Ross, 1982／邦訳 pp.57-63）。

c　三つのパワー・コントロール

一つはボリューム・コントロールである。利用者の興奮に巻き込まれて自分の声が大きくなっていないか確認し、大きくなっていることに気づいたら、意識してトーンダウンをする。二つ目はスピード・コントロールである。話すスピードは速くなっていないか。速くなっていたら意識的にスローダウン、または間を作る。三つ目はフィジカルパワー・コントロールである。肩や腕、眉間等に力が入っていないか。力が入っていることに気づいたら、意識的に力を抜き弛緩させる（詳しくは第4章第1節Ⅱの（4）参照）。

d　見通しを立てる（腹を決める）

対応する援助者が焦っていたり時間に追われていたり、帰宅しようとしていた矢先であったりした場合など、援助者の焦りやフラストレーションが必ず表情や言動に表れ、利用者にも伝わってしまう。その場合は、あと何分ほど関われば利用者は落ち着くか、見通しを立ててみる。たとえばそれが1時間であったとすれば、「1時間はこの利用者と関わろう」と腹を決めるのである。「1時間はこの利用者と腰を据えて関わろう」「この人は1時間できっと落ち着く」と自分に言い聞かせてみる。そのためには、その利用者が実際どのくらいの時間をかければ落ち着くのかのアセスメントを、あらかじめ積み重ねておく必要がある。

e　対応のモデルをイメージする（対応の理想モデル）

「○○さんが関わるとどうして利用者さん落ち着くのだろう」「○○さんのように関われたらいいなあ」「○○さんがいるだけで安心する」。そう思える人がいたら、「あの人ならどう声をかけるだろう」「あの人ならどんな表情をするだろう」と、その人の表情、仕草、話し方を模倣してみるとよい（対応の理想モデル）。「沈静」のトレーニングでトレーナーがやってみせる場合などの「ライヴ・モデリング」、ドラマや映画の登場人物の場合は「シンボリック・モデリング」（坂野 1995）というが、いずれの場合でも、「沈静」の場面でイメージできる理想モデルが援助者に内在していることは、効果的である。

例を挙げてみよう。たとえばマザーテレサのドキュメンタリー映画『マザー・テレサ――母なることの由来』（1986）に描かれているマザーの謙虚で温かい姿は、ケアする者のモデルにふさわしい。また、特に「沈静」の場面でのモデルを一人挙げるとすれば、映画『学校Ⅱ』（1996）に登場する特別支援学校高等部教諭、青山竜平先生（リュー）を紹介したい。重い知的障害のある佑矢に振り回され、印刷室で紙をばらまく佑矢に、ついに切れてしまった新任教諭の小林先生（コバ）。取っ組み合いになったところにかけつけた青山先生とのやり取りを、少々長くなるが紹介しよう。

リュー　「おいどうした」

コ　バ　「先生、見てくださいよ。佑矢がこんなことするんですよ。――やめないか」

墨だらけの顔で叫ぶコバ。

リュー、その肩を手で押さえる。

リュー　「子供を叱るときに教師が興奮しちゃダメだよ」

コ　バ　「先生、佑矢は家に帰すべきですよ。だってお母さんのそばにいる時はいつもおとなしいんですから。その方があいつも幸せなんだ。――やめないか！」

リュー　「ちょっと待ちなさい」

リュー、紙束を抱えて佑矢のそばに行く。

リュー「そうか佑矢、佑矢は紙を散らかすのが大好きだものな。よーし、これ全部やっていいぞ」

リュー、紙を破ってみせる。

佑矢、嬉しそうに紙をばらまき始める。

リュー、椅子にへたりこんでいるコバのそばに来る。

リュー「なあコバちゃん、佑矢は学校に行きたいんだよ。それは彼の権利なんだよ。ただ、お母さんと離れて暮らすことが悲しいんだよ。それをわかってやれよ。――ほら、見てみろ、佑矢の顔。落ちついているだろ。あれは集中してる顔だぞ」

コバ「何が集中ですか。紙をばらまいているだけじゃありませんか」

リュー「そうだよ。紙をばらまくことに、今あの子の興味を集中させてるんだ」

コバ「迷惑なだけですよ、そんなこと。誰が後かたづけするんですか」

リュー「あんたがやるんだよ。子供たちに迷惑かけられるのが教師の仕事でしょ。そのために高い月給もらってるんでしょ。それとも教師が楽できるような手のかからない人間を作ることが学校教育とでも思ってるの。まさかそんなこと、優秀な成績で大学を出たあんたが考えているわけないだろ。ほら見ろ、――面白くて仕方ないんだよ、今」

佑矢、楽しそうに紙をばらまいている。

リュー「何でもいいんだよ、まず子供とのとっかかりを見つける。そして共感しあう。それで次の段階に進めるんだから。――ま、いいよ。ここ俺が見てやるから、コバちゃんは教室に帰ってひと休みしな」

ふくれっ面で立ち上がり、部屋を出て行くコバ。

佑矢のそばに座り込むリュー。

リュー「佑矢、面白いか、おお、すげえ。面白い？」
　その膝に佑矢が乗ってくる。
リュー「なんだ、疲れちゃったか。あれ、佑矢、ちょっと尻濡れてるな。おしっこした？　ちょっとお尻上げてごらん。よいしょ。あーしてるしてる。ま、いいや、ウンコよりましか」
　情けない表情で指の匂いを嗅ぐリュー、顔をしかめる。
リュー「ウンコもしてんだ……」

（山田・朝間 1996, pp.80-84）

最初は青山先生のやり方に疑問を感じていた小林先生だが、青山先生の子どもたちへひたむきな姿に徐々にひかれていく。青山先生が小林先生の「対応の理想モデル」になることで、これ以後の小林先生の子どもたちとの関わり方が変わっていき、普通高校への異動を希望していた小林先生だが、異動願いを取り下げ、青山先生と知的障害のある子どもたちと歩むことを決意する（「対応の理想モデル」については、第４章第１節で詳しく述べる）。

Ｂ　利用者が沈静するためのポイント

次に、利用者が沈静するためのポイント、工夫を挙げてみよう。

a　適当な間合いを取り、威圧的、好戦的姿勢・態度をとらない

適当な間合いとは、具体的にはおよそ腕２、３本分の距離である。深呼吸のあと呼吸を整え、援助者は穏やかな表情を作る。腕組みをしたり、しかめ面になっていないか、口が「へ」の字になっていないかなどに注意（写真８）。深呼吸は最初に吸い込まず、まず静かに吐ききってから吸う。特にこれといった定型はないが、姿勢は、先に述べたミロク型など、攻撃する意図のないことを示す（写真６参照）。受容的で、一緒に考えようとする援助者の姿勢が伝わるものが良い。

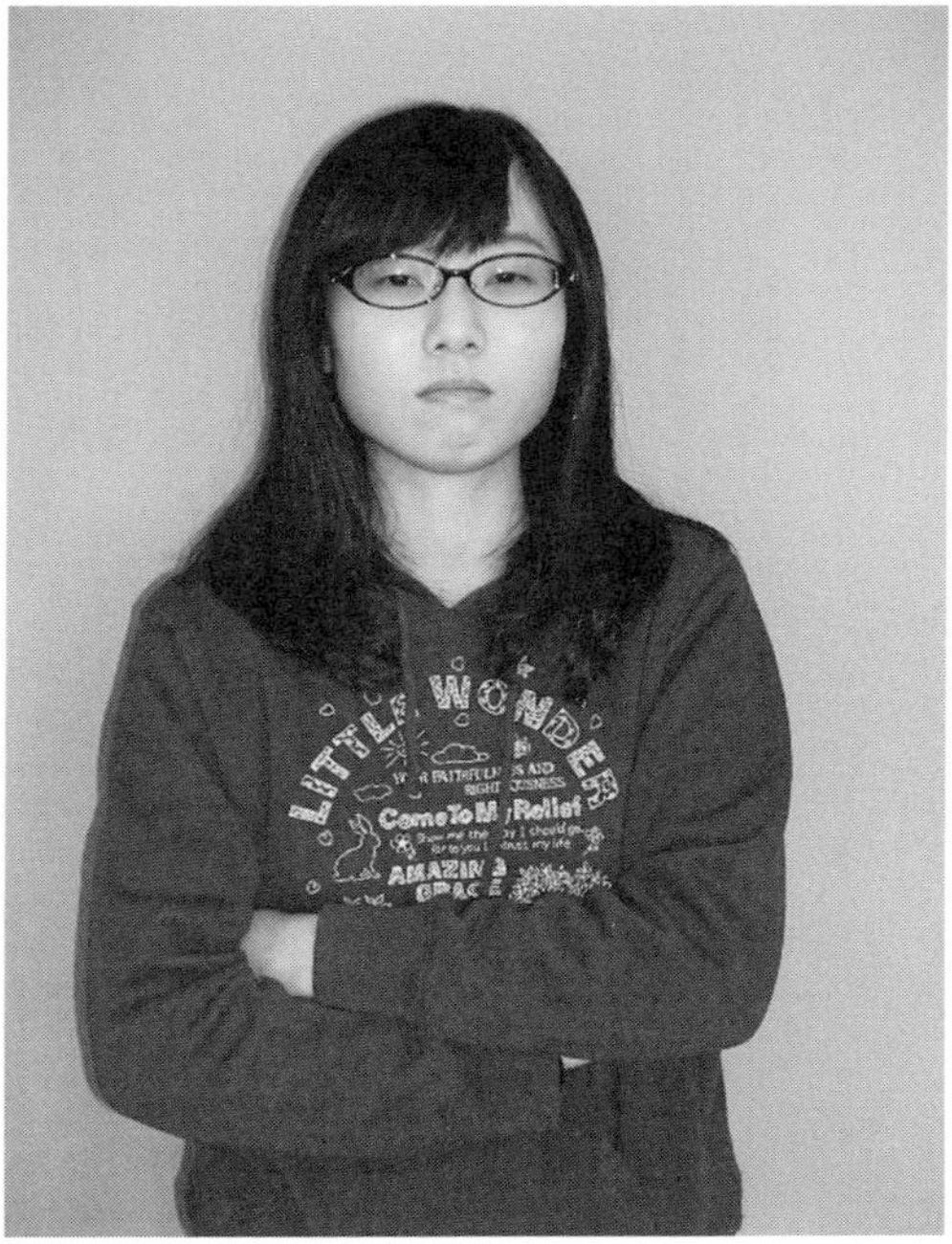

写真8　威圧的な表情

b　刺激の除去

環境を変えるために利用者のタイムアウトが可能な場合は、本人が落ち着ける場所に移動してもらう。あるいは刺激になっている人や物があった場合は、本人の視線の届かない位置に移動する。対応している援助者自身が刺激になっている場合は、視線の届かない場所に援助者自身が移動する非強制的タイムアウト（野口 2009, p.114）で様子を見るか、対応を他の援助者と交代する。

c　周囲の利用者を離れさせる

刺激の除去の一つでもあるが、周りにいる、あるいは集まってきた利用者には、「皆さん、部屋に戻ってください」「すみませんが廊下に出てもらってもいいですか」などと声をかけ、他に援助者がいる場合は誘導してもらう。万が一「救助」に至った場合、他の利用者の前で行われたことで本人が受ける屈辱感や、他の利用者が抱くであろう援助者への否定的印象を極力軽減するためにも、大切なポイントである。

d　「触れる関わり」を用いたアプローチ

利用者の傍《かたわ》らに座るなどの体制が許されれば、さらに利用者に心身ともに近づけるだろう。あるいは身体的に触れる関わりによる弛緩（リラクゼーション）を図る場合などは、相手との間に直径2、3メートルほ

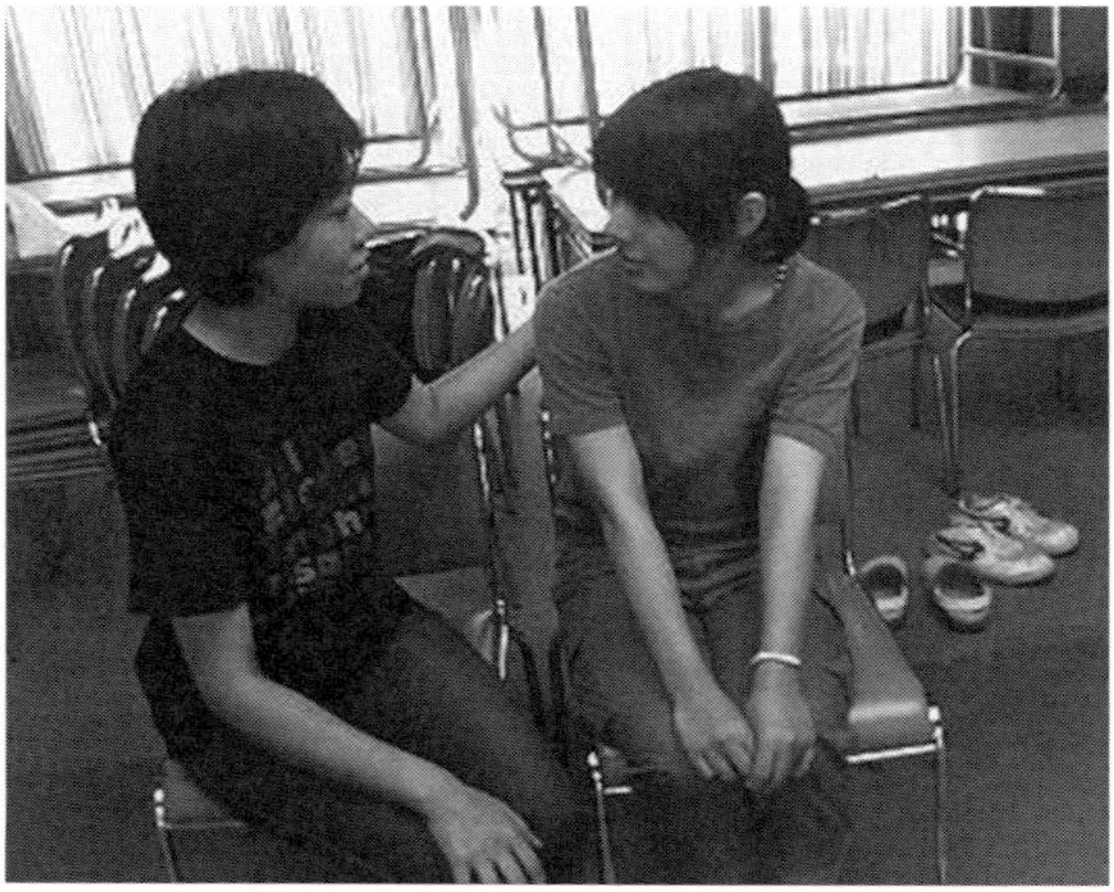

写真９　身体的な緊張を弛緩させる

どのバルーン（風船）があると仮定して、徐々に近づいてみる。正面からまっすぐに近づかれると、利用者は恐怖を感じることが少なくない。その際の留意点は、ゆっくり、「今、何が苦しいんだろう」「何を訴えたいんだろう」など、相手に関心を寄せながら、基本的には視線は相手から外しながら近づくことである。「隣に座ってもよいですか」「どうしました？　大丈夫ですか？」などと落ち着いて声をかけてみると、利用者の警戒も半減するだろう。傍らに座り、利用者の肩、背中、腕などをストローク、タッピングしながら身体的緊張を弛緩させると同時に、ゆっくりと静かなトーンで、肯定的で受容的な語りかけを行う（写真９）（詳しくは第４章第２節を参照）。

e　持てる力の支援

利用者の、自分の感情をコントロールしようとする思いと力に期待した声かけを行う。「○○さん、落着けますよね」「○○さんなら大丈夫、がまんできますよね」「このあいだは落着けましたね。すごいなあって思いましたよ」。少しでも落ち着いた態度、適切な反応ができた場合は褒めて評価する。

f　共感、気持ちを汲んでもらえた体験

利用者自身のコントロールを可能にするのは、援助者による共感である。「○○さん、ほんとは優しい人なんですよね」「○○さんが一番つらいんですよね、きっと」「自分ではどうにもできないんですよね。それってつらいですよね」「何かが心配なんですね。それは何でしょうねえ」「どうしてそんなに腹が立っているんでしょうねえ」。感情に任せて振り上げてしまった太刀は、他者に感情を理解されてはじめて鞘に収められるものだろう。例に挙げたような言葉を実際に声に出してみてもよいし、心の中で呟いてみてもよい。相手に対する関心と共感しようとする真摯な姿勢は必ず表情や声音に表れ、利用者に伝わる。

g　契約、約束、期待されていることの確認

援助者または施設と利用者との間で、どのような契約、約束があるのかを確認し、利用者に期待されていることは何かを確認する。暴力を振るったことに対する罰についても確認する。たとえば、「これって暴力ですよね」「暴力は認められません」「暴力をやめてくれなければ、あなたを押さえなければならないんです」「暴力を振るったら園長に報告しますよ」「今度暴力を振るったら入院ですよ」「今度暴力を振るったら○○学園に行ってもらいますよ」といった類である。著者が行った記述式質問票調査（2010～13年）においても、援助者の対処で多かったのは、〈注意〉〈叱責（厳しく注意）〉で、他に〈問い詰め〉〈個室で反省〉〈威嚇〉があった。いわゆる「確認」が功を奏する場合もあるだろうが、興奮や不穏状態では理性をもってコントロールすることは困難で、『対抗的対処』は、むしろ〝火に油〟になることのほうが多いので注意を要する。これは援助者による挑発といっても過言ではない。やはり「鉄は熱いうちに打つな」である。

h　弛緩

暴力が発生する「危機的段階」に至る前段階として、まず「誘発的段階」、次に「エスカレート段階」に至る（Kaplan & Wheeler, 1983, pp.339-346）。重要なことは、いかに「誘発的段階」の早期に、興奮や不穏の火種を発見し除去するかということ、具体的方法としては呼吸法、傾聴、気分転換、場合によっては投薬などが挙げられる。特に、言語によるコミュニケーションが困難な重度の知的障害のある方に対しては、リラクゼーションとして有効なストロークやタッピングケアといった「触れる関わり」につなげることができるかどうかが、沈静化への導入口となる（写真9参照）。不穏が一定の閾値を越えてしまうと、利用者によっては触れられることはおろか、接近されることにも恐怖と嫌悪を感じてしまうこともあるので、注意が必要である。また、「触れる関わり」を用いる場合は、日頃から利用者が「触れる関わり」に慣れていることが前提となる。触れられることに恐怖や嫌悪を感じることがないか、ふだんからアセスメントをしておく必要があり、その意味でもふだんの「触れる関わり」の実践は大切である。

声かけの例を挙げよう。「ちょっと深呼吸してみましょうか」「座ってお話ししましょうか」「おなかがすいているとイライラしちゃいますよね。何か食べましょうか」「何かが心配なんですね」「どうしてそんなに怒っているんでしょう」などである。

3　救助（緊急避難としての身体介入）

（1）「救助」が必要な場合

「救助」とは、沈静のためのすべての介入が功を奏さず、利用者が言語による介入に反応できなくなったと判断され、本人、他の利用者、援助者自身に危険が及ぶ恐れが著しい場合に行う、緊急避難としての身体介入である。

「救助」はいわゆる「身体拘束」であるので、それは「障害者虐待の防止、障害者の養護者に対する支援等に関する法律」（以下、障害者虐待防止法）第1章第2条7項第1号で定義されている「障害者の身体を拘束すること」にあたり、援助者の恣意的な判断や方法で安易に行われた場合、身体的虐待と判断される。しかし、激しい行動障害を呈する利用者を支援する施設においては、援助者の人手不足も手伝い、十分な関わりによる予防的支援がままならず、追い込まれた援助者が利用者に不適切な身体拘束を実施してしまう虐待事件が起こっている。そのことを考えれば、身体拘束による虐待は、どこの施設においても日常的に発生する可能性があることがわかる。よって、いたずらに身体拘束はすべて虐待であると決めつけることは現実的ではない。

身体拘束の意味を考えるとき、次の2点も考慮に入れる必要がある。

（1）利用者が一番苦しいということを理解する。暴れてしまう自分を止めたくても止められない苦しさ情けなさ、自分の好きな援助者を傷つけてしまったことに対する自責の念に支配されている状態。そのときは、他者が止めてあげることが大切だということ。その意味でこの技法は「救助」なのである。その行為は身体拘束には違いないが、「抑制」「押さえ込み」ではなく、「抱きかかえ」「抱きとめ」の意味を持っている。

（2）誰かが暴れているときに止めてくれる人がいることは、周囲の利用者にとっても安心できることといえる。

平成17年10月の厚生労働省社会・援護局障害保健福祉部長通知では、「やむを得ない場合の『身体拘束』について」、つまり法のいうところの「正当な理由」について次のように述べられている。

自傷行為、他害行為、パニックなどの行動障害に対して、障害者（児）自身、周囲の者等の保護のため、緊急やむを得ず障害者（児）に強制力を加える行為は認められる場合があるが、その個々の利用者への適応の範囲・内容については、施設内のガイドライン等を作成して共通認識に基づいて対応を図るよう指導すること。

さらに遡って、平成13年の厚生労働省「身体拘束ゼロ作戦推進会議」による「身体拘束ゼロへの手引き」には、①緊急性、②非代替性、③一時性の3要件が、身体拘束を行う場合の条件として提示された。

著者が考える3要件とは以下のとおりである。

（1）緊急性——激しい自傷、他傷、暴力によって、本人や他の利用者に著しい危険が及びかねない事態と判断された場合。たとえば、パニックを起こした利用者が、我を無くして外に飛び出そうとした場合、バットや包丁を取ろうとした場合、小さい子どもに突然飛びかかろうとした場合などで、かつその行動が繰り返されると判断された場合である。

（2）非代替性——著しく危険な状況を避けるためには身体拘束以外の方法がない、と判断された場合。たとえば、援助者に激しい暴言を浴びせている段階で身体拘束を実施した、あるいは物を手当たり次第に投げ散らかしている場合に身体拘束を実施した場合などは、非代替性の要件を満たしたとは言い難い。なぜなら、援助者は、利用者の感情を言葉で十分に吐き出させることで、暴力に至らせることなく沈静を図れたかもしれない。また、利用者が物を投げても、それが周囲に誰もいない状況であれば刺激せずに見守り、沈静するまで待つことも可能である。

（3）一時性——身体拘束の方法が一時的なものでなければならない。危険な状態を脱した場合、即座に身体拘束を解除しなければならない（最小規制の原則：ＷＨＯ）。暴れる危険があるからとあらかじめ個室に隔離施錠をしたり、適量を超えて定時に服薬させたり、就寝の際ベッドに拘束するなどは、一時的拘束とは認められない。

「障害者自立支援法に基づく指定障害者支援施設等の人員、設備および運営に関する基準について」（平成

19年1月26日障発第2600１号、厚生労働省社会・援護局障害保健福祉部長通知）では、以下のように述べられている。

身体拘束の禁止（基準第48条）：利用者又は他の利用者の生命又は身体を保護するため緊急やむを得ない場合を除き、身体拘束を行ってはならず、緊急やむを得ない場合に身体拘束等を行う場合にあっても、その態様および時間、その際の利用者の心身の状況並びに緊急やむを得ない理由を記録しなければならない。

さらに「障害者福祉施設・事業所における障害者虐待の防止と対応の手引き」（平成24年9月、厚生労働省社会・援護局障害保健福祉部障害福祉課地域移行・障がい児支援部）ではさらに踏み込んで、個別支援計画に盛り込むことで、常に身体拘束について検討を怠らないよう警告している。

身体拘束を行う場合には、個別支援計画に身体拘束の様態および時間、緊急やむを得ない理由を記載します。これは、会議によって身体拘束の原因となる状況の分析を徹底的に行い、身体拘束の解消に向けた取り組み方針や目標とする解消の時期などを統一した方針の元で決定していくために行うものです。

以上見てきたように、ここ数年の身体拘束に関する意識改革の流れは、定まった指針のない状態のなかで身体拘束が行われていた時代から明らかに変わろうとしているのを実感できよう。しかし、各施設・事業所で身体拘束の方法について検討すればそれでよし、とはならない。危険で誤った技法が「共通認識」に基づいて取り入れられ、実施されたとしたら、どうであろうか。著者は身体拘束の方法、技法がどのようなものであるか、そこにも議論の焦点を当てるべきではないかと考える。

ここでは叩き台として、著者が8年間に二つの知的障害施設にご協力いただき、試行錯誤しつつ取り組んできた技法を紹介させていただこうと思う。まだ、これでベストとは思ってはいない。志を同じくする読者諸氏から忌憚のないご意見ご批判を仰ぎたい。

(2) 救助の実際

「救助」に踏み切るのは次の場合である。

(1) 繰り返し執拗に、他の利用者に攻撃が向かったとき。
(2) 激しい自傷が止まらないとき（壁やガラスに頭部から激突するなど）。
(3) 危険なものを手に取ろうとしたとき（包丁、バット、薬品、薬物など）。
(4) 激しい興奮状態での飛び出しや転倒、転落事故につながる恐れがあるとき。

援助者に攻撃が向かった場合は距離を取ることが大前提であり、つかまれてしまった場合で危険なときは、原則「救助」は行わず、「離脱」し距離を取る。

A 連携

3人以上のチームで行う。援助者が不在でやむを得ない場合は2人で行う。1人がリーダーとなり、「救助します」「SV（暴力防止サポートの略）いきます」など指示を出す。比較的利用者と良い関係にある援助者が、リーダーになる。緊急の場合の人員の招集方法は、ふだんから話し合っておく。

写真10　左右からのリストロック

写真11　ソファーに座る

B　左右から2人で支える

興奮した利用者が他の利用者に向かっていった場合を想定している。2人の援助者が、それぞれ左右から利用者の腕を脇で挟み、左右から抱える。

C　左右からリストロック

援助者の内側の腕の親指で利用者の手の平の中心部を押さえ、外側の手で利用者の腕をリストロックする。腰は側面から利用者の腰に密着させる。3人の場合は、1人は後方から利用者の頭を保護するとともに、後方への転倒を予防する（写真10）。

D　ソファーに座る

近くにあるソファー、あるいは肘掛のない椅子を横に並べて座る。援助者はそれぞれ左右から、速やかに利用者の足をロックする。後方の援助者は、引き続き利用者の頭部を保護する（写真11）。このままの状態で落ち着くまで支える（身体サポート）。

（3）「救助」の際のポイント

A　パワー・コントロール

援助者は妥当で最小限の力を用いる。利用者が力を入れたら強く押さえ、力を抜いたら援助者も力を抜く。

B　小さく声かけをする

利用者の興奮をあおることがなければ小さな声で沈静を促す声かけをする。たとえば「大丈夫ですよ、大丈夫ですよ」「怖くないですよ、怖くないですよ」「落ち着きましょう、落ち着きましょう」「すぐ治りますよ、すぐ治りますよ」「つらかったですね、つらかったですね」「ごめんなさい、ごめんなさい」など、単純な言葉の繰り返しがよい。決して攻撃しているのではなく、「あなたを守っているのですよ」というサインを出し続ける。

C　リリーフ

利用者と親しい関係にある援助者が加わり、利用者の気持ちを汲み、慰め、場合によっては説得する（写真12）。

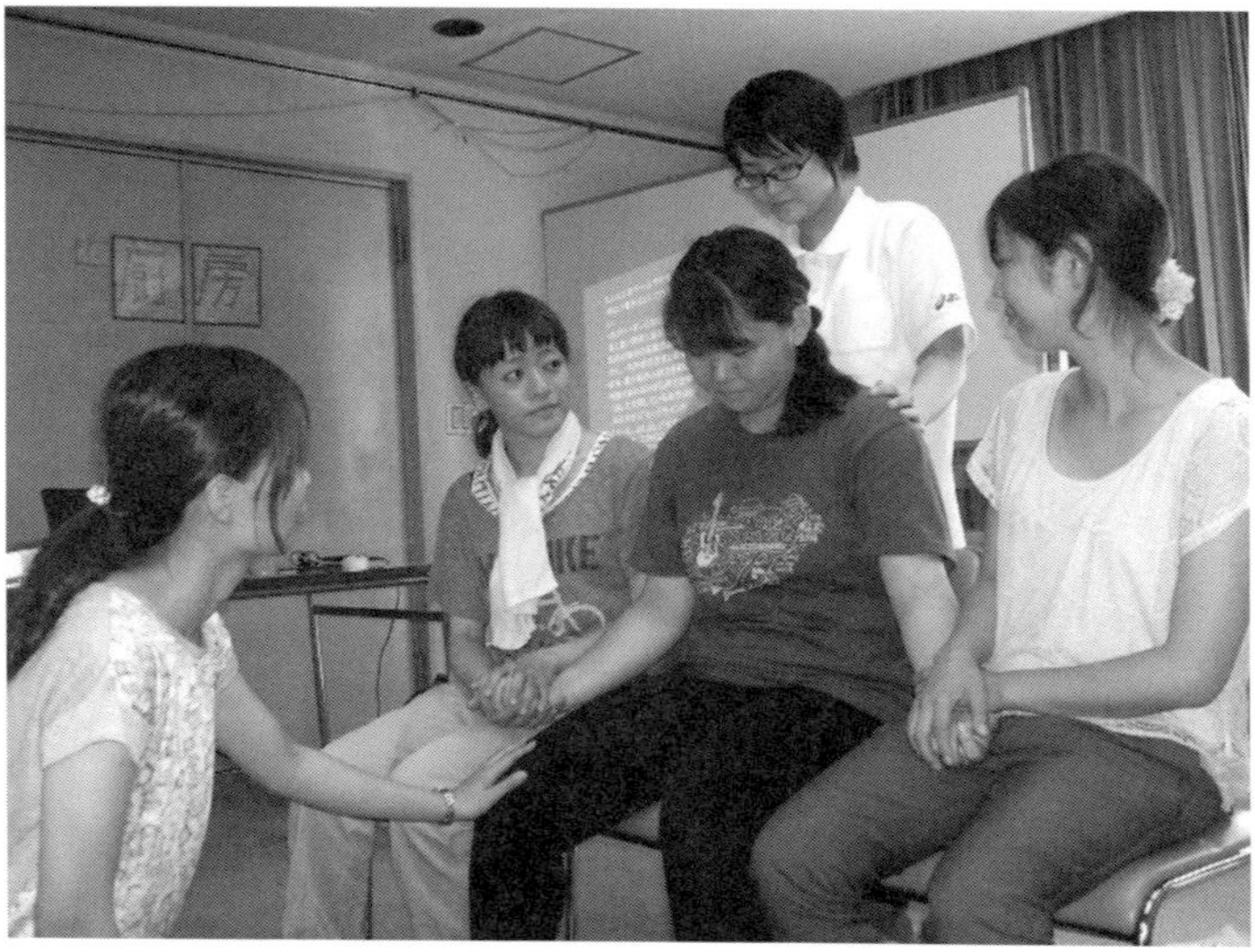

写真 12　リリーフ

D　安全と自尊心を最優先する

全体を通して共通するポイントは、利用者の安全と自尊心の保護を最優先し、利用者の痛みを最小限にとどめること。

E　**表情を確認する**

常に利用者の表情を確認し、利用者の今の感情を理解するとともに、体調の変化、痛みや苦痛の有無について注意する。

F　**感情を汲む**

少し落ち着いてきて再燃の可能性が少なくなってきたら、利用者が自分でもわからない感情の意味を一緒に考えてみる。確認や問いかけがよい。たとえば、「悲しくなっちゃったんですね」「〇〇したかったんですね」「〇〇が嫌だったんですね」「それはつらかったですね」「気がつかなくてごめんなさい」「すごく腹が立ったんですか？」「怖かったですか？」「何が欲しかったんですか？」などである。

(4) 必ず守るべきこと

A　**インフォームド・コンセント**

どのような場合に「救助」を実施するか、それはどのような技法かを、利用者本人、家族、後見人に事前に説明し、同意を得ておく（同意書への記入）。

B　**必ず指導者よりトレーニングを受けてから実践する**

最低7時間のプログラムを受講した指導者（同施設、法人所属）より、トレーニングを受ける。実技においては、利用者の役を必ず体験する。身体拘束されることがどのような体験なのかを、身をもって感じることが大切である。

C　**定期的にトレーニングを実施し、技法の確認をする。**

トレーニングは避難訓練と同じである。たとえば、火災は決して発生させてはならない。そのために日常的に防止に努めることは当然である。しかし、万が一火災が発生したときに迅速に消火、避難ができるよう、定期的に訓練を実施しておくのである。「暴力防止サポート」、特に「救助」は、万が一利用者が興奮し著しく危険な状況に陥ったときのために、定期的にトレーニングを実施しておく必要がある。利用者が恐怖や不安、怒りを感じずに安心して過ごせる環境をつくり、利用者が平静なときにいかに関わるかを考えることは当然であるが。

D　利用者によって個別の方法を検討する

成人の場合と子どもの場合、また身長・体重、性別、障害の有無によって技法は違ってくるので、事前にそれぞれの場合についてトレーニングをしておく。

E　報告書を作成する

関わった援助者は報告書を作成し、所属長に提出し、所属長は家族、後見人に報告する。報告書に最低限盛り込む内容は、以下のとおりである。

（1）必要と認めて行った身体拘束の内容。
（2）身体拘束が必要（やむを得ない）と判断した理由。
（3）身体拘束を開始した年月日および時刻、ならびに解除した時刻。

F　個別支援計画に記述する

個別支援計画に、身体拘束を必要とする理由、内容、身体拘束をしないで済むための支援の内容、暴力に至ってしまう要因の分析と、その要因を除くための支援内容について記述する。

G　スーパービジョンを受ける

身体拘束のほかに方法はなかったか、なぜ利用者が暴れてしまったのか、援助者の関わり方に問題はなかったかなど、今後の支援の在り方について記録をもとに振り返りを行い、適切な助言を受ける。

H　異性間では実施しない

特に男性による女性利用者への「救助（身体サポート）」は、利用者が子どもか成人かを問わず原則禁止である。同様に、女性援助者から中学生以上の男子利用者への身体サポートも、原則禁止すべきであると考える。前者においては、たとえば過去に身体的虐待や性的虐待を受けた体験のある利用者にとっては、計り知れない恐怖を与えることになるだろうし、後者においては女性サポーターが体力的に劣る可能性が高く危険であることや、女性による身体接触が利用者に強い性的興奮をもたらすこともあるからである。また、自閉症、統合失調症の方などは極端に身体接触を嫌悪する場合があるので、「救助」を使うことがいかなる影響を与えるか、使えないとすれば代替方法は何かをアセスメントし、考えておく必要がある。

I　あくまで緊急避難的介入であることを忘れない

強制的な身体拘束は、どんな理由があったとしても利用者にとっては傷つき体験である。また、身体拘束がさらに興奮をエスカレートさせることがあるので、援助者は身体拘束実施の誘惑に限界まで抗うこと。つまり、あらかじめ距離を取る、つかまれてしまった場合は「離脱」を用いて距離を取る、他の利用者へ攻撃が向かった場合は、攻撃を受けている利用者から離すなどの行為で対応すること。「せっかくトレーニングしたのだから使ってみたい」そんな誘惑に負けないための倫理観を持つことは必須である。

暴力防止サポート研修（トレーニング）終了時の参加者の声を、いくつか以下に紹介しよう（２０１２年。全返答数83）。

①「パターンとしては覚えました。ただ、やはり実際の場面は1対1で、興奮した利用者をいかに落ち着

かせるかにかかっていると思います」（男性）
②「実践したことで、利用者の気持ちが理解できたような気がします」（女性）
③「される側からするとものすごく圧迫感があることがよくわかりました。利用者側の立場で感じられたのが良かったです」（女性）
④「パニックの度合いによるが、身体サポートを原則としてしまうと、過度な介入になってしまいかねないと感じた」（男性）
⑤「体力の消耗を待つことが大部分なように思う」（男性）
⑥「ホールドされるとかえって力が入る気がする」（男性）
⑦「協力援助者との息の合わせ方が難しいと思いました」（男性）
⑧「利用者さんは必ず介入してくれる人を待っているはずだとも感じました」（女性）
⑨「トレーニング時と同じようなことができるか不安がいっぱいです」（女性）
⑩「場面の切り替えがとても大切になってくると思いました」（女性）
⑪「実際の現場では、すぐに複数の職員で対応するのは困難なところがあります」（男性）
⑫「サポーターが三人いるとずいぶん違うなと感じました」（女性）
⑬「理想的な対応ではあるが、時間帯や人員配置、他利用者への対応の人員による」（男性）

（5）いかに多くの援助者を集めるか

上記の声で複数寄せられたのは、⑪⑫⑬に挙げたが、人員配置の問題である。紹介した身体サポートは、三人の職員での対応が基本になる。しかし、特に夜勤帯に、利用者が暴れるなどの緊急避難的介入が必要となったとき、出勤している三人の職員を即座に集めることはほとんどの場合不可能である。そもそも一人しか勤務していない場合も少なくない。一人での対応は事故につながりかねず危険であるとともに、虐待を疑われた際、他に立ち会った職員がいない場合、虐待を否定することが困難になる。《場面34、35》のような激しい行動障害のある利用者の棟に、女性夜勤者一人しか配置していないということと事態をなくすことが課題である。施設によっては夜勤専門の非常勤職員を配置しているところもあるが、それでも二人での介入では十分とはいえない。

《場面35》　障害児施設援助者の紀子さん（30代女性、キャリア10年）

紀子さん　まだ、1時間でがまんできるかなと対応していたんですけど、だんだん1時間半くらいになり、こっちも身体がガクガクしてくるんです。寮全体の話で「これはだめだな」ってなったら、携帯で管理職に電話をしていいってことになって、「バトンタッチ制度」っていうんですけど。でも申し訳ないので、それは最終手段にしていました。そのうち各寮に携帯を持たせていただけるようになったので、隣の寮のスタッフに来ていただくとか、成人部の職員さんに手伝いに来ていただいたり、部署間を越えて協力していこうということになりました。

著　者　管理職の方は駆けつけてくれるんですか？

紀子さん　駆けつけてくださいました。男性一人。

著　者　各寮に連絡して、そのときは何人来ますか？

紀子さん　一人です。夜勤者は一人なので、事前に「今日は不穏なので暴れたら電話するかもしれません」と言っておきます。

著　者　でも、そっちの施設で何か問題が起こっているときは来られないわけですよね？

紀子さん　そうなんです。「じゃあ代わりますよ。私がそっちの寮で見守りしますよ」と話して、男性職員と代わります。そうすると、利用児も1時間くらい暴れているので、そこに隣のフレッシュな男性職員が来ると、30分くらいで治まることもありました。男性のほうが本人も勝てないと思うので治まりは早い……夜勤者を二人にしてほしいと思ったことはありましたが、実現は難しいと言われました。

著　者　管理者だけではなく、職員寮に電話して呼ぶというのはどうですか？

紀子さん　いやいやそれはとても申し訳ない。管理職を呼ぶことも本当に申し訳ないと思います。

著　者　緊急のときに携帯をする時間ありますか？

紀子さん　彼を部屋に無理やり入れて、彼が出ようとするのをドアを必死で押さえて電話します。「ああ、ドアが壊れちゃう」とか思いながら。

《場面36》　児童自立支援施設援助者の光博さん（40代男性、キャリア33年）

光博さん　今は交代制ですから、ほとんど一人体制です。男子棟でも、女性職員一人で見ることもあります。

著　者　緊急で他の職員を呼ぶことはありますか？

光博さん　その場合は電話しかないんですよ。こういう非常のときに「ピー」って鳴るやつ（防犯ブザー）持たせたこともありましたが、まったく役に立たなかったですね。聞こえないし。電話が最良ですが、事務室に行かなければいけない。携帯もすぐにはつながらない。非常ベルを鳴らすとか。でも、それこそお金がかかる。お役所に相談すると「そんな必要があるのか」とか、「頻度は？」とか言われる。「子どもと人間関係が作れないあんたたちが悪いんだ」とか、「どうして子どもの暴力を誘発するんだ」みたいなことも言われますね。「誘発するな」と言っても、誘発せざるを得ない状況というのはあるんです。伝えるべきことは伝えなければならないし。

「明日から人数を増やしましょう」と簡単に事が進めば苦労はしない。今から改善可能なことは何かを考えてみよう。まず、いかにして多くの職員を集めるかである。この場合、「わざわざ来てもらっては申し訳ない」と遠慮することはない。暴れている利用者のことを第一に考えるなら、早急に手を打って沈静に導くことが優先されるべきである。他の利用者にとっても一刻も早く沈静してもらいたいはずだ。では、具体的に二つの方法をあげよう。

一つ目は「非常通報システム」の導入である。援助者が送信機（写真13）を持ち歩き、非常時にスイッチを押すと、職員室の受信機（写真14）に送信されるというものである。職員室に他の職員が待機している場合は、送信元である職員のいる場所にかけつける、あるいは他の場所にいる職員に連絡する。設置費用は電波到達距離等によって違ってくるので確認が必要だが、1セットで60万前後と思われる。

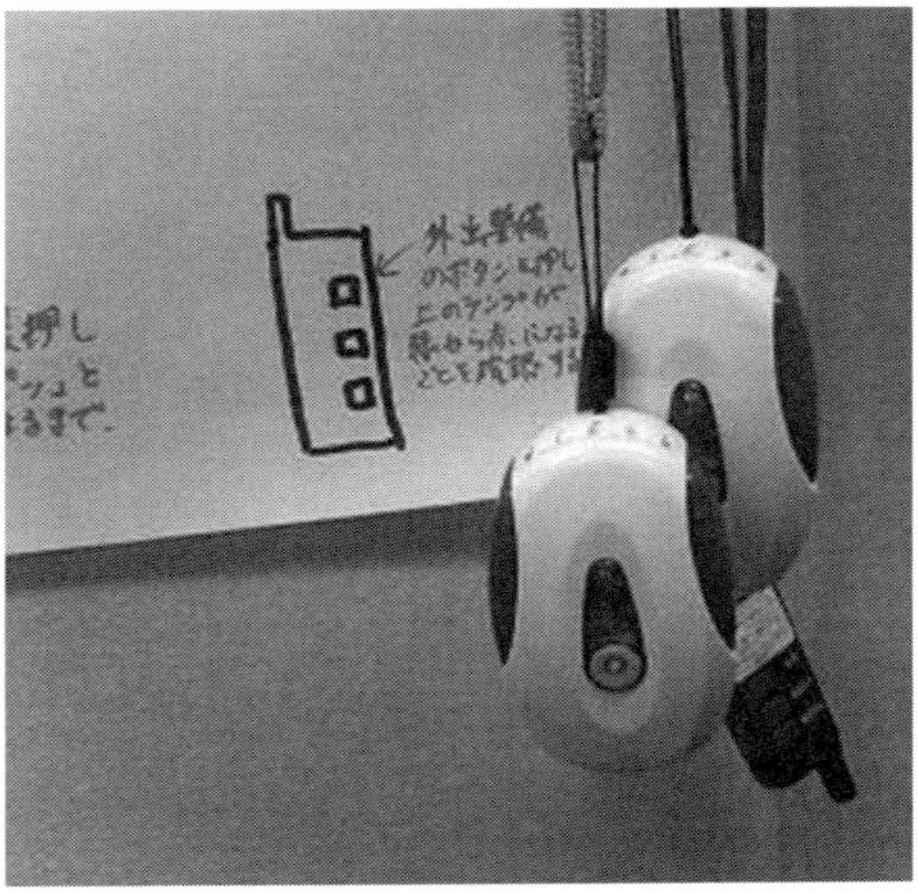

写真 13　非常通報システムの送信機

二つ目の方法はインカム（トランシーバー）の利用である（写真15）。出勤職員が全員持ち歩き、非常時にはスイッチを押すだけで全員に指示が発信できる。送信可能距離が200mクラスで1台1万円前後と、比較的安価である。

著者は本書において、特に女性援助者が深刻な暴力の犠牲になっている現実を記述してきたが、今だにこの現実が

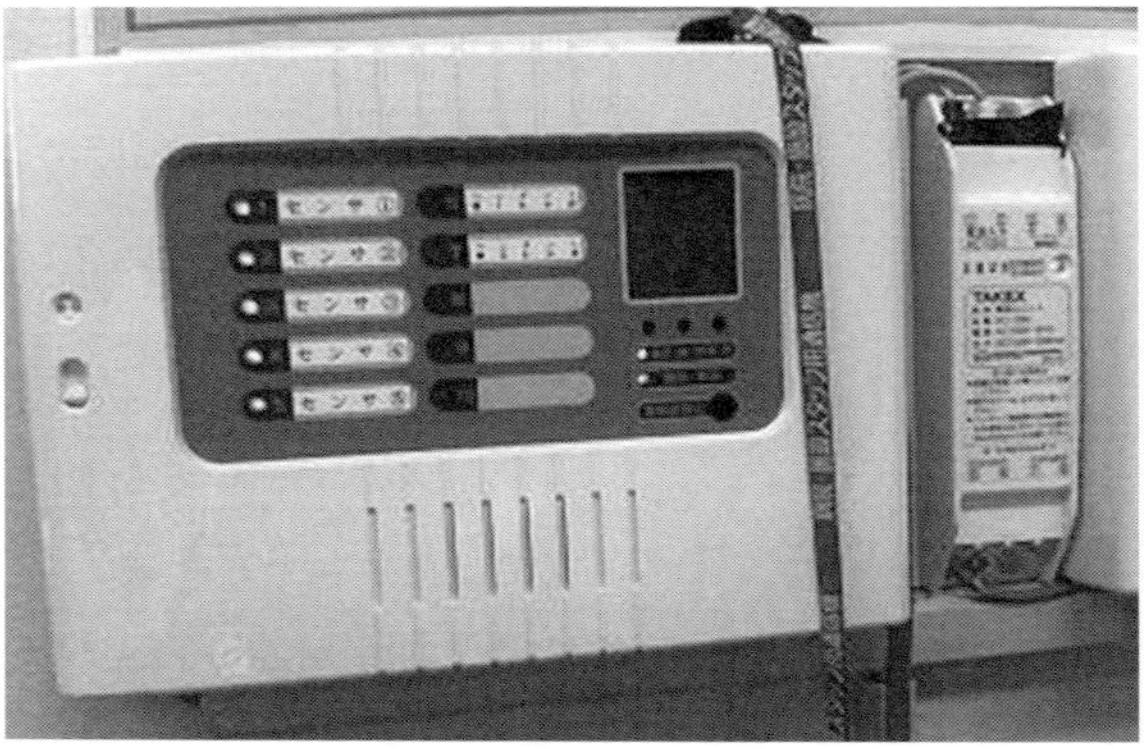
写真 14　受信機

写真 15　インカム（トランシーバー）

具体的解決に至らないまま放置されていることに憤りを感じている。援助者が、自分は守られているという実感があってはじめて、ゆとりを持って、苦悩のなかにある利用者や子どもたちの前に立てるのではないだろうか。

4　和解（落ち着くまで付き添う）

「救助」実施後、必ず行ってほしいのが「和解」である。どのような正当な理由が援助者側にあろうと、一時的であろうと強制的に自由を奪われ、行動を止められ、押さえつけられた体験は、利用者にとっては傷つき体験以外の何物でもない。援助者側に憎しみや怒りはないということが、利用者に多少でも伝わるまで付き添うことが大切である。その前に援助者が心を使うべきなのは、利用者の言葉にできない感情・気持ちに耳を傾け、「身体表現を読み取る」（Allan, 1984／邦訳 p.27）ことである。

(1)「和解」の実際

a　相手の力が徐々に抜け、落ち着いてきたら、腕や足のロックを解いていく。再燃することもあるので、慎重にパワー・コントロールを行う必要がある。

b　再燃の可能性がなくなったら身体サポートを解き、ストロークやタッピングを用いてリラクゼーションを図る。場合によってはそのままソファーに横になるか、部屋に戻ってベッドに横になってもよい。添い寝をして寝かせてもよい。本人が安心できる場所で、安心できる体勢で関わることである。

c　「ごめんなさい」「さっきはびっくりしちゃいましたね」「もう大丈夫ですか」など、慰める言葉をかける。注意や説教はしない。お茶を飲んだり、空腹なようであれば何か食べるのもよいだろう。

「和解」において、特に言葉によるコミュニケーションが困難な利用者の場合、ストロークやタッピングといった「触れる関わり」が重要になる。そして「触れる関わり」は、予防的意味において日常、継続して実施されるとよい。

(2)「触れる関わり」の活用

「触れる関わり」は特別な訓練を必要としない。私たちが日常的に、それとは意識せずに行っているいくつかの行為が含まれている。たとえば、転んで泣いている子どもがいれば、誰かに教えられなくても子どもの頭をなで、または痛いところに手を当て、息を吹きかけ「痛いの痛いの飛んでけー」と唱えてみせる。また、失恋した友には肩を抱き、あるいは肩を軽く叩きながら、「こんどこそおまえにピッタリの彼女が現れるさ」などと慰める。そこには相手の気持ちを理解しようとする思いや、相手を知りたいという思いが、行為を通して伝わるのである。

著者が手本とするのは「シング夫人のマッサージ」である。シング夫人は、1920年、インドのミドナプールで発見された「狼に育てられた子」とされたアマラとカマラを保護した、シング牧師の夫人である。保護されて1年で妹のアマラが他界する。部屋の片隅から動こうとせず、食事も摂ろうとせず悲嘆にくれるカマラに、シング夫人は毎日、早朝と夕方、愛情のこもったマッサージを続けた。1カ月後、カマラはアマラが生きていたときと同じ元気を取り戻した。心理学者ゲゼルは次のように評している。

長い長い過渡期ともいうべき過程において、規則正しく行われたこのマッサージ以上に大きな影響を表したものはほかにはない。シング夫人はこのマッサージによって、文字通り「手を置いて癒した」わけである。

（Gesell, 1941／邦訳 p.56）

ゲゼルの次の言葉は、私たちが「触れる関わり」そして「身体サポート」を考える際、常に念頭に置かなければならない言葉である（「シング夫人のマッサージ」については第4章第2節でも取り上げている）。

子どもと文化との結びつきのなかで、最も根本的なものは、子どもの感じる安定感である。――中略――子どもが毎日どう身体を取り扱われるかによって、この安定感が決定するのである。

（Gesell, 1941／邦訳 p.55）

第1章第2節の10で述べたように、触れることはオキシトシンの分泌を促進し、不安や恐怖、ストレスを軽減させる効果がある。また、その効果は相互作用であり、実施している援助者にも同様の効果がある。

次に、実施する際、注意していただきたいことをいくつか挙げておこう。

（1）力を入れないこと。

（2）関節には行わないこと。

（3）本人にとって苦痛ではないか、必ずアセスメントをしてから行う。自閉症、統合失調症の方、虐待を受けた子どもの場合、触れられることに嫌悪・恐怖を感じる場合が少なくないので、本人が望まない場合は行わないなど慎重を要する。

（4）本人が嫌がったらすぐにやめる。

（5）原則、同性同士で行う。異性への「触れる関わり」は必ずしも禁止ではないが、利用者によっては恐怖や強い性的刺激になることもあるので、アセスメントに基づく利用者個々の判断が必要になる。また、援助者による性的な不適切行為のきっかけになる可能性もあるので、特に男性援助者から女性利用者への実施は禁忌である。

具体的方法は主に以下の二つである。

A　ストローク

肩、背中、腕、手をさする。ポイントは「ゆったり（slowly）、やさしく（gently）、あたたかく（warmly）」である（写真16）。

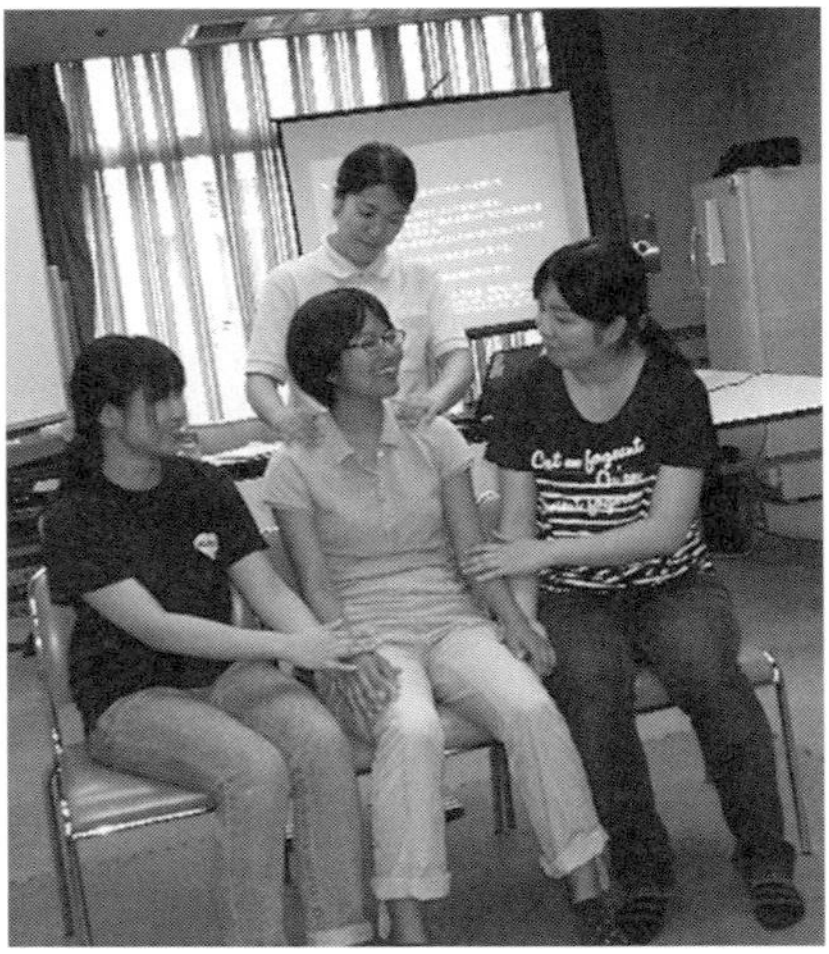

写真 16　「救助」を解く際のストローク

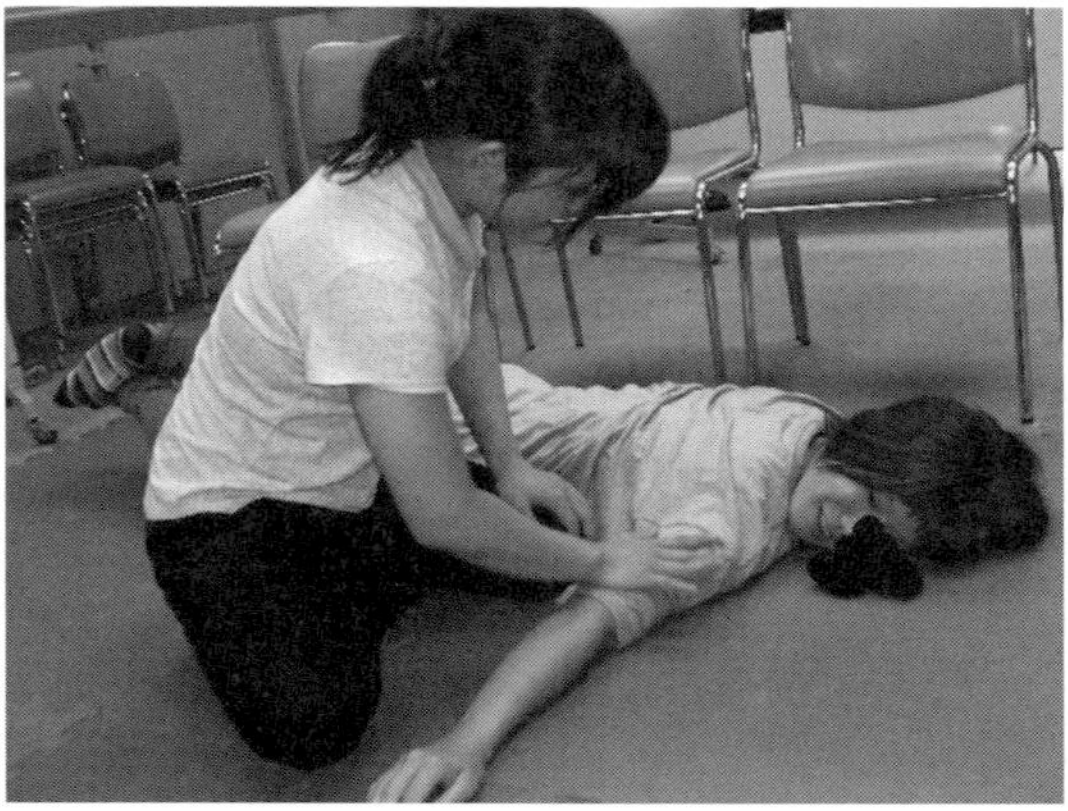

写真 17　リラックスしながらのタッピング

B　タッピング

肩、背中、腕、手のひら、手の甲などを、指の先、手のひら、こぶしなどでリズミカルに叩く。アクセントをつけて歌に合わせて行ってみてもよい（写真17）。なお、「触れる関わり」の詳細については、第4章第2節を参照してほしい。

5　理解

(1) 利用者の理解（言葉にできない感情・気持ちを理解する）

可能であれば、「和解」に続いて「理解」の段階に進んでもよいが、利用者も援助者も疲弊しているような場合は、翌日落ち着いているときに面接を行うとよい。あまり時間が経ってから話題にすると記憶が薄れてしまっていたり、かといって落ち着いていない段階で話題にすると憎しみや怒りの感情が再燃してしまう可能性があるので、タイミングに配慮が必要である。たとえば、殴った利用者や援助者に謝罪させるなど「解決」するまで部屋には戻さない、食事はさせないなどの対応は、利用者・援助者双方を追い込むことになるか、かたちばかりの「解決」で済んでしまうおそれがある。問題が数時間の話で、ましてや説教で簡単に「解決」できると考える援助者側に、根本的問題があると著者は思う。

《場面37》　児童養護施設園長の久夫さん（60代男性、キャリア35年）

久夫さん　当時僕は指導員で、7年間くらい、子どもたち、そりゃすさまじかった。園の中で。これでもか、これでもかと一杯問題行動をやるわけ。しょっちゅう外に出るわ。でも、その子を絶対追い出さないで、丸抱えするんだということで。ある意味で子どもの行動はすべて見えないし、管理できないからね。それで僕は、管理と強制はやめようと思った。それである日、高校生会を開いて「おまえらがこの園をつぶそうと思ったらすぐつぶせる。この園を良くしようと思ったら十分できるぞ、だからこれから僕はお前たちに何でも相談する」と言ったんだ。園で指導員は僕一人だったから、子どもを僕一人で管理できる状態じゃなかったから、結果それが良かったんだと思う。それから子どもに相談するんだ「僕はお前らを職員として扱う」って言って。

説教もよいだろう。しかし、その前に利用者・子どもの話を聴いてほしい。どこの職員研修でも、「共感」「傾聴」「パートナーシップ」「エンパワメント」などのソーシャルワークにおける基本的概念が語られているが、いざ現場に戻り、利用者・子どもに対すると話も聴かずにまず注意、説教をしてしまう援助者が多いのはなぜなのか。

なぜ暴力に至ったのか、暴力以外の方法はないか、今後同じような状況のときにどうしたらよいのかなどを、援助者が教えるのではなく、利用者・子どもと一緒に考えてみる作業が大切である。子どもは援助者が感心するような解決策を持っているものである。わからないのではなく、わかっているができないのである。

援助者は、利用者が暴力を振るってしまったことに対して、自責の念に苦しんでいることを忘れてはならない。ただしそれは往々にしてふだん被害者との信頼関係ができている場合であり、被害を受けた援助者が憎悪の対象であった場合は達成感さえ与えてしまう。しかし、多くの場合は自責の念を抱いている。その思いを吐露させることも大切な視点である。そして被害を受けた援助者に対して謝罪する気持ちがあるかどうかを確認し、謝罪する気持ちがある場合は謝罪をしてもらう。その場合、被害を受けた援助者がそれを受けとめる心理的状況にあるかどうかも考慮しなければならない。

この段階で利用者・子ども双方が「つながる体験」をすることができれば、今までとは違った相手の認識、新たな信頼関係、安心できる快い関係を獲得することができるのかもしれない。

（2）被害を受けた援助者への支援と再生

著者が２０１０〜１２年に行った記述式質問票調査によると、知的障害、児童、高齢者の施設において、援助者が利用者から暴力を受けたことによるネガティブな影響では、「利用者が恐くなった」「その利用者を嫌いになった（嫌悪感）」「仕事を休みたくなった、職場に行きたくない、離職・転職を考えた」などが複数見られた（第2章各節の表参照）。

《場面38》　障害者支援施設援助者の理恵さん（20代女性、キャリア4年）
――ショートステイ利用の男性利用者より居室で突然暴力を受けた

理恵さん　（暴力を受けた）影響はありますね。涙が出そう……（涙ぐむ）。思い出すだけで近寄りたくなくて、ほんとに鬱とかなるときとかあって、ほんとにこの仕事を辞めようと思ったこともありました。利用者さんが不穏な状態になると、恐くて言葉が出なくなっちゃうんですよね。そこはでかいトラウマになってるなっていうのはあるんですけど。今は自分で話しかけられるようになっているんで、階（配属場所）が変わってからは「おはよう」とか普通に言えるようになりました、今は。

《場面39》　障害者支援施設援助者の友恵さん（30代女性、キャリア8年）

友恵さん　私は、暴力を受けた新人の女性援助者から相談されて、その子も何も言わないタイプなので、言うまでに時間かかったんですけど、その子は背が小っちゃいんですけど、で、利用者は背が大きいし、高い。それで慣れない仕事に入って、いきなり怒鳴り声を上げられて、手を上げてパーンとやられれば誰だって恐い。普通じゃあり得ないことじゃないですか。普通に生活していれば。だけどここでは起こり得てしまう。しかも突発的に、それは確かに恐い。嫌だと思うのは当然だと思う。でも私は一職員で何も言えないし、してやれないから、主任とかに相談したほうがいいよって、話したほうがいいよって言いました。そうしないと自分が壊れちゃったら終わりなので。「耐えられないんなら辞めてもいいと思うよ」って言ったんですよ。「そこまでして勤めることはないと思うよ」って。うちは主任とかに言いやすい環境があるので、みんなも様子がおかしいとすぐに気づいてくれたりして、ふだんはしょうもない会話とかしているんですけど、コミュニケーションはよくとれていると思います。その人（援助者）のことはみんな気にかけているんです。主任との面談はずっとやってます。頻繁に主任が、夜とか1時間くらい話してから帰るという時期もありました。今はほとんどその必要はないですね。みんな、同僚を気にかけて、声かけて、プライベートで遊びに連れて行ったり、そこは大きいかなと思いますね。

《場面40》障害者支援施設援助者の美加さん（20代女性、キャリア7年）
——作業中に男性利用者から突然暴力を受けた

美加さん　（暴力を受けたことで）すごい影響ありましたね。やられたときはすごい頭が興奮しているので、次の日とか、次の次の日とかも。でも、何とかその人との関係を良好にしないと、そこで働いていられないので。逃げてしまうのは嫌だったんですよ。闘うとかじゃないんですけど、和解しようと思ったんですよ。上司のなかには、私とその方（利用者）との距離を離しておこうという人もいたんですけど、私はそうでなくて、そこから逃げちゃうと私は良くないと思ったんです。ずっと逃げて終わりというのは、私にとっても利用者にとっても良くないんじゃないかって。問題が解決したわけじゃなくて、私が逃げ回っていると思われて、そうじゃなくて、いつもどおりに戻って支援したほうが良いと思って、リスクがあるんですけどね。でも我に返ると、もう恐くて夜も眠れなかったんですよ。頭ではそう思うんですけど、恐怖でその方の顔も見られないんです。顔を見ると恐くて、園長にも泣いて訴えたんです。恐いって。

今でも傷を見ると思い出しちゃう。その人を見ないと普通に生活できるんですけど。ずっと傷を見るわけじゃないですか。やっと傷が治ってきて解放されたという気持ちはあります。傷って女の人にとってはやっぱり嫌じゃないですか。園長に言っても働く場所も変らなくて、対処法、支援策が挙げられなかったら、ここは恐くていられないなというのはありました。

《場面41》　障害者支援施設援助者の雅子さん（40代女性、キャリア5年）

――行動を制止したところ女性利用者から平手打ちをされる

雅子さん　私が叩かれたこと、他の職員がたぶん報告したんだと思います。「空いている部屋で少し休んで」と言われた。部屋の中で自分で飛び跳ねました。どうしていいかわからなくて。利用者さんのなかに同じように飛び跳ねている人がいるんですね。今思うとその利用者さんと同じことをやっていたと思います、ストレスで。

半年も経ってないとき、彼女のことはしばらく見たくないし、話したくもなかった。もうこの仕事は無理じゃないかと思いました。他の職員にも聞いてみました。そういうことあるって。そしたらみんなあるっていうんです。50代のベテラン職員もね。

今は距離を置いて本人の前には絶対行きません。不穏なときには声かけません。落ち着くのを待つ。前より自分や他の人を守る意識が強くなってきました。彼女が何か言ってきても、すぐに他の職員に代わってもらうと、彼女もリセットできるようになりました。それがわかって私一人で頑張らなくてもいいや、と思えるようになりました。

叩かれたとき、総括の人たちがすぐ対応してくれました。すごく話を聴いてくれました。部屋にアイスコーヒーを持ってきてくれました。私は泣き崩れて、とにかくいろんな思いが出てきました。その間ずっと総括が付き添ってくれました。2時間くらいずっと話を聴いてくれました。他の職員がどのように対応しているかとか教えてくれました。

すべての被害を受けた援助者がそうとはいえないが、暴力を受けたことが深刻な外傷体験になることも少なくない。まず、できるだけ早期にスーパーバイザーが介入し、被害を受けた援助者と面談を行う必要がある。事故発生直後か遅くても12時間以内に実施することが重要である（ディフュージング：defusing）（Mitchell & Everly, 2001）。早急に実施を必要とするには理由がある。早いうちであれば傷が固まる前なので、周囲からの援助を受け入れやすい。これが、時間が経過してしまうと被害を受けた援助者の内面に防衛機制の壁ができてしまい、周囲からの援助を一切拒絶してしまうことが少なくないからである（Mitchell & Everly, 2001／邦訳 pp.137–138）。ただ、ショックな体験を話すには、しばらくは被害を受けた援助者自身が安全な場所で沈静するための時間が必要であることから、当初は見守るという過程も必要になろう。

場所は、利用者や援助者の声が聞こえない静かな場所（個室）に設定する。外傷等の治療が必要な場合は、まずそれを優先する。落ち着いた頃を見計らって、まず何が起こったのかを聴く。その際、決して「それはあなたが悪い」「ちょっと配慮が足りませんでしたね」など、被害者を責めたり注意を促したりしてはいけない。まず、被害を受けた援助者が感情を吐き出すことである。

次に大切なことは、管理者はできるだけ早く施設としての具体的対処方法を被害者に提示し、被害を受けた援助者の意見を聞かなければならない。使用者には安全配慮義務があり、労働契約法5条には「（使用者は）労働者がその生命、身体等の安全を確保しつつ労働することができるよう、必要な配慮をする」と謳われている。限られた乏しい予算のなかでどう職員の安全配慮を実施していくか、「配慮したくてもできない」のが現実であるのかもしれない。しかし、今やれるところから始めるしかない。援助者の配置換え、夜勤対応職員の追加配備、非常通報システムやインカム（トランシーバー）の導入など、早急に検討する必要があるだろう。

《場面39》の友恵さんや、《場面41》の雅子さんの例からもわかるように、周囲の援助者からの情緒的支援も重要な役割を果たしてくれる。たとえば、以下のような情報が他者から与えられることが望ましい。

（1）感情の発散法
（2）ストレスの克服法
（3）他の援助者の同様の体験と、それをどう克服したか
（4）自分だけが特別・異常ではないこと
（5）互いに助け合っていくこと、その具体的方法

上記の段階を踏まえたうえで振り返りを行う。今後再発を防ぐために、被害を受けた援助者はどのような点に注意したらよいのか、スーパーバイザーと共に考える。

6　安心（ふだんから安心できる関係を築く）

暴力防止のために最も大切なことは、利用者がふだんの生活のなかでどのように扱われているかということである。しかも、言語によるコミュニケーションが困難である重い知的障害のある方や認知症の方、自分から能動的に働きかけることが困難な重症心身障害のある方が他者との関わりを持とうした場合、「触れる関わり」を用いることができよう。ゲゼルが指摘するように、子どもが感じる安定感は、毎日、自分の身体をどう扱われるかによって決定される。そして、その安定感は日常的に「反復し継続する満足」から生まれ

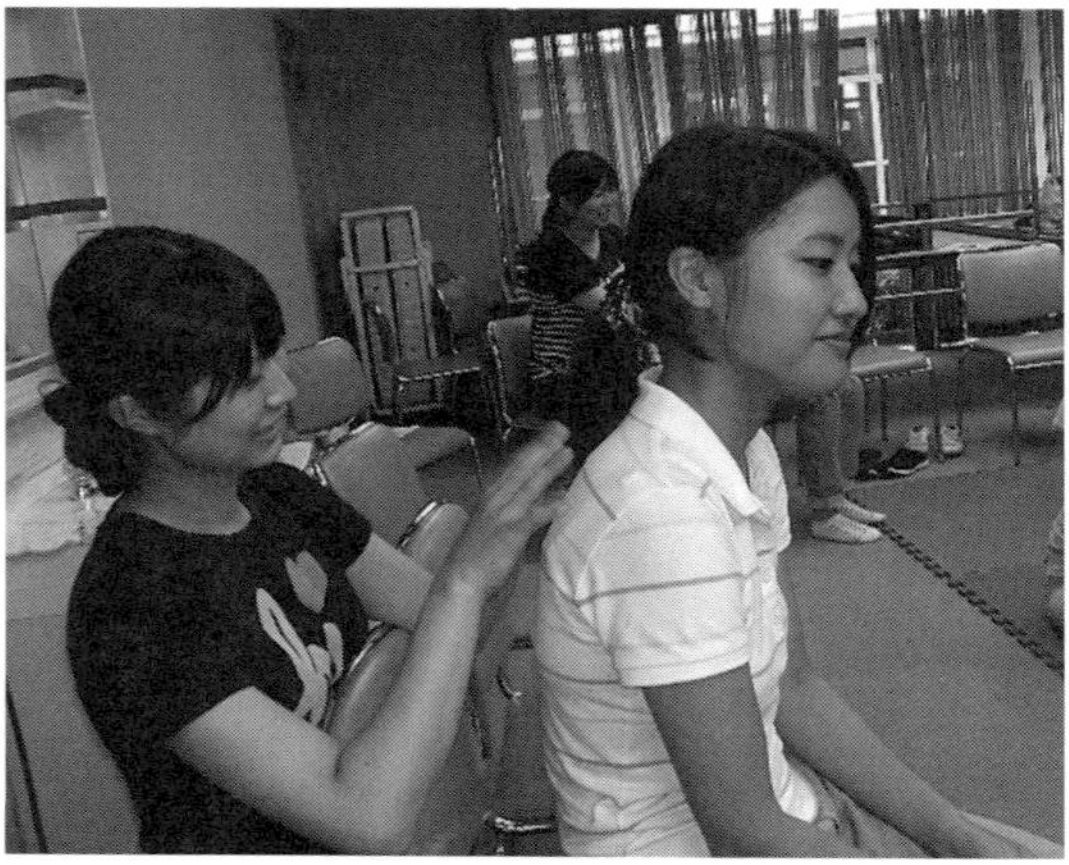

写真 18　背中へのタッピング

る（Gesell, 1941／邦訳 p.55）。

「触れる関わり」とは、プット（手を置く）、プッシュ（軽く圧迫する）、ストローク（マッサージ）やタッピング（リズミカルに叩く）（写真18）、グリップ（軽く握る）などを用いながら利用者と一定時間関わることであり、できれば毎日が理想だが、反復、継続して行うものである。特別な技法は必要ではないが、「あたたかく」「やさしく」「ゆったり」が基本である。ただし、関節部には行わない、原則同性同士で行う、利用者が恐怖や嫌悪を感じることがないかアセスメントを行う、などの留意点がある。

「触れる関わり」には、不安やストレス、痛みを軽減し、成長、社交的能力を促進するオキシトシン（oxytocin）の分泌を促す生理的効果があるといわれている。まさに「つながる喜び」を促進してくれる（Moberg, 2000; 堀内 2010）。本格的に特定の技術を学びたい場合は、「タクティール・ケア」（タクティールケア普及を考える会 2008）、「タッピング・タッチ」（中川 2004）、「ユマニチュード」（NHK取材班・望月 2014）などの技法が紹介されているので、トレーニングを受講してみてはどうだろう。

日頃から暴力防止教育を導入することも大切である。まず、施設長が暴力は認めないことを宣言するとともに、利用者に暴力を用いなくても自分の意見を述べたり、感情を吐露できる具体的な方法、人、場所があることを知ってほしい。そして実感してほしい。

また、暴力について学び考えるワークショップや、個別学習を反復・継続して行うことも大切である。理想的なのは、利用者とともに学び合う時間である。

最後に、自閉症の障害を負う東田直樹さんの言葉を紹介して本章を閉じたいと思う。

思い通りにならない体、伝えられない気持ちを抱え、いつも僕らはぎりぎりのところで生きているのです。気が狂いそうになって、苦しくて苦しくてパニックになることもあります。そんな時には泣かせて下さい。側で優しく見守って下さい。苦しさのあまり自分がわからなくなり、自傷、多傷行為をするのをとめて下さい。

（東田 2007, pp.138-139）

＊

本章で紹介した「離脱」「救助」については、トレーニングを受けずに、その部分だけを取り上げて実施することはしないでください。必ず研修でトレーニングを受けてから実施してください。研修に関しては著者（市川）までお問い合わせください。

第4章　怒りのマネジメント

第1節　いかに援助者自身の怒りをコントロールするか

I　怒りをマネジメントするとはどういうことか

対人援助職は次の二つの意味で感情労働である。一つは、利用者の感情を適切に扱えなければならない職業であること。二つ目は、自分自身の感情を適切に扱えなければならない職業であること（Hochschild, 1983／邦訳 p.7）。

２０１１～１３年の間に新聞に報道された虐待事件を見てみると、たとえば、知的障害者の通所施設で同じことを繰り返し訴えてくる利用者に激昂した援助者が、利用者の首の後ろを両手で押さえてけがをさせる、身体障害者施設で言うことを聞かない利用者にカッとした援助者が、利用者を殴り右腕を骨折させる、知的障害者入所施設で他の利用者を殴った利用者を注意した際に目の辺りを殴打されたことに腹を立て、利用者を押し倒し馬乗りになり十数発殴打した、などの虐待事例が報道されている。共通しているのは援助者の外部刺激に対する突発的反応、いわゆる〝キレた〟結果、起こった虐待である。ふだんは大人しく、真面目で熱心な援助者が、一度キレてしまったことで取り返しのつかない行為に至ってしまうことがある。

感情のなかでも、特にダイナミックなものは「怒り」である。怒りの嵐はまるで竜巻のように突然襲いかかり、援助者を翻弄し、正常な判断が不可能な状態に陥らせる。さらに恐ろしいのは、実際の相手への攻撃として即、行動化してしまうことである。仮に即時行動化を免れたとしても、悶々とした怒りの感情は種火のように燃え続け、あるとき油を注がれると再び激しく燃え出す。

「怒り」に関する書籍は、書店に行けばたやすく見つけることができる。それだけ私たちの日常に少なからず影響を与えている感情が「怒り」であり、かつ、そんな自分をなんとかしたいと思うからこそ、多くの者が手に取るのであろう。

かくいう著者も、どちらかというと短気で怒りやすいほうの人間である。幸いにして人を殴ったことはないが、怒鳴ったり、感情的な言葉を吐いたことは、恥ずかしながらある。今改めて感じるのは、怒りに巻き込まれての突発的行動は、どれも「やらなければよかった」「言わなければよかった」と後悔する類のものばかりである。そして不思議なもので、その数日後に、今度は私が、腹を立てた相手と同じような失態をしでかし、他人を怒らせてしまっていることに気づき、「他人のことを批判できないいな」と反省するのである。つまり「怒り」という感情をどのように扱うかは、著者にとっても改善を要する焦眉の課題の一つなのである。

著者は２０１０年から、主に福祉施設の援助者を対象に「怒りのセルフコントロール」というテーマで研修を行っており、いくつかの効果的方法について、援助者の皆さんとも意見の交換をさせていただいてきた。そのお陰もあってか、５年前ある同僚より、「市川さん、この1年でずいぶん丸くなりましたね」と言われたことがあった。３年前にはある利用者の方から、「絶対に怒らない市川さん」と評されたこともあった。

50歳を過ぎてやっと落ち着いてきたとはなんとも情けない話ではあるが、無意識のうちに怒りを周囲に撒き散らしていた自分に今さらながら気づき、具体的予防策を講じることができるようになったのが大きかったのではないかと自己評価をしている。さらに気づいたのは、怒りのコントロールは自分自身の力だけでは限界があるということである。周囲の方々の理解や援助がなければ乗り越えられない壁や、飛び越えられない落とし穴があったことに気づかされるのである。つまり、怒りをマネジメントする必要があるのである。

マネジメントとは何か。それは、仕事の成果を出すために、他者、他の機関の機能等を管理、活用する働きかけであると同時に、その働きは自分自身においても適用される。つまり、自分自身の感情を管理、有効に活用する（マネジメント）ことと著者は考える（Drucker, 1974／邦訳 pp.9-11）。

では、自分の感情を管理する方法とは何か。それをこれから読者とともに考えていくわけだが、その前に、図2を見てほしい。これはパディスキー（Padesky, C. A.）とムーニー（Mooney, K. A.）による相互作用モデルの考え方を参考に、著者がそれぞれのレベルに解釈を加えて作成したもので、「心体の相互作用モデル（以降、心体モデル）」と呼んでいるものである。このモデルを頭に置きつつ読み進めてみていただきたい。

心体モデルでは認知・感情・身体・行為はそれぞれつながっており、相互に影響を及ぼし合っていると考える。重要なことは、人間には、認知・感情・身体・行為のレベルが存在し、たとえば認知（思考）が変わると、連動して感情、行為、身体状況も変わるという構造的理解である。

心体モデルでは各レベルを以下のように解釈する。

（1）認知――気づく、意識する、知る、理解するなど、意識された心の動きのことである。怒りに関してであれば、怒りを意識し、怒りの原因、怒りの及ぼす影響などについて理解することである。

（2）感情――理性ではいかんともしがたい怒り、憎しみ、恐怖などの感情や、他者への依存欲求、愛着などの心の動きである。

（3）行為――ゆっくり歩く、話す、触れる、呼吸の調整（調息）、微笑むなどの、意識された行為のことである。無意識に発生する身体反射行動（行動）とは区別する。

（4）身体――無意識に発生する身体反応のことで、反射行動、呼吸、内臓の動き、セロトニン・ドーパミン・アドレナリン・オキシトシンなどの脳内物質、ホルモンの分泌などが挙げられる。

それぞれのレベルはつながっているので、「身体」を除いてどこからアプローチすることも可能である（「身体」で意図的なアプローチが可能なものは「呼吸」である）。

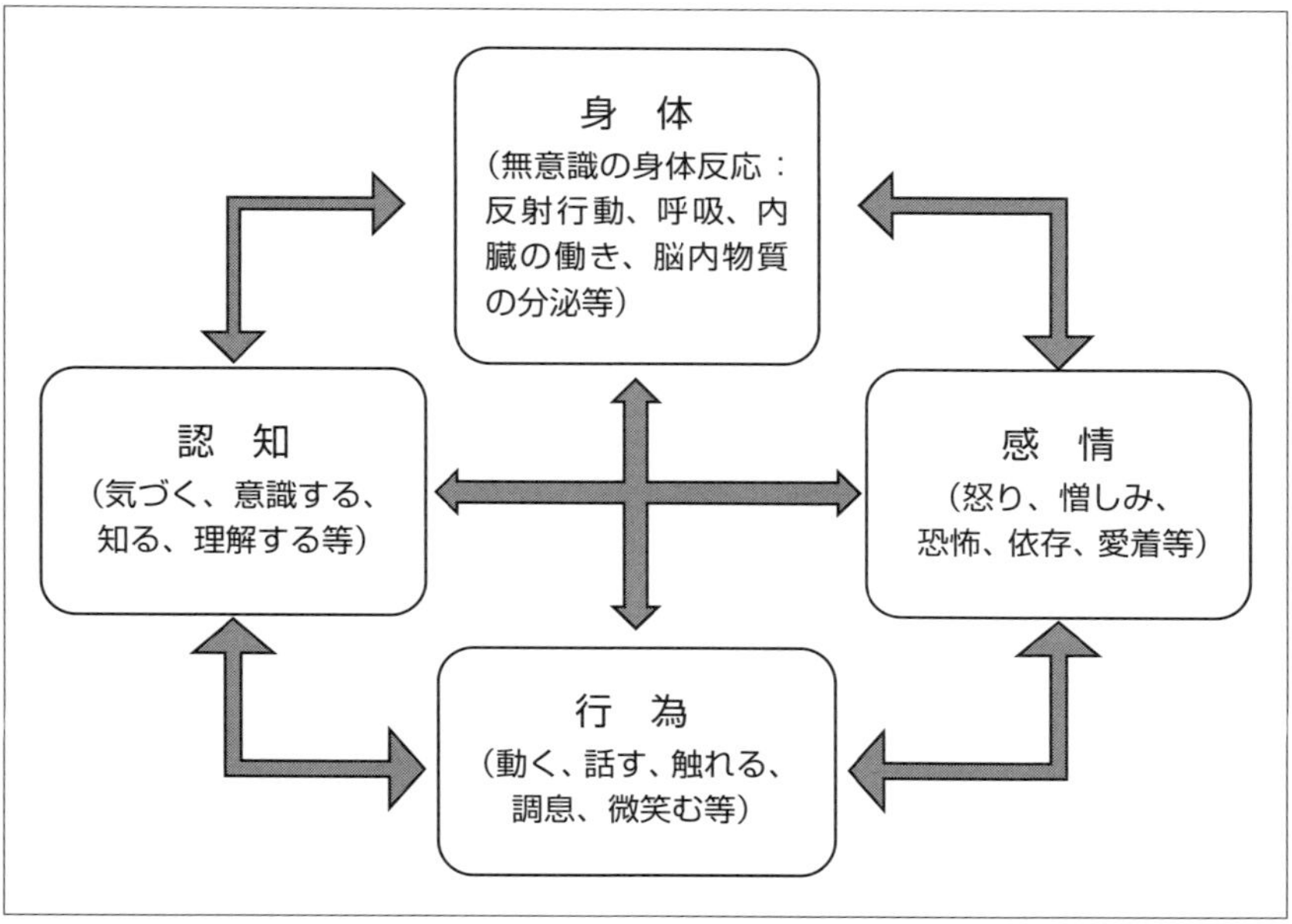

図２　心体の相互作用モデルにおける各レベルの関係
（Padesky & Mooney, 1990 をもとに著者作成）

ではまず、気づくこと、意識すること、知ること、そして理解することから始めてみよう。

Ⅱ　援助者が怒りに巻き込まれないためのC（check）とC（control）

怒りが発生すること事態は悪いことではない。たとえば、差別撤廃に向けての運動の原動力となり支えてきたものは、差別する者や仕組みに対しての怒りであったろう。非暴力抵抗運動のリーダー、M・L・キング牧師は、ホルト・ストリート・バプテスト教会の演説で次のように述べている。

人間には我慢できなくなるときがあるのです。私たちはこれまで長い間私たちを虐待してきた人々に対して、われわれはもはや我慢できない。差別され、侮辱され、野蛮な弾圧者たちに足蹴にされることにもはや我慢できないと言ってやるために今晩ここに集まったのです。——中略——勇気と品位とキリスト者の愛をもって抗議するなら、将来の史家たちは、歴史の編纂にあたって、書く手を休み「かつて文明の動脈に新しい意味と品位を注入した偉大な人々（黒い人々）が存在した」というに違いありません。

（Miller, 1968／邦訳 pp.67–69）

キング牧師は差別者に対する怒りを、むしろ彼らを愛する行為に行動化することによって、より目的実現のために効果的な戦法に変えたのである。

怒りそのものをなくすことは、不可能とは言わないにしても、われわれ凡人にはかなり難しい課題である。かといって、抑制不能になるまで放置しておくことは危険である。ダライ・ラマは次のように述べている。

怒りがより低いまたは穏やかなレベルにあるときにこれらのことを行うのはより容易であるから、怒りや憎悪といった感情がエスカレートする前に早期の調停を実践することは、重要な要素となりうるのである。

（Dalai Lama XIV & Howard, 1988／邦訳 p.272）

彼がいうところの「これらのこと」とは、怒りに「積極的に挑戦し、論理的に分析し、怒りのきっかけとなる考え方を再評価する」（Dalai Lama XIV & Howard, 1988／邦訳 p.272）ことである。言い換えれば、突然発生した怒りの感情を言語化して理解することである。そのためには、ふだんから怒りの発生を未然に防ぐことと、怒りが発生したときの対処方法について考え、準備しておくことが大切である。では、具体的対処法とは何か、次に考えてみよう。

1　怒りの発生を防ぐ（check）

（1）まず、自分の怒りの傾向を理解する

A　ツイカット・メモのお勧め

怒りの発生と行動化は多くの場合、客観性を欠いた無意識的状況で発生し、行動化に至る。わがままを言って駄々をこねる幼児を前に腕を組みながら、「いつまでもそんなこと言っているとママ怒るからね！」と怒鳴っている母親を考えればうなずけるだろう。一枚上手の子どもから、「ママもう怒ってるよ」と突込みが入ると、「怒ってなんかいない！」と母親の怒りはさらにエスカレートしていくわけである。

まず自分自身のアセスメント。自分の怒りに関する特徴を把握しておくことである。そのための方法として、「ツイカット・メモ」をお勧めする。これは文字どおり、つい、カッとしたことがあったら、それを書

き留めておくのである。あまり細かく記入せず、最低限以下の3項目くらいにしておくのが、長く続けるコツである。

(1) いつ
(2) 誰に（何に）対してカッとしたか
(3) カッとした理由は何か

ちなみに、著者はいつも日記帳を持ち歩いているが、そのノートの最後のページが、ツイカット・メモになっている。図3は著者のツイカット・メモの一部である。このくらいの分量であればそれほど面倒ではない。ただ忘れないうちに書くことがポイントである。内容が深刻で重大な失敗をしてしまったとか、2、3日怒りを引きずるような重症事例の場合は、日記の本文として詳細に記載することにしている。

ツイカット・メモは、書くだけではなく、定期的に読み直してみることが大切である。すると、自分がどのようなときに、どのよう

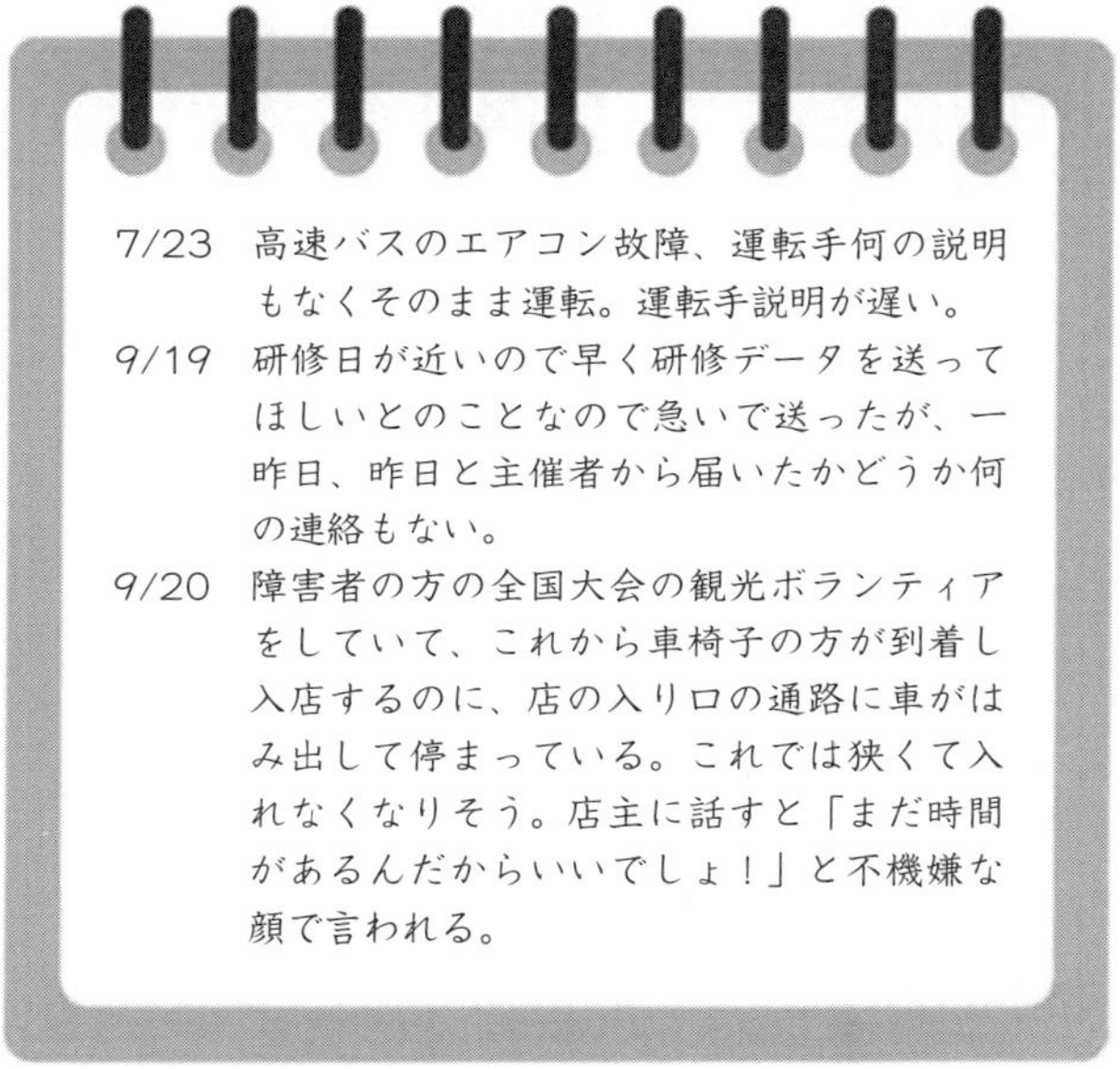
7/23　高速バスのエアコン故障、運転手何の説明もなくそのまま運転。運転手説明が遅い。
9/19　研修日が近いので早く研修データを送ってほしいとのことなので急いで送ったが、一昨日、昨日と主催者から届いたかどうか何の連絡もない。
9/20　障害者の方の全国大会の観光ボランティアをしていて、これから車椅子の方が到着し入店するのに、店の入り口の通路に車がはみ出して停まっている。これでは狭くて入れなくなりそう。店主に話すと「まだ時間があるんだからいいでしょ！」と不機嫌な顔で言われる。

図3　著者のツイカット・メモの一部

な原因で、どのような人や物に対して怒りを感じやすいのかといった、「怒りのトリガー（引き金）」や「怒りの対象」がわかってくる。著者の場合は、どうも理不尽な出来事に対しての義憤が多いようで、対象は、初めて会った人であり、自分が立場的に言いたいことを言える立場の人に対してのようでもある。「なるほど、まだまだ自己愛が克服できていないな」「案外、意地の悪いところがあるのかもしれないな」と反省するのである。また、いずれも〝カット〟というレベルではなく、〝ムット〟のレベルに落ち着いてきているようで、言い返したり反論したりはしないでやり過ごすことはできている。今思えば、いずれもやり過ごしてよかったと胸をなで下ろすのである（最近ではもっぱら「ツイムット・メモ」に切り替えている）。

以前、レコーディング・ダイエットなるダイエット法が流行ったが、これはふだんから食べるものすべてのカロリー数を記録していく方法である。つまり、怒りに関しても、無意識のうちに発生し行動化してしまっている怒りの感情を認知するところから始めるわけである。無意識に行ってしまう自動化した行動を、意識化するのである。

上級編としてはさらに、怒りを抑え、不適切な行動化を抑えることに成功した場合、なぜ抑えられたのかを記録しておくことも大切なポイントである。成功体験を積み重ねていくことで、「自分も怒りを抑えることができるんだ」「怒りに翻弄されずに次の仕事に移れるんだ」「利用者に八つ当たりしなくてもいられるんだ」といった新たな自己イメージを作ることができ、自信を持つことができる、いわゆる「自己効力感（セルフ・エフィカシー）」の獲得につながるのである（坂野 1995）。

援助者が自分の行動を客観的に観察し、記録し、評価する「セルフモニタリング（自己監視法）」（坂野 1995）によって自分の怒り感情の特性と傾向がわかったら、次に怒りを抑える言葉を自分自身に語りかける「自己教示法」を試みてみよう（祐宗ら 1984）。たとえば「こんなときほど落ち着いて」「冷静に笑顔で」「深呼吸、深呼吸」「小学4年生が駄々をこねていると思えばいい」「腹を立ててもつまらん」「恐れるに足らず」

「復讐するは我（神）にあり（復讐は人間がすることではない、神に任せよ、の意味）」「北に喧嘩や訴訟があれば、つまらないから止めろと言い」（宮沢賢治）などである。これらの言葉が、心に自動的に現れるようになればしめたものである（祐宗ら 1984）。利用者に対したときの自己教示のための言葉は、次節で詳しく述べる。

B　交流分析のお薦め

交流分析（Transactional Analysis：以降ＴＡ）はアメリカの精神科医エリック・バーン（Berne, 1964）によってつくられた人間理解の一方法で、比較的シンプルでわかりやすいツールである。バーンは、人には五つのパーソナリティが存在すると考える。しかし、人によって、相手によって、場面によって、個人の五つのパーソナリティのうちのどれかが前面に現れたり、逆に影を潜めたりする。自分は今どのパーソナリティが強めなのか、相手はどのパーソナリティが強く出ているのかを分析するのである。

まずは自分自身を知るために、エゴグラムというツールを使ってみよう（図４）。エゴグラムの横軸に描かれている記号の意味は、次のとおりである。

（１）ＣＰ（厳格な父親：Controlling Parent）――規則や良心に忠実で、子どもが間違ったことをすれば叱責し、鞭で叩いても矯正しようとする厳しい父親。

（２）ＮＰ（やさしい母親：Nurturing Parent）――子どもを慈しみ保護し、甘えを受容し共感し、子どもがどんなことをしても最後には許してくれる母親。

（３）Ａ（賢い大人：Adult）――現実的かつ合理的に生きていく術に長けており、ユーモアがあり、感情に流されることはなく、ストレス対処能力も高い。

（４）ＦＣ（自由奔放な子ども：Free Child）――本能的欲求に忠実で、かつ好奇心旺盛。楽観的で我がままな半面、純粋な良心を持っている。

（5） ＡＣ（順応した子ども：Adapted Child）――両親や周囲の人の愛情を失わないように、自分の欲求や不平不満は表に出さず、迷惑をかけない良い子になろうとする。

厳密に考えれば、たとえば利用者と接しているとき、親と接しているとき、自分の子どもと接しているときで若干の違いは出るが、エゴグラムはあまり深く考えずに直感的に描いたほうがよい。

図４は和夫さん（仮名：男性）のエゴグラムの例である。和夫さんの場合はＣＰ（厳格な父親）が強く、ＦＣ（自由奔放な子ども）が弱い。ＡＣ（順応した子ども）が強い傾向もあり、和夫さん自身が厳しい親からしつけられて育ってきており、常に親の目を気にしながら育ってきた生育歴が、現在の和夫さんに反映されているのかもしれない。そのことを和夫さん自身が気づくことが大切なのである。

自らの自我状態に気づいたら、次に取り組んでほしいのは五つのパーソナリティの「エネルギーの配分」（池見 2001, p.35）を意識的に変えてみることである。Ａさんの場合は単にＣＰを下げてみるだけではなく、ＮＰの強化を同時に図るのが望ましい。また、ＦＣを意識的に強化することで、ＡＣは自ずと下がるであろう。

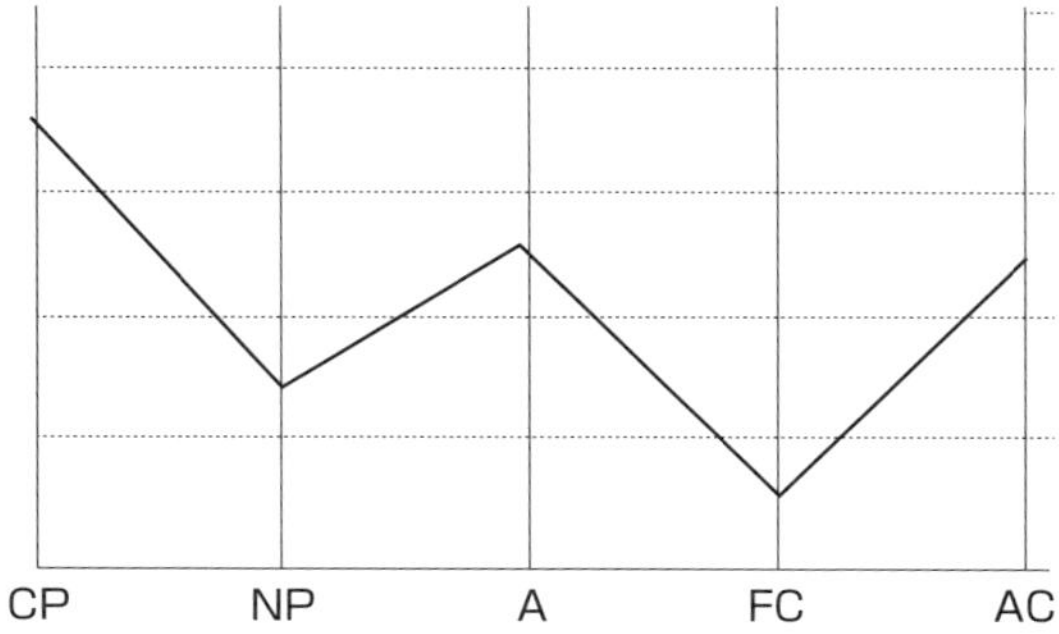

図４　和夫さん（仮名：男性）のエゴグラム

さて、問題は、エネルギー配分の調整を本人が望むかどうかである。「いや、今のままが私らしくてよい」「別に他人に迷惑をかけているわけでもない」と、本人が特に生きずらさを感じず受けとめているならそのままでも結構である。しかし、たとえばＣＰが日常的に強く出てしまい、口を開けば利用者に「自分も厳しく育てられたのだから」と怒鳴ってばかりいる援助者であったらどうであろう。やはり、修正しておいたほうがお互いのためである。自己変革とは自己愛との闘いであり、かつ忍耐のいる作業なのである。

さて、次にＴＡは、自分と他者の交流を、第三者の目から客観的に分析する。

たとえば、和夫さん（援助者）と軽度の知的障害のある宏くん（12歳、利用者）のストローク（やりとり）を見てみよう（図５）。和夫さんは、宏くんが和夫さんの目の前で他の子どもをいじめたり、和夫さんが注意をすると暴言を吐いて反抗することが頻繁で、そのたびに「その態度は何だ！」「行動を改めなければ他の施設に行ってもらうぞ！」と怒鳴ってしまう。

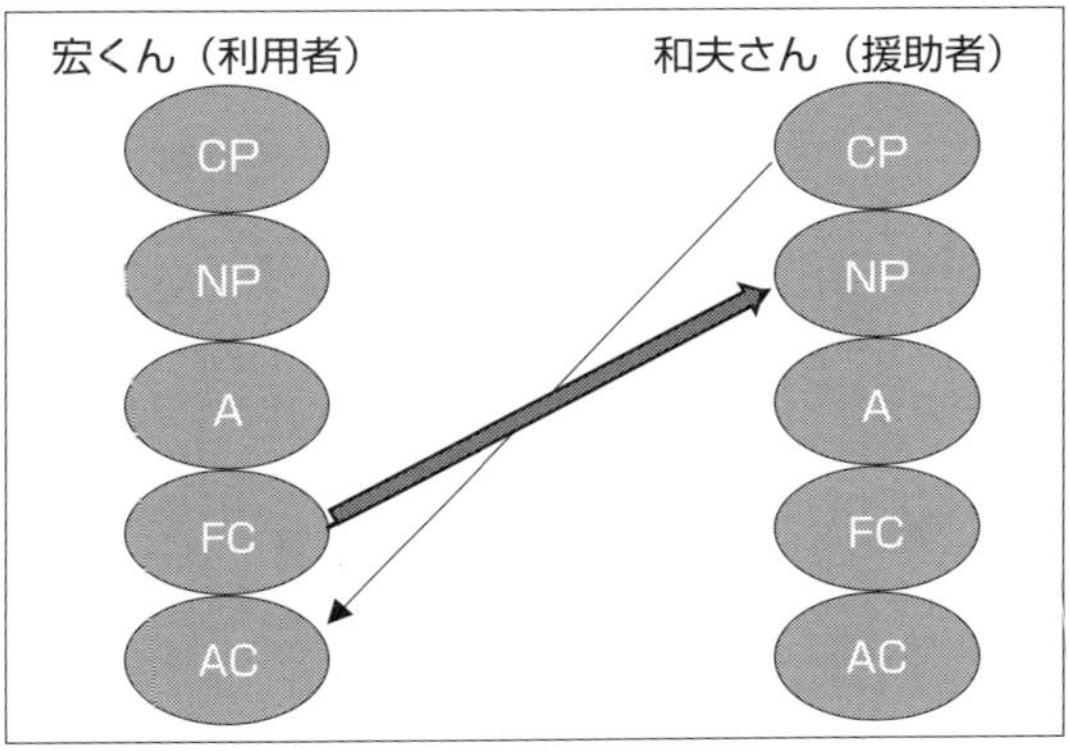

図５　和夫さん（援助者）と宏くん（利用者）のストローク

まず、宏くんは、どの部分から和夫さんのどの部分にストロークを投げているのだろうか。それに対して、和夫さんはどの部分で受けとめ、どの部分から宏君のどの部分にストロークを返しているだろうか。

著者が考えるに、図５のように、宏くんはＦＣ（じつは自分を見てほしい、愛してほしいという感情）から、和夫さんのＮＰ（自分の気持ちを受けとめて愛してくれる）の部分に投げているのではないかと思えるのだ。しかし、そのことに気づいていない和夫さんは、宏くんのわがままで乱暴なところを直さなければならない、そして宏くんは自分の指示に従うべきだ、とＣＰから宏くんのＡＣにストロークを投げている。このようなストロークは、図５の矢印のように交差して

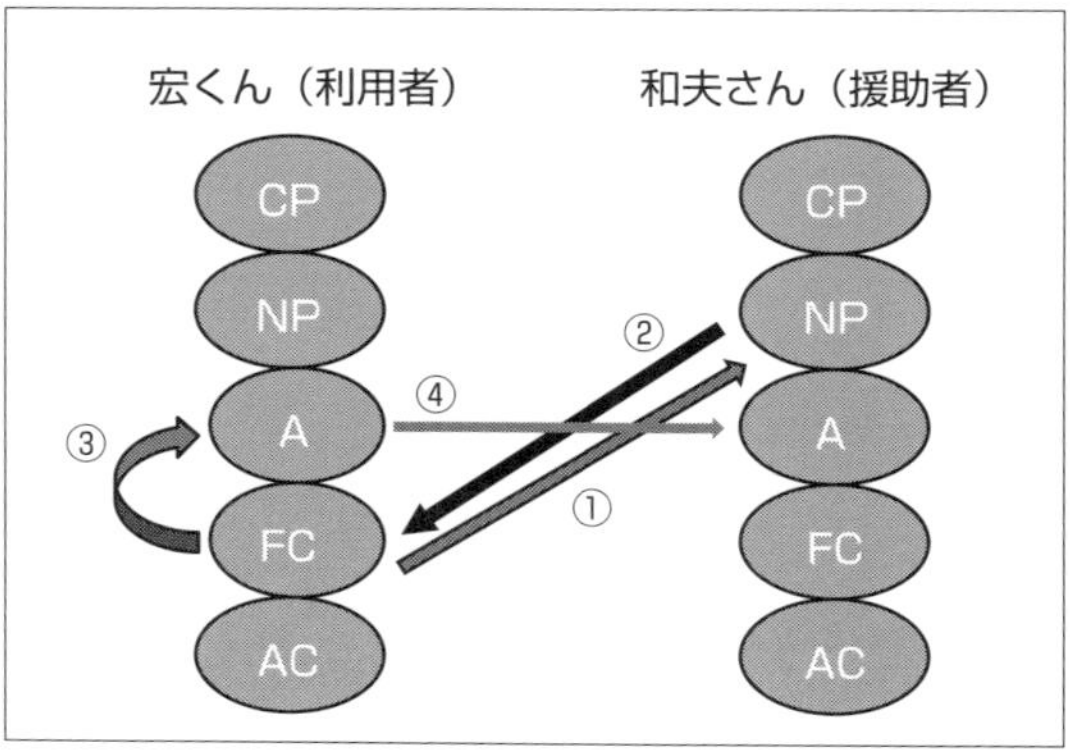

図６　宏くんの成長と適切なストローク

おり、会話はかみ合わない。お互いの怒りが募るばかりである。

では、どうしたらよいか。まずは援助者の和夫さんから、意識的に宏くんからのストロークに自分のストロークを重ねて投げ返してみることだ（和夫さんはＮＰから宏くんのＦＣへストロークを投げる）。宏くんからの愛情を求める思いを理解し、受けとめる、具体的には、宏くんの気持ちをいったん受けとめ、宏くんの話に耳を傾けるということである。和夫さんが冷静に、宏くんの言動が、宏くんのＦＣから自分のＮＰに投げられていることに気づけば、ひとまず自分の怒りを静めることに成功するだろう。客観的に自らの感情をとらえること（認知）は、怒りへの鎮静剤となる（図６）。

基本は、まず援助者が利用者のストロークに一致させることから始める。この「一致したストローク」を中心に行うことで（もちろん、援助者が伝えたいメッセージは伝えることも同時に行う）、やがて宏くんの自我はＡへと成長し、自ずとＡからも和夫さんのＣＰ、ＮＰ、Ａいずれかにも適切にストロークを投げることができるようになるだろう。成長とは交流が豊かになるということでもある。

(2) 見通しを立てる（腹を決めて関わる）

怒りを爆発させる3種類のガソリンは、「突然」「恐怖」「孤独」である。

利用者が突発的にパニックになる。しかも、他の利用者対応で忙しいとき、あるいは長い勤務を終えて帰ろうとしたときに起きると、「なんでこんなときに」と怒りが湧いてくる。熱心で優しく、利用者に信頼されている援助者ほど、この十字架を背負うことになる。他の利用者に嫉妬したり、暴れて援助者を引き止めておこうとしたりする彼らの気持ちは、わからないでもない。しかし、やがて援助者は疲れてしまい、自己防衛手段として関わらないよう距離を取るようになるか、「いい加減にしろ！」「甘えるな！」と怒鳴ってしまい、利用者は「この人も自分を見捨てた」との絶望感を重ねることになる。援助者にとっては厳しい踏み絵である。

「いったいいつまでこの状態が続くのか」「さらに悪くなるかも」。援助者は恐怖の嵐に巻き込まれ、ときには理性を失ってしまうこともある。どうしたら援助者自身のパニックから逃れられるのか。

利用者がパニックを起こしたら、「よし、1時間この人と関わろう」と腹を決めることで、怒りが静まることがある。1時間という枠を自分のなかで構造化し、見通しを立てるのである。そのためには、利用者がおよそどのくらいの時間で落ち着くのかを、アセスメントしておく必要がある（認知）。

たとえば1時間、じっくりと利用者の話を傾聴する、一緒に散歩をする、キャッチボールをする、マッサージ（行為）をするうちに、利用者のほうから「○○さん、もう帰ってもいいよ」と言ってくれることもある。一度受けとめてしまうと際限なく要求されるし、キリがなくなるといった援助者側の不安はよく耳にする。だから最初から関わらないほうがよいのだ、と。確かに利用者や子どもが良い方向に変容する前には、課題行動の頻度が上昇したり、行動が強化されたりすることがある。つまり、好転する前の兆しとしての悪化「反応率や反応強度の強化」（Alberto & Troutman, 1999／邦訳 p.225）が、程度の差はあれ、必ずといってよいほど現れると考えたほうがよい。怒りの根底には、予測のつかないことに対する不安がある。知的に現象を理解し（認知）、見通しを立てることで、怒り（感情）を静めることができる。この時期を、利用者と援助者がともに乗り越えられるかどうかが勝負である。

「自分一人しかいない」「誰も助けに来てくれない」といった状況では、特に女性援助者であれば、パニックに陥ってもおかしくないほどの恐怖を感じるだろう。あらかじめ緊急避難的状況が起こることがわかっていれば、その時間は職員を多く配置する、定期的に男性援助者が巡回する、インカムを携帯しすぐに他の職員を集められる手段を講じる、などの工夫が必要である。

(3) モデルとなる人を思い浮かべる(対応の理想モデル)

「こんなひどい言い方をされたとき、あの人ならなんて言うだろう」「こんな理不尽なことをされたら、あの人ならどうするだろう」「こんなとき、あの人だったらどんな表情をするだろう」「あの人が関わると、どうして利用者さん落ち着くのだろう」「あの人のような関わり方をしたい」。

怒りの感情が湧いてきたとき、自分のなかにモデルとなる人がいると、それが怒りの抑制に役立つ。方法としてもシンプルである。その人の真似をすればよいのだから。そのような行動の指針となる内在化されたモデルを、「対応の理想モデル」と呼ぶことにする。

まず、他人の姿に触れることで、自分のなかにその人物を情報として取り入れる(代理経験)、次はその人物のように実際に行動してみること(直接経験)を通して、自分の特性として内在化されるのである(祐宗ら 1984)。

著者は研修の際には、映画のＤＶＤの一部を観ていただく。それは、たとえば『学校Ⅱ』の青山竜平先生であったり、『レナードの朝』のセイヤー、『グッド・ウィル・ハンティング』のショーン、『ガンジー』であったり、ドキュメンタリー映画『マザー・テレサ』のマザーやシスターの姿だったりする。モデルは何も身近に実在する人とは限らない。映画やテレビドラマ、小説、マンガの登場人物であったり、歴史上の人物であってもかまわない(シンボリック・モデリング)(祐宗ら 1984)。対応の理想モデルは、そのときの表情、言葉、態度といった切り取ったその場面だけのモデルとしてではなく、広い意味ではその人物の生き方、考え方も模倣することにつながる。その人物の内面を理解して、はじめてその表情や言葉、態度が理解できるのである。

(4)「非合理な思い込み」に支配されていないかを考える

「非合理な思い込み（irrational belief）」（以下、「思い込み」）とは、役に立たない、事実に基づかない、根拠のない思い込みのことである（Edelstein & Steele 1997）。

「思い込み」は日常のなかでほとんどの場合、理性による検閲を素通りし、私たちの行動を支配する。たとえば以下のような「思い込み」が頭に浮かぶことはないだろうか。

・「食事は6時30分までに30分間で終わらせなければならない」→「終わらなかったら先輩に叱られる」→「恐い」
・「利用者を枠にはめて指示通りに動かせなければならない」→「できなかったら一人前の援助者ではないと言われる」→「悔しい」
・「甘やかしているだけの援助者は子どもを悪くする」→「無能な援助者と言われる」→「恥ずかしい」
・「〇〇さんは糖分を控えなければいけないので（またはルールを守らなかったので）、コーヒーを飲ませてはいけない」→「少しくらいよいのではないか。かわいそうだ」→「利用者の代弁ができない自分が情けない」

これらの思い込みは矢印が示すように否定的な感情を喚起する。この感情が心身を蝕むのである。また、これらの「思い込み」の多くは、もしかしたら先輩から指導されてきたことや、その施設での伝統・慣習になっているものかもしれない。これらの「思い込み」に縛られ、援助者は内心矛盾を感じながらも追い込まれ、「思い込み」に従わない利用者に対して怒りが発生する。その背後にあるのは「恐い」「悔しい」「恥ずかしい」「情けない」といった感情である。これらの感情が怒りの引き金となるのである。

そこで提案である。ちょっと立ち止まって考えてみてほしい。上記の「思い込み」とはいつ、誰が、何のために決めたことなのか。そして最も大切なことであるが、利用者にとっての利益は何か、利用者を幸福にし、その人生を豊かにするものなのか。多くの場合は援助者の利益のための「思い込み」であることに、気づくことが少なくない。「合理的な思い込み（rational belief）」とは、利用者のために役に立つ思い込みのことである。

また別の例を挙げよう。利用者のパニック、自傷、暴力等の激しい行動障害を目の当たりにしたとしよう。そのとき私たちの頭には、どのような「思い込み」が浮かぶだろうか。「まったく困ったもんだ」「前より悪くなった」「悪いことだとわからせるには罰を与えなければ」。これらは援助者個人の内面に刻印された「思い込み」である場合もあるし、施設が持つ「思い込み」である場合もあろう。

しかし、ある児童養護施設の施設長Ｆ氏は次のように考えるという。

「これは回復への第一歩だ。課題行動は子どもが立ち直り、回復していくために通らなければならないプロセスで必ず現れるもの。今までの強いか弱いかがすべてだったパターン化した人間関係が、すべてではないことに気づくきっかけとなるもの。どうしようもない自分を受けとめてくれる大人がいることに気づき、今まで結べなかった人間関係を結ぶチャンスだ」

今までの「思い込み」をいったん土俵に上げ、チェックしてみてはどうだろうか。たとえば、先に挙げた「思い込み」については、以下のようになる。

・「まったく困ったもんだ」→「きっと何かを伝えたいんだ」

・「前より悪くなった」→「良くなる前ぶれかも」

・「悪いことだとわからせるには罰を与えなければ」→「まずは気持ちを聴いてみよう」

援助者は頭ではわかっていても、いざとなると行動に移せないことがある。ふだんは子どもの自己決定の尊重を説きながら、いざ目の前で子どもがわがままを言うと、「反省するまで食事抜き」などと言ってしまう。これを著者は「援助の退行」と呼んでいる。過去に刷り込まれた価値観や方法が無意識に顔を出してしまい、行動化させてしまうのである。それを防ぐには、事例検討会やロールプレイを通した、チェックのためのトレーニングが有効である。

(5) 相手の肯定的部分について考える

個別支援計画を拝見すると、多くは利用者の問題行動についての記述とそれへの指導法が目立ち、評価できる行為や特技等の記述と、それらをいかに伸ばしていくか、その支援法についての記述を探すのに苦労する。保育者を目指す学生の指導案を見ても、子どもの予想される問題行動とそれへの対応についての記述はあるが、子どもの評価できる行動の予測と、たとえば子どもを褒めるなどの働きかけが書かれていないことが多い。どうも援助者や先生と呼ばれる者は、人の良い点を見つけ褒めるという行為は、かなり意識的に行わなければできないものらしい。

天使と悪魔が無数に描かれた、マウリッツ・エシャーのだまし絵を見たことはあるだろうか。おもしろいことに、最初に黒い悪魔を見つけると隣の白い天使が見えない。同様に、最初に白い天使を見つけると、隣の黒い悪魔は見えなくなる。天使と悪魔を同時に見るためには、かなり意識的に見ようと思って見なければ見えない。私たちの他人に対する評価もこれに似ている。特に多少なりとも苦手な相手、生理的嫌悪を感じる相手に対しては、相手を肯定する部分がわかってはいても肯定すること自体に嫌悪を覚える。相手が上司や同僚であれば、ある程度距離を取り、必要以上に関わらないことでなんとか日常をやり過ごすこともできるだろうが、相手が利用者であればそうもいかない。

そこで、著者が提案するのは「チョットイイ・メモ」である。利用者の良いなと思う部分に気づいたら、メモしておくのである。先入観に支配されていると、見えていても見えず、気づかない。あるいはそのときは気づいていてもほとんど忘れてしまうので、忘れないためにメモしておくのである。前に取り上げた「ツイカット・メモ」同様に定期的に読み返してみると、利用者の今まで気づかなかった良い点、評価できる点、特技に気づくことがある。その積み重ねが少しずつ利用者に対する援助者の認知を変えてくれる。加えていえば、気づいたチョットイイ部分を相手に言葉で伝えると良いだろう。相手に対する認知の変化が、怒りの発生にブレーキをかけてくれる。

(6) 相手の言動の裏に隠れているものを考える

利用者の生育歴について知ることで、利用者に対する認知が変わることがある。著者が知的障害者支援施設の援助者だったとき、軽度の知的障害だったが粗暴で、自分をヒトラーになぞらえ「人類皆殺し」など物騒な暴言を連発していた利用者がいた。著者も何回か、いきなり襟首をつかまれ蹴られたこともあった。事例検討会を通して、彼が中学時代に排泄物を食べさせられるなどの壮絶ないじめを受けていたことがわかった。そのことを考えれば、彼の他者に対する憎悪と暴力の意味が理解できる。「彼が荒れるのも無理はない」

と。彼への認知が変わることで、少なくとも彼の暴力や暴言だけをとらえて責めるという気持ちはなくなった。事例検討によって援助者集団の認知自体も変わり、同時に彼に対する対応も、まず彼の話を傾聴することに時間をかけるようになり、やがて彼は自ら発起人となり野球チームを結成し、生き生きと活躍する姿を見せてくれるまでに変わったのである。

怒りのマネジメントという点からも、著者は事例検討会をお勧めしている。相手の言動の裏にあるものを考えろと言われても、その時間も場所もないのが現実かもしれない。だから事例検討会の時間を利用するのである。利用者の生育歴はいかなるものであったか、家族との関係はどうであったか、心的外傷体験の有無など、事例検討会の資料作成と検討会自体を通して整理・理解していく。事例検討会については前著『施設内虐待』『虐待のない支援』に詳しいのでそちらをご覧いただきたいが、加えて6W1Hの視点で考えてみることを提案したい。援助者に怒りの感情を喚起させる利用者の言動を、①who（誰が）、②when（いつ）、③where（どこで）、④what（何を）、⑤whom（誰に対して）、⑥why（なぜ）、⑦how（どのように）行ったか、といった6W1Hの視点から考えてみるのである。

特に⑤whom、⑥whyが重要である。利用者の言動が誰に向けられたものか、感情をぶつけられた援助者が利用者の感情を丁寧に受けとめ、冷静に問いかけてみる。「すごく腹が立っているんだね。何かあったの？」ただし、そう簡単に利用者の気持ちはわかりはしない、そう自分に言い聞かせる謙虚さも忘れてはならない。いたずらな解釈はその場では無用である。大切なことは、利用者が苦しんでいること、辛いと感じていること、悲しいと感じていることなど、その感情を理解することである。

（7）自分の何が刺激されたのかを振り返る

あなたが、もし目の前の利用者の怒りに巻き込まれて感情的に対応してしまったとしたら、自分の何が刺激されたのかを振り返ってみよう。この場合はツイカット・メモではなく、時間をかけてノート1、2ページにまとめて整理してみるとよい。話を聞いてくれる信頼できるスーパーバイザーや親友がいたら、なおよいだろう。

あなたは次のようなことに気づくかもしれない。「自分は親から厳しく叩かれて育てられた。だから甘やかすのは良くない」「みんなが自分をバカにする。この人も自分をバカにするのか」「どうせ誰も（他の援助者や上司）自分を助けてはくれない。今までもそうだったように」「なんで自分のときだけ暴れるんだ」「また（自分は）前と同じように失敗するに違いない。」いずれも先に述べた「思い込み」に縛られている状態である。なぜその「思い込み」を持つに至ったのかまで振り返ってみるのである。「思い込み」に論理性や根拠がないことを実証するか、あるいは多少とも根拠が見出せた場合は、今からでも自分自身を変えていく工夫を試みてみることである。

（8）自分は他者を裁くことができるか考える

セネカは次のように述べている。

われわれは、みずからを振り返って自分自身に考察を向ければ、ずっと穏健になれるだろう。「はたしてわれわれ自身も、何かこうしたことを犯しはしなかったか。こんなふうに間違わなかったか。そんなことを罰して、われわれのためになるのか。

（Seneca／邦訳 2008, pp.173–174）。

イエスも、姦淫の罪を犯した女を律法に従って石で打ち殺そうとする群集に向かって、こう語りかける。

あなたたちの中で罪を犯したことのない者が、まず、この女に石を投げなさい。（日本聖書協会 1987）

怒りは、他者が故意に不当なことを行っていることに対して発生する（湯川 2008, p.8）。たとえば、バスや電車の中で携帯電話で大声で話し続ける他者や、並んでいる列に横から割り込む他者に対して怒りが発生するのは当然だろう。では、はたして自分はまったく潔癖かと振り返ると、多くの場合どこかで同じようなことをやっているものである。

著者が２０１３年にインタビューをさせていただいた、元障害者施設施設長の真一さんのトランスクリプトの一部を紹介したい。彼のトランスクリプトは本書第２章第１節でも紹介したが、真一さんは現在、刑務所で非常勤のソーシャルワーカーとして働いている。

《場面42》　元障害者支援施設施設長の真一さん（60代男性、キャリア38年）

真一さん　ここ（刑務所）に入っている人たちがそれまでの人生で味わってきた苦しさを思えば、酒やギャンブルに溺れたって当たり前でしょ。その人が持っている矛盾、寂しさ、苦しさを体験したら、私たちって、自分も含めて、法に触れないでいられる人ばかりじゃないですよね。利用者さんも同じだと思います。いきなり家族と離れて施設に来て不適応を起こすのは、当たり前だと思うんです。

暴れている利用者の背景にある苦しさや痛み、憎しみを感じ取ることができる真一さんだからこそ、子ども他傷行為に隠された感情を受けとめることができたのだろう。

（9）追い込まれによるものかを考える（他律によるものか）

たとえば、無断外出をして深夜に帰園した高校生。担当指導員に園長から次のような命令が出された。「今日はしっかり反省させて、担当の保育者に謝罪させるまでホームに戻してはいけない」。子どもは「悪いのは職員だ。俺たちの話を聴こうともしない」と反発し、謝罪を拒否。やがて、心身ともに疲弊した指導員は声を荒げて、「いい加減にしろ！　そんな態度ならもうここ（施設）にはいられないぞ！」と怒鳴ってしまう。子どもはさらに興奮し、手当たり次第に周りにあるものを投げ始める。この事例の場合、担当指導員は園長の命令に従わなければならないと思い込んでしまう真面目さゆえに、自分を追い込み、その結果、激昂し、脅迫めいたことまで口走ってしまった。

集団内の勢力への「服従」、いわゆる「他律型虐待」（市川 2000）である。担当指導員が、本心では「謝罪させればよいというものではない。あせらず子どもの本音を聴いてあげたい」との思いを抱いていたとしたらどうであろうか。担当指導員の葛藤はさらに深刻なものになるであろう。ミルグラムが「個人が自分自身を他人の要望を遂行する代理人とみなしている状態」（代理状態）（Milgram, 1974／邦訳 p.179）と定義した状態である。しかし「服従」は、内に「不服従」と「抵抗」の可能性を秘めている。自らの判断で「今日はもう疲れただろう。今日はもう寝て明日また話そう」ということもできる。これは園長の命令に対する「不服従」である。しかし、今、目の前の子どもにとっての利益は何かを考えた場合、まずは睡眠時間をとって休むことと判断すれば、子どもをホームに戻し寝かせることは至極当然の判断である。

園長の判断が適切なのか、施設に慣習としてあるルールが適切なのか、そのことを一度土俵に上げて組織として考えることは大切である。根拠のない思い込みや命令によって縛られ追い詰められ、その結果、援助者と利用者、子どもの関係が悪化するとしたら本末転倒である。援助者には、その場で、利用者にとって最も適切と思われる方法を考え実施する自律性と柔軟性がなければならない。

2　怒りを虐待として行動化させないために、怒りが発生した初期に行う応急処置（control）

(1) 平静であること

「怒ること」と「毅然とした態度」は違う。「絶対に怒りを表してはいけない」「感情的になってはいけない」と思い込むことも、非合理な思い込みなのかもしれない。感情を抑えきれなくなり、声を荒らげてしまうこともあるだろう。しかし、感情的に相手を攻撃して、良いことは何ひとつない。ましてや、一度会った人で今後会う可能性もほとんどない人ならまだしも、これから同じ職場で働かなければならない同僚や上司、利用者であればなおさらである。

しかし、こちらが相手に伝えなければならないメッセージや主張があるなら、それは伝えなければならない。こちらが真剣であるという意気込みも伝えたいときがある。そのときの絶対条件は、「平静であること」である。本当の強さとは、自分自身の感情を抑えることができる強さである。相手の目をしっかり見て、言葉少なく落ち着いて、ゆっくり伝えるべきことを伝える「毅然とした態度」。怒りの感情に翻弄されていると話し声は大きく速くなり、相手に迫害感情を与え、言わなくてもよいことまで発してしまい、後で後悔することになる。怒りには相手に対する憎しみが含まれている。感情的な反応を受けて迫害されたと感じた相手は、そのときはショックと恐怖でおとなしくなるかもしれない。しかし、時間とともに攻撃された相手に対する憎しみは増大し、扁桃体に天敵として刻印される。

では、「平静」であるためにはどうしたらよいか。その具体的方法について考えてみよう。

（2）呼吸を整える

２０１３～１４年にかけて、１０２名の障害者施設（主に知的障害者が利用する施設）援助者を対象に行った、記述式質問紙によるアンケート調査の結果を整理したものが、表10、11、12である。

表10　怒りを感じたときにとる言動（2013～14年）

No.	言　動	人数（総計102人）
1	怒鳴る	35
2	強い制止・拒否	9
3	宣告・脅迫	5
4	強めに注意	4
5	怒りを感じない	4
6	無反応	3
7	きつく当たる（語気が強くなる）	3
8	ぞんざいな対応	2
9	物に当たる	2
10	交換条件を出す	2
11	力ずくで対抗	1
12	無視	1
13	声かけ	1
14	粗暴な対応	1
15	冷ややかな対応	1
16	我慢する	1
17	嫌味な言い方	1
18	説教する	1
19	利用者と同じことをやる（痛みをわからせるため）	1
20	にらみつける	1

表11　怒りを感じたときの身体的変化（2013〜14年）

No.	身体的変化	人　数（総計102人）
1	眉間に力が入る	17
2	鼓動が激しくなる	15
3	肩・首に力が入る	9
4	目に力が入る（目を見開く）	8
5	顔が熱くなる	8
6	頭に血が上る感じ	7
7	体が熱くなる	7
8	特に感じない	7
9	声が大きくなる	6
10	手に力が入る（こぶしを握る）	6
11	呼吸が苦しくなる	5
12	全身に力が入る	5
13	手足が震える	4
14	多弁・早口になる	4
15	胃が重くなる（シクシク、ムカムカ）	3
16	スムーズに言葉を発することができない	3
17	表情が険しくなる	3
18	ため息をつく	2
19	口元に力が入る	2
20	顎に力が入る	2
21	歯をくいしばる	2
22	無表情になる	2
23	固まる（動きが止まる）	2
24	体が震える	1

表11　つづき

No.	身体的変化	人　数（総計102人）
25	落ち着かない（多動感）	1
26	汗をかく	1
27	視界が狭くなる（目の前しか見えない）	1
28	大声を出したくなる	1
29	逃げ出したくなる	1
30	上唇が出る	1
31	顔が白くなる	1
32	声が震える	1
33	血の気が引く	1
34	頭痛	1
35	唇をかみしめる	1
36	イライラする	1
37	思考がスムーズでなくなる	1

表12　実行している怒り対策（2013〜14年）

No.	対策法の分類	対策法	人数（総計102人）
1	即時的対策	深呼吸をする	21
2		その場を離れる	10
3		叫ぶ	5
4		相手との距離を取る	4
5		笑う	2
6		泣く	2
7		屋外に出る	2
8		一人になる	2
9		自分の行動が誰かに見られていると想像する	2
10		わざとふざける、おもしろいことを言う	2
11		笑顔をつくる	2
12		ため息をつく	1
13		数字をゆっくり数える	1
14		相手の頭に花＋ほっぺに◎マークをイメージする	1
15		自問自答を繰り返す	1
16		何も考えない	1
17		一度周りを見渡す	1
18		数字を10まで数える	1
19		奥歯、腹に力を入れる	1
20		意識して声のトーンを下げる	1
21		一歩引いて考える	1
22		感情をすべて切断する	1
23		時間を置き数秒目を閉じる	1
24		意識して穏やかに話す	1

表12 つづき1

No.	対策法の分類	対 策 法	人 数 (総計102人)
25	即時的対策	意識して小さな声で話す	1
26		"○○さん"と、さんづけで声がけする	1
27		訴えられたら面倒、と想像する	1
28		解雇されたら生活に困る、と想像	1
29		他の人を呼ぶ	1
30		テレビドラマのようなインチキ方言を使う	1
31		思考を止める	1
32		怒りを受けとめる	1
33	時間を置いてからの対策	他人に話す	17
34		寝る	4
35		喫煙する	3
36		体を動かす、運動する	3
37		あとで好きなことをする	2
38		一呼吸置く、休憩	2
39		音楽を聞く	2
40		好きな歌を歌う	2
41		悩み事を抱え込まない	2
42		一人になって考える	1
43		入浴する	1
44		甘いものを食べる	1
45		お金を使う	1
46		部屋のそうじをする	1
47		口笛を吹く	1
48		お酒を飲む	1
49		とりあえず別の仕事をする	1

表12　つづき2

No.	対策法の分類	対策法	人数（総計102人）
50	時間を置いてからの対策	怒りの対象となる利用者には関わらない	1
51		家族といさかいを起こさない	1
52		生活の安定を保つ	1
53	認知に働きかける対策	あきらめる、しょうがないと考える	5
54		相手の状態や心理を考える	5
55		自分の怒りについて考える	3
56		“たいしたことない”と自分に言い聞かす	2
57		楽しいこと、休日にしたいことを考える	2
58		相手の人格を認め、こちらの思いとおりには行かないことにいらだたない	1
59		一番最悪のことを想像し、それより良ければ良しとする	1
60		怒らないと決めている	1
61		深く考えない	1
62		あとであのとき衝動にかられて行動しなくてよかったと考える	1
63		プラス思考で考える	1
64		相手を思いやる気持ちでいる	1
65		スタッフの問題であることを指摘する（その場合が少なくないから）	1
66		自分の弱さを知っておく	1
67		多面的に物事をとらえる	1
68		相手の障害特性を考え相手を受け入れてみる	1
69		怒っても自分にとって良いことはないと自分に言い聞かせる	1
70	特にない	特にない	2

表11を見てほしい。「あなたは怒りを感じたときにどのような身体的変化を感じますか」の問いに対して、「眉間に力が入る：17人」「鼓動が激しくなる：15人」「肩・首に力が入る：9人」「目に力が入る（目を見開く）：8人」「頭に血が上る感じ：7人」「体が熱くなる：7人」など、まさに第1章第1節で紹介した「闘争-逃走反応」と思われる兆候が見られる。

次に表12を見てほしい。「あなたにとって怒りを静めるのに効果があると思われる方法はありますか」の問いに最も多かった答えは、「深呼吸をする：21人」であった。「闘争-逃走反応」に対処するには、呼吸を整えることが効果あり、と感じている援助者が多い。まずは深呼吸と、それに続く調息（息を整える）である（枡野 2013）。井澤らは実験を通して、呼吸が血圧を減少させ、怒りの気分を低減させ、爽快感を増大させることを証明した（井澤ら 2002, pp.21-28）。

しかし、ここで最初の壁が立ちふさがる。興奮しているときに、深呼吸と調息することが頭に浮かぶかどうかである。興奮のレベルが低いうちに実施できるようふだんから心がけ、あとはトレーニングである。深呼吸に気づくということ自体が、走り出した怒りの感情に楔を打ち込むことになる。

深呼吸であるが、望月（五木・望月 2012）によれば、呼吸とはまず息を吐くことに意識を集中する（呼気）。その際、身体内の邪気、毒素がすべて吐き出されるイメージを持つとよい。すべて吐ききったところで自然に息を吸う（吸気）。これが本来の深呼吸である（呼気→吸気だから呼吸）。余談であるが、たとえば、怒りに震えている相手の前で思いきり吸い込んだ息を一気に吐いた場合、大きな溜息をついたと受け取られることもあり、印象が良くない。

次に複式呼吸を用いる。腹部にゆっくりと酸素を取り込むイメージ、そして宇宙から新鮮な気（沈静物質）を取り入れるイメージも加える。ウィリアムズら（Williams & Williams, 1993／邦訳 p.141）によれば、息を吐くときに「落ち着け」「安らぎ」などの言葉（マントラ）[*10]を口にするとよいと助言している。呼気と吸気の割合は、個人差はあるが、基本的には呼気が5秒、吸気が3秒程度が適当と思われる。これを3回繰り返す。その際、苦しそうな表情をしてはいけない。たとえば、弥勒菩薩のような柔和で落ち着いた表情がよい。これも練習である。

ここでは、興奮し暴力に至る可能性のある利用者を目の前にした際の対応、といった緊急避難的場面における呼吸法について取り上げたが、呼吸法を取り入れたリラクゼーションを、継続して毎日一定時間行うことの精神衛生上の効果については、他書の多くが説くとおりである。

（3）セルフストローク

次にセルフストロークについて述べる。これはできれば調息と同時に行う。「テンカウント法（ten-count）」（怒りが湧いてきたら、とりあえず10を数えてみる）や、「アンカリング（anchoring）」（怒りが湧いてきたら、とりあえず手首に巻いた輪ゴムで自分の腕を打ってみるなど、気をそらせる）と、同じ意味を持つ方法といえる。要は、その場の流れとは別の行動を取り入れることで、怒りの感情をそらすことである。具体的には腕や頬をゆっくりさすったり、左右どちらでもかまわないので、自分の手のひらの真ん中や、親指と人差し指の間、手首などを、親指、人差し指、中指で揉んでみよう（邱淑 2008）。指圧ではないので揉む場所にこだわることはない。揉んでみて気持ち良さを感じるところがあれば、そこをまず5回程度揉んでみる。

（4）三つのパワー・コントロール

相手の怒りに巻き込まれないための応急処置として、三つのパワーをコントロールする方法がある。私た

＊10　マントラとは本来、密教で仏に対する讃歌や祈りの呪文的な言葉であるが、ウィリアムズらは、宗教に関係なく、自分がそうなりたいと願っている状態を思い起こさせる言葉という意味で用いている。

ちは怒りや恐怖を強く感じるような緊急事態には、体の全エネルギーを総動員して危険から逃避しようとする。また、逃走が不可能と察した場合は、怒りや恐怖の対象と闘おうとする。具体的には、副腎髄質から分泌されるアドレナリンによって、呼吸数・心拍数の増加、血圧上昇、筋肉、特に足の筋肉での血液循環の増大、発汗の増加、一つのことへの注意の集中、口が渇く、消化機能の低下、吐き気、免疫機能の一時的低下、肛門や膀胱括約筋の収縮ような身体的特徴が現れる。

「悲しいから泣くのではない、泣くから悲しい」理論で有名なジェームズ・ランゲ説を応用すれば、まず脳が怒りの感情のもとになる外部からの刺激を感じ取り、前記のような身体的変化が生じる。その結果、怒りの感情が湧き起こってくると理解できる（山口 2004）。そうであるならば、身体的変化を意図的にコントロールすることで、怒りの感情を沈静させることも可能となるのではないか。

A　ボリューム・コントロール

怒りの感情に巻き込まれているとき、たいていは声が大きくなっている。怒鳴っているのである。誰もいないところでバケツの中に吐き出すのならそれもよいだろうが、相手が怒りの感情に支配されているときは、火に油を注ぐ状況となる。まず深呼吸をし、そのまま静かな呼吸を継続させる。それから意識してボリュームを落として話す。喉頭部の筋肉を弛緩させて低めの音程で話す。

B　スピード・コントロール

同時に、話すスピードもスローダウンする。興奮していると話すスピードが速くなる。勢いでしゃべってしまうので、後で後悔するようなことまで言ってしまう。とりあえず、いったん話すことをやめ、間をつくる。

C　フィジカルパワー・コントロール

「怒りに震える」「怒り肩」という言葉があるように、怒っているとき、私たちの筋肉は硬直している。たとえば、呂律が回らなくなったり、持っているものを落としたり、机に足をぶつけたり、行ったり来たり意味のない行動をとってみたり、といった経験は読者にもあるだろう。その状態で利用者と接すると、前出の表10にあるような不適切な関わりとなるのである。怒鳴るときには喉頭の筋肉、にらみつけるときは皺眉筋《しゅうびきん》や眼筋、顎の筋肉。肩や首、腕、足は、まさに闘争-逃走の準備を始めるのである。まず深呼吸し、肩や腕など全身の腕の力を弛緩させる。可能ならイスやソファーに座り、相手にも座るよう促してみよう。

これら三つのパワーコントロールは、最も初期の段階で自動的に行うべき対処である。最大の課題は、自分が今、怒りに巻き込まれていることを意識できるかどうかである。そしてその状態にＮＯと言えるかどうかである。怒ることを肯定的にとらえている援助者の場合には、残念だが役に立つことはないだろう。

(5) プロとしての品格を意識する

ＮＨＫの番組『プロフェッショナル——仕事の流儀』では、さまざまな職種のプロフェッショナルが紹介されるが、観て感じるのは、プロフェショナルの条件とは主に以下の三つにまとめられるということである。

（１）普通の人ができないことができる人
（２）普通の人が気づかないことに気づく人
（３）スマートかつエレガントに仕事をこなす人

家庭で親御さんに叩かれ、柱に紐で縛られていた利用者。家族の手に負えなくなって、やむなく施設に入所せざるを得なかった利用者を、施設の援助者が叩き、縛っているとしたら、家で家族に叩かれ、縛られていたほうが利用者にとってはまだマシではないだろうか。だとすれば、目の前で興奮し暴れている利用者に、福祉のプロフェッショナルであるわれわれはどう対応すべきなのか。

精神科医である中井久夫氏は著書の中で、「プロ的エレガンス」について次のように述べている。

じつは「プロ的なエレガンス」への入り口は意外なところにあります。心のなかで「きみ（あなた）も大変だね。ほんとうは大丈夫なんだよ」とつぶやいてみるのもよい方法です（ほんとうにこころのなかでつぶやくのが肝腎です）。表情がそれに相応したものに微かだが確かに変わります。そして、こちらのゆるみが相手に伝わります。

（中井 2007, p.73）

プロフェッショナルの条件に共通しているのは、本章の冒頭でも述べたように、自分自身の感情を適切に扱える能力を持っているということである。自らの感情をコントロールする手段として、前記の中井氏の言葉を、意識して呟いてみることが求められるのである。言葉を発する、呟く、微笑む、笑顔になるという「行為」は、「認知（思考）」と「感情」に働きかけるからである。

同じように「行為」からアプローチする手段として、「表情」がある。自分の表情が相手をにらみつけていたり、しかめつらになっていないか。眉間（皺眉筋《しゅうびきん》）や眼筋、口元（口輪筋、大頬骨筋《だいきょうこつきん》）に力が入っていないかどうか、入っていることに気づいたら深呼吸しながら弛緩させてみよう。前項で述べたフィジカルパワー・コントロールである。この場合は、筋肉を弛緩させるという「行為」から、「認知」「感情」にアプローチする方法である（本章冒頭の図2参照）。

(6) 建設的沈黙

トリーシュマンらは、情緒障害児施設において、ケアワーカーが子どもが興奮している場合に避けたほうが良いと思われる関わりについて、いくつか紹介している。

(1) ルールに関する議論、たとえば「木に登ってはいけない、窓ガラスを割ってはいけない、物をなげてはいけないというルールがあって、それを破ったらどうなるか知っているだろう」(Trieshman et al., 1969／邦訳 p.233) といった声がけ。

(2) 子どもの要求に論理的に反駁を加え、子どもと議論してしまう。たとえば「棒や石で私を骨折させることはできよう。でも、悪態をつくことで私の心を傷つけることはできないよ」(前掲書／邦訳 p.237)、「おまえには私を怒らせることはできない」(前掲書／邦訳 p.237) といった声がけ。

(3) 子どもの自我が非常に原始的な段階に退行し、「いや！　いや！」を繰り返しているときに、ケアワーカーがいかにその子が好きであるかを言って聞かせようとする (前掲書／邦訳 p.241)。

(4) 子どもが落ち着いてきたと思える段階がある。子どもも疲労し抑うつ状態になる。相変わらず子どもはケアワーカーとの相互関係を拒否したいが、ケアワーカーが持ってきた飲み物を受け取ることはある。しかし、それは子どもが許容する最低限の関わりである。この段階でケアワーカーは以前の関係が修復できたと勘違いし、これまでの通常の関わりを再開しようとしたり、日常の生活リズムに戻そうとしたりする (前掲書／邦訳 pp.243–244)。

(5) 引きこもり状態に陥った子どもに、ケアワーカーが、暴れることがいかに馬鹿げていて危険な行為かを説教し、問いただす。そして子どもからの返答を期待する (前掲書／邦訳 p.244)。

援助者は、子どもと何か話さなければとの強迫観念にとらわれる。そこで黙することは、己の無能さを子どもや周りの同僚や上司にさらけ出してしまうことになりやしないかと。しかし、あせるときほど黙したほうが良い。それをオマーは「建設的な沈黙」と呼び、次のように説明を加えている。

言いなりにならずに黙ることとは、説教や議論よりもずっと効果的です。沈黙することで、あなたがもはや子どもからの戦いの誘いに協力していないことが明らかになります。建設的な沈黙は、あなたの分を悪くすることはありません。黙っていてもあなたは、親としてそこに必ず存在しているのです。

（Omer, 2004／邦訳 p.54）

著者は本章第1節のⅡの2で、怒りに巻き込まれないための三つのパワーコントロール、「ボリューム・コントロール」「スピード・コントロール」「フィジカルパワー・コントロール」について述べたが、これらも「建設的な沈黙」につなげるための前段階としての意味を持つ。他にも、ひとまず腰をかける、援助者が明らかに刺激になっている場合は援助者がいったん部屋を出る（非強制的タイムアウト）（野口 2009, p.114）など、子どもの視界から外れる試みも必要である。ただし、「ちょっと頭を冷やしてくるね」「ちょっと水を飲んでくるね」などの言葉がけが必要で、「自分を見捨ててどこかに行くのか」など、子どもに見捨てられ感を与えてはいけない。いったん休戦であることを伝えるのである。実際には、子どもが荒れた場合などはすぐに関われるよう、移動した場所で子どもを観察し続けることが前提である。子どもの状況が把握できない場所に移動してはならない。

オマーが言うように、援助者はそこに存在していなければならない。逃げてはならないのである。さらにオマーは「鉄は冷めてから打て」（Omer，2004／邦訳 p.40）とも言っている。言い方を変えれば、「鉄は熱いうちに打て」ではなく、「鉄は熱いうちに打つな」である。ここで注意を要するのは、子どもを放っておくことではない。援助者が伝えるべき教育的メッセージを伝えるのは「冷めるまで待て」ということで、子どもがパニックを激化させ、沈静の可能性を失った場合などは、身体的介入も躊躇してはならない。

非暴力主義のガンジーを尊敬するオマーらしい方法として、彼女は「座り込み」を勧めている。しかし、彼女の座り込みは少々強引である。子どもが解決方法を考えるなど何か前向きな提案をするまで、子どもの部屋で座り込みをするというスタイルである。しかし、注意しなければならないのは、子どもが援助者に対して多少なりとも信頼感を持っているかどうかである。子どもが援助者に嫌悪感を持っていたとしたら、事態は最悪である。子どもが心を開くことは難しいだろう（まったくないとは言わないが）。援助者を本当に嫌悪しているのか、本当はそばにいてほしいのか、それを見抜けるかどうかはふだんの関わりの質に関わってくる。

では、子どもが甘えの対象としている援助者であったらどうだろう。根競べや意地の張り合いになってはいけない。言葉少なに穏やかに語りかけるなどの救いの手は、援助者から出されるべきである。オマーは、座り込みをするに適した時間を1時間としている（Omer, 2004／邦訳 p.57）。ここで著者が言いたいのは、無理は禁物ということである。たとえば、真冬に家の外で行うなどは危険であり、また誰でもできることではない。援助技術は、特定のタフな者だけが実施できるものであってはならない。「今日はお話できなかったね」「また、明日お話しよう」。あるいは「今日は悲しかった」「つらかったよ」「わかってくれたらうれしいな」などと、援助者の気持ちをつぶやいて退くこと、その子どもの心の変化に期待して待つ勇気が、ときには必要である。

（７）怒りの意味について考える

著者はこれまでいくつかの具体的方法を提示しながら、怒りをいかにマネジメントするかについて述べてきた。主に、怒りの感情とは何か、怒る者の背後に何があるのかを認知することによって、感情そして行為をコントロールすることが可能か、また行為からアプローチすることが感情のコントロールにいかに影響を及ぼすかについて見てきた。ここでは、怒りを引き起こす現象や、他者の存在をいかに認知するかといった視点から考えてみよう。

ひとつ言えることは、怒りを引き起こす現象や他者の存在は、すべて何らかの意味を持っているということである。それは、自分自身に成長をもたらすといった意味である。釈迦は「怨憎会苦《おんぞうえく》」、つまり、怒りや憎しみ、恐れの対象となる他者と出会い、一緒の時間を過ごさなければならないことは避けようと願っても、避けることはできないと説いた。避けることのできない苦悩に私たちがいかなる態度を示すかを、フランクルは「態度価値」と呼び、自らのアウシュビッツ強制収容所での極限状況の体験から、文字どおり苦悩によって成長する価値ある生き方であるとした（Frankl, 1952／邦訳 pp.119-132）。今はまだはっきりとはわからないが、将来の何かの目的のために、今、この試練が与えられているとの意味が付与されるのである。では、その意味を与えるものとは何なのか。

ウィリアムズらは、宗教は、人を肯定的見地へと向かわせる方法としては大変効果があり、このような肯定的見地を持つと、さまざまな面で皮肉や怒りや攻撃性を抑えやすくなるといっている（Williams & Williams, 1993／邦訳 p.263）。怒る相手からの理不尽な暴力や暴言といった仕打ちに意味を見出すことができるか、その現場からの難問に向き合うことも、援助者に与えられたミッションの一つではないだろうか。

(8) 緊急避難対応の方法を考えておく

怒りの背後には恐怖がある。対応している利用者の興奮がさらにエスカレートしたらどうするか、誰か助けにきてくれるだろうか……。その不安や恐怖が、援助者の怒りを引き起こしてしまう場合もある。たとえば、第3章で紹介した「暴力防止サポート」について日頃からトレーニングを重ね、体制を作っておけば、余裕を持って対応にあたれるだろう。

(9) 援助者が相互にシェアする

怒りとは、心に瞬間的に発生する感情である(Sumanasara, 2006, p.15)。つまり、怒りという感情の発生は止めることはできないのである。問題は、怒りの発芽をそのままにせず、認知する必要がある。スマナサーラの言葉を借りれば、「今の瞬間の自分に気づくこと」「これは怒りだ。怒りだ」と認知すること。次に怒りの感情を言語化することで、さらに認知を深める作業が急がれる。具体的には、誰かに話を聞いてもらうという方法である。怒りが発生した瞬間に続いて、「そうだ、この気持ちを○○さんに聞いてもらおう」と思っただけで、怒りの何パーセントかは減るものである。話を聴いてもらう際、単なるカタルシスで終わらないよう平静に、誰に対して、どこで、いつ、なぜ、どのくらい、どうして(理由)腹が立ったのかを聞いてもらうとよい。その際、場合によっては怒りの感情をあらわにすることを避けられないこともあるだろうが、怒りの感情は意識して可能な限り抑制するほうがよい。

セルフコントロールには限界がある。「自分は今、怒りが抑えられない」と、自分の情けなさにさらに怒りが湧くということもあるだろう。ときには周囲の同僚や上司の力を借りたり、職場以外の方に相談してもよい。しかもできるだけ早い手当てが必要だ。怒りのマネジメントとは、自分の職務の目的を果たすために、自分の周囲の人や機関を有効活用し、自らの怒りの感情を管理することと考える（Drucker, 1974／邦訳 pp.9–11）。

第2節　安心できる温かい風土をつくる

I 「触れる関わり」（RC：Reach Communication）の勧め

「触れる関わり」の主なものは、ストロークやタッピングといった相手の身体に直接触れる方法である。「触れる」ことは相互作用である。触れられる利用者のみではなく、触れる援助者にとっても効果がある。堀内は「触れるケア」を提唱し、その効果は身体的側面にとどまらず、心理・情動的側面にも影響を及ぼすと説明しているが（堀内 2010）、著者も同感である。よって、「シンクロダンス」などの遊びを通して利用者の心に沿う、身体を活用した働きかけも含め、「触れる関わり」と呼ぶことにしたい。

まずここで「触れる関わり」について定義しておこう。

触れる関わりとは、主に触れ手の手を用いて直接相手の身体に触れる行為を中心に用いたコミュニケーションであり、広義には、抱っこ、抱きかかえ、遊びやダンスを用いたタッチも含める。

（市川 2015）

触れる行為は相互作用であり、効果は受け手、触れ手の心理・情動面にも及び、広くは環境・風土の改善にも影響を及ぼす。

1　怒りをもたらす環境とは

いつもギスギス、ピリピリした、あるいはいつもビクビクしている、ムカムカする場所とは、どんなところだろう。たとえばそれは、笑顔や笑い声、ユーモアや優しい言葉が消え、しかめ面の援助者が力なく棟内を歩き回り、互いに挨拶を交わすこともない場所。聞かれる利用者への言葉かけは、「早く○○して！」「おまえ、何やってんだ！」「ちょっといい加減にして！」といった援助者の怒鳴り声。援助者からは次のような声が漏れるかもしれない。「仕事が忙しくて利用者と関わっているヒマなんてない」「職員数が少なくて利用者と関われない」。まるで流れ作業のような入浴、排泄、着替えなどの介助。黙々と介助をする援助者は、利用者に話しかけることもない。援助者同士はおしゃべりし、暇さえあれば携帯やスマホを操作しているのに。他者に対する関心がいつの間にか擦り切れて、なくなってしまったようである。

人に触れることのない環境、直接人に関心を持つことを避けようとする社会。しかし、マクギーがいうように、すべての人の心の中には、他の人と一体になりたいという願いがある（McGee & Menolascino, 1991）。関わり方を知らないからつながる喜びが発芽せず、地中で眠ったままの状態で放置されているのかもしれない。発芽させるものは、他者と触れ合う関わりでしかない。発芽し、育て、安心できる温かい風土をつくることが、怒りの発生を予防する基本的方法である。

2　シング夫人のマッサージに学ぶ

1920年、インドのミドナプルで発見された「狼に育てられた子」アマラとカマラの話をご存じの読者は少なくないだろう。シング牧師夫妻の孤児院に引き取られた少女たちであったが、アマラは約1年後に病死、カマラはシング牧師夫妻の孤児院で9年間生きた（推定17歳で死亡）。カマラの変化、成長の様子は、心理学者ゲゼルの著書『狼に育てられた子』に詳しいが、狼同様に夜行性で行動し〝地べた式〟で食事を採っていた彼女は、6年後には二本足で直立歩行し、それまでは頑固に拒否していた衣類を身につけ、鶏小屋から卵を集めてくる仕事をこなし、褒められると満足したという。表情も豊かになり、攻撃的にしか関われなかった他の子どもたちとも一緒に遊び、寝食を共にできるようになった。この奇跡に近い成長に影響を与えたものとしてゲゼルが特に注目したのは、シング夫人のカマラへのマッサージであった。

そのマッサージというのは、頭のてっぺんから足の先まで、愛情をこめてやさしく、じょうずにもんでやることだった。（中略）シング夫人はマッサージが実にじょうずだったし、カマラのほうで、ある箇所のマッサージにあきたとおもわれるときには、いつでも、すぐにやめてやった。このマッサージは不思議な効果を表して、カマラの筋肉を強め、またほぐして、これを人間らしい使い方ができるようにしたし、それと同時に、カマラはこのやさしい養母を信頼し、愛するようになったのである」（ウォルシュ牧師の記述）

（Gesell, 1941／邦訳 pp.54–55）

賢明な読者諸氏には、著者が障害者や施設利用児、認知症高齢者と「狼に育てられた子」を同一視していると誤解されないことを願う。カマラの事例から私たちが学ぶことは、マッサージに象徴されるような「温かい」「人間らしい」関わりが、いかに発達・成長の促進や治療に絶大な効果を及ぼすかという事実である。ゲゼルもシング夫妻の孤児院を、「すみずみまでも、人間らしいあたたかなふんい気がみなぎっていた」と評している（Gesell, 1941）。ゲゼルは、子どもにとって最も大切なものは安定感であり、それは子どもが日常的に自分の身体をどう取り扱われるかの実感によって決定すると述べている。子どもに安定感を与えたのが、シング夫人の毎日実施されるマッサージであったとゲゼルはいう。加えて、1年後にかけがいのない伴侶であるアマラが死んだ際、食事を拒絶し活動することをやめ、最初で最後の涙を2滴流し、重いうつ状態に陥ったカマラを救ったのも、シング夫人のマッサージであった（Gesell, 1941）。

3　自閉症スペクトラム（ＡＳＤ）と「触れる関わり」（オキシトシンと「つながる喜び」）

自閉症スペクトラム（Autistic Spectrum Disorder.：ＡＳＤ）が、オキシトシンやセロトニンなどの神経伝達物質の異常に影響を受ける障害であるとの説は以前からあり、ＡＳＤの子どもへのホールディングなどの身体接触が治療に効果があるとの説も、以前から発表されてきた。つまりオキシトシンの新たな働きが明らかにされるなかで、なぜ身体接触による働きかけがＡＳＤの治療に有効なのか、その謎が解き明かされてきつつあるといえる。

フィールド（Field, 2001／邦訳 p.112）は、ＡＳＤの保育園児に保育者が10日間マッサージを行った結果、教室での逸脱行動が減少し、保育者に関わろうとする子どもが増えたとの実験結果を報告している。また、ワールは、ＡＳＤの少年に顎、手、手のひら、首、背中にマッサージやタッピングなどを行った結果、身体的成熟とコミュニケーションの改善が見られた事例を報告している（Montagu, 1971／邦訳 pp.213-214）。自らがＡＳＤであるグランディン（Grandin, 1995／邦訳 pp.99-101）は、優しく忍耐強く行われる身体への刺激は、最初は不快だが徐々に快い刺激に変わっていくと述べている。イギリスではオゴーマン（O'Gorman, 1970）が、施設に入所している少女たちにＡＳＤ児を抱いてかわいがってもらう実験を行い、その結果、ＡＳＤ児の行動が調整され、話し方にも発達が見られた事例を紹介している（Levy & Orlans, 1998／邦訳 p.400）。

ティンバーゲンとティンバーゲン（Tinbergen & Tinbergen, 1984／邦訳 pp.372-387）が紹介した、ウェルチの「母子抱きしめ療法」では、ＡＳＤ児と母親との間に強い愛着関係を回復することがＡＳＤ児の治療になるとの根拠のもと、抱きしめを中心とした身体接触によってＡＳＤ児に一定の改善が見られた例が紹介されている（私見だが、ウェルチの抱きしめ療法は強制的に子どもを抱き続けるなど、その方法に若干の疑問を感じる）。また、中川（2004）は、パニックを起こして感情のコントロールが困難になった発達障害のある中学生に、タッピング・タッチを実施し、沈静化に成功した事例を紹介している。このように、コミュニケーション障害に代表されるＡＳＤ児者の生きづらさ改善に、「触れる関わり」が何らかの良い影響を与えていることがわかる。

さて、「触れる関わり」とオキシトシンの関係について述べよう。オキシトシンとは、いうならば「つながる喜び」を求めるホルモンである。このオキシトシンの分泌にはタッチ（接触）が有効であることが実証されつつある（Moberg, 2000; Kuchinskas, 2009; 堀内 2010; Takahashi et al., 2013）。モベリによれば、オキシトシンの作用した例としてスウェーデンの保育園や学校で、１００人以上の子どもたちを対象にマッサージを日課に取り入れて実施した結果、上述したフィールドらの実験結果同様、３カ月で以前より攻撃行動が減り、子どもたちが落ち着いてきたとの結果が得られた。しかも効果が顕著だったのは、攻撃的な言動の目立つ男子たちだったという（Moberg, 2000／邦訳 pp.172-179）。

「触れる関わり」を継続して用いることでオキシトシンの分泌を促し、人と「つながる喜び」を感じる機会を増やすことができ、その結果、利用者の表情が明るくなり、援助者の表情も明るくなれる。少々楽観的すぎるかもしれないが、それが「安心できる温かい風土」と呼べるものなのではないだろうか。

Ⅱ 「触れる関わり」の実際

1 「触れる関わり」の基本型

行動障害とは、言葉で訴えることのできない怒りや憎しみ、不安、「自分は愛される価値がない」という絶望感を訴える、最後の手段なのかもしれない。だから、私たちも言葉を通してではなく、触れることを通して「あなたは愛される価値がある」ことを伝えるのである。あまり難しく考えることはない。たとえば高齢者の肩を叩いてあげるときや、むずかる幼子を寝かせつけるときに背中をトントン叩いたり、恋人にふられてしまった友人を慰めるのに肩を叩いて慰める場面をイメージしていただければよいだろう。

以下に挙げるものは、いわば武道の型のようなものであり、必ずしもこのとおりに実施しなければいけないということではない。ただ大切なことは「愛情を込める」ということである。

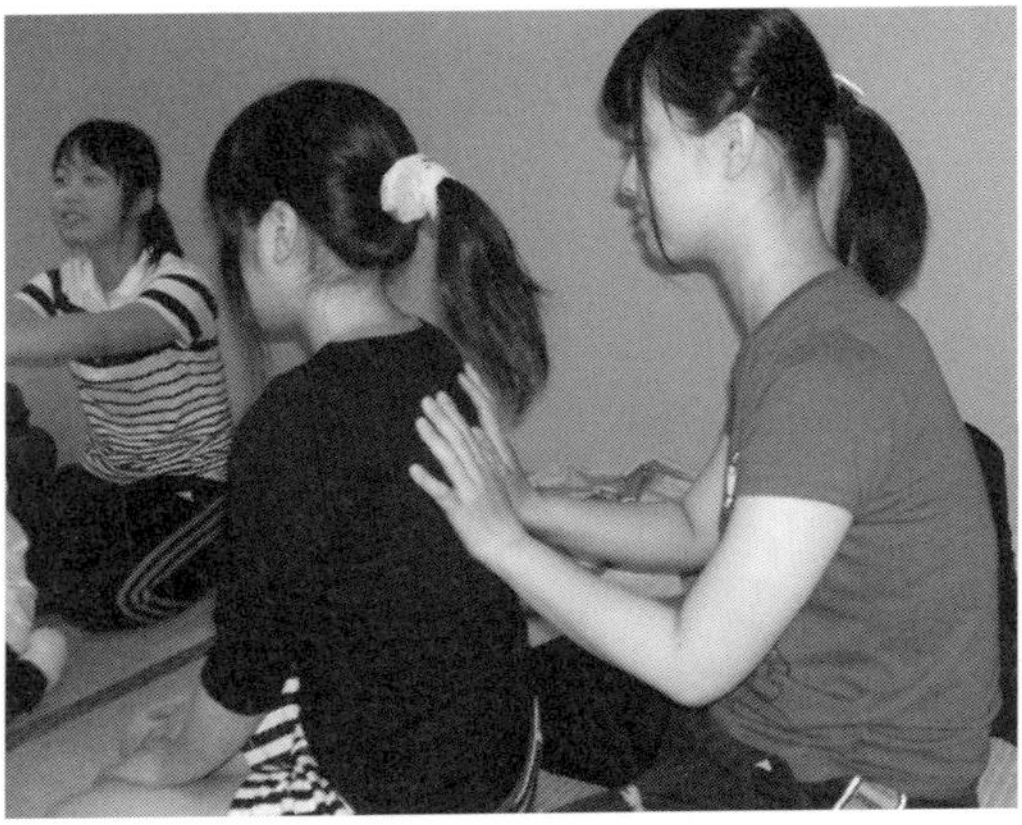

写真19　背中へのプット

(1) プット

相手の肩や背中に手を置き、相手の体温や呼吸、鼓動を感じ取れるよう、しばらくその状態を保つ。相手もあなたの手の温かさを感じるはずである（写真19）。

自分の呼吸を整え、相手に対しての「慈《いつく》しみ」「思いやり」の想いを意識し、触れている手のひらから「人を想うエネルギー」が相手に注がれていくイメージを描きながら行う（Thich Nhat Hanh, 1996／邦訳 pp.159-161）。プットは、以下に挙げる各技法のイントロダクションとして用いるとよい。

(2) プッシュ

相手の肩や背中に置いた手のひらで、少し圧をかけてみる。静かに、ゆっくり、わずかに手を置く位置を移動させていく。

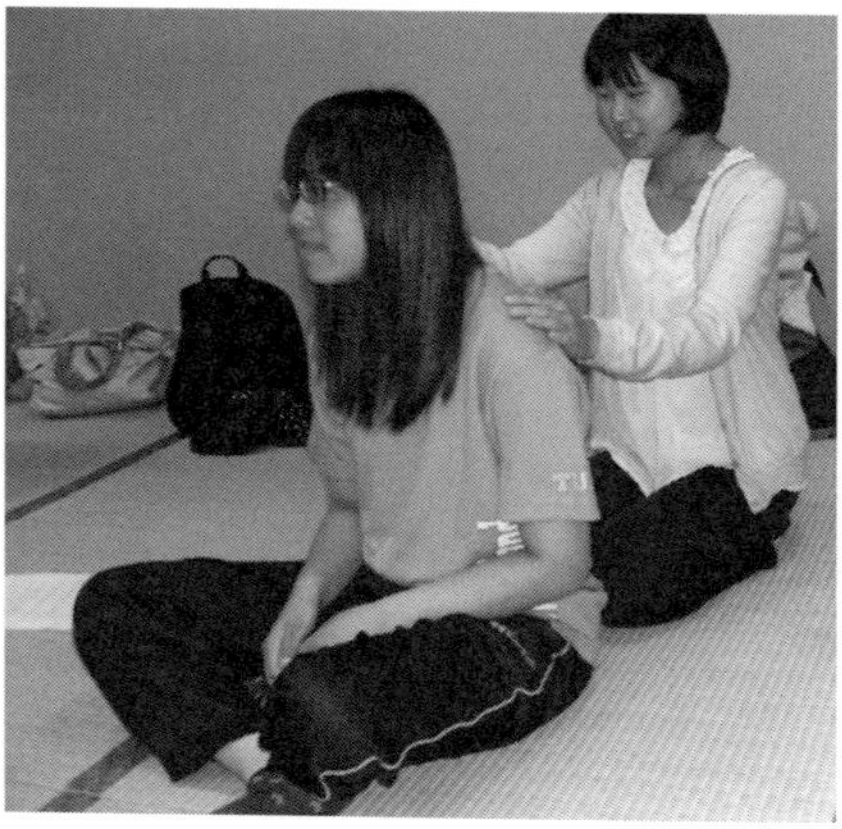

写真20　肩へのストローク

(3) ストローク

まず、利用者がセッションを嫌がっていないかを確認する。拒否がなければ、まず自分の手のひらを相手の肩や背中に置き、相手の体温の温かさを感じる。そのままの姿勢で、相手が触れられることを嫌がっていないか、不安や恐怖を感じていないかを再度確認する。ゆっくりとした呼吸に整え、相手に対して「安心させたい」「痛みを取ってあげたい」「プラーナ（生きるエネルギー）を分けてあげたい」など、心で呟きながら行うとよいだろう（Krieger, 1979／邦訳 pp.19-24）。

次に肩、腕、手のひら、手首、背中を、ゆっくりストロークする（頸部や頭部は危険な場合があるので、基本的に実施しない）。主な方法としては「なでる」「さする」がある。基本は「ゆっくり（slowly）、やさしく（gently）、温かく（warmly）」である（写真20）。また、腕、足に行う場合は、身体の中心（心臓）に向けてストロークする（たとえば、指から肩へ、足首から太ももへ）。

(4) プレス

指の先から上腕（または前腕）に向けて、弱めに圧をかけながらゆっくりストロークする（写真21、22）。ストロークは、指先から身体の内部（心臓）に、プラーナを送り込むイメージで行う。

写真21　プレス

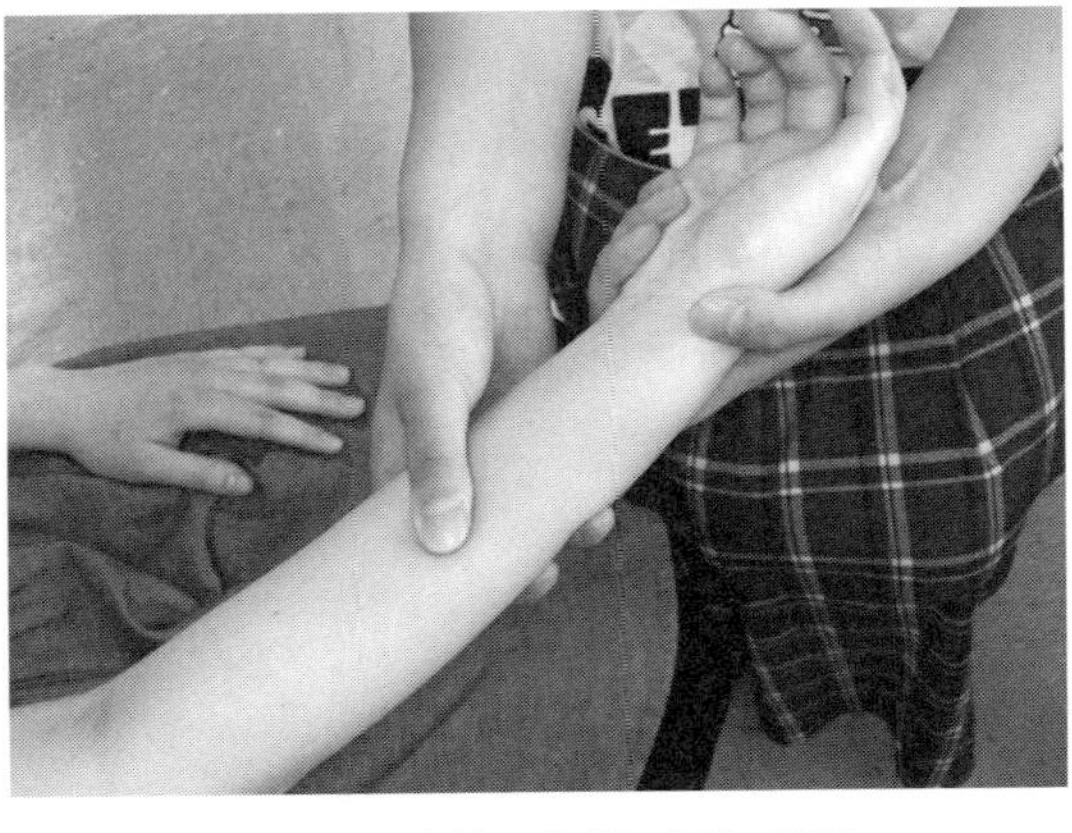

写真22　身体の内部に向けて行う

(5) タッピング

肩、腕、手の甲、背中を、手のひらや指の腹などで一定のリズムで叩く（中川 2004）。基本は肩叩きのイメージである。童謡など、シンプルなリズムの音楽を口ずさみながら行ってもよい。（写真23）

(6) グリップ

相手の手の甲や手のひらを、優しく包み込むように握る（写真24）。握手や散歩をするとき（手をつなぐ必要がある場合）や、相手の傍らに一緒に座り横から手を握るとき、または相手の側面に立ち移動を促すと

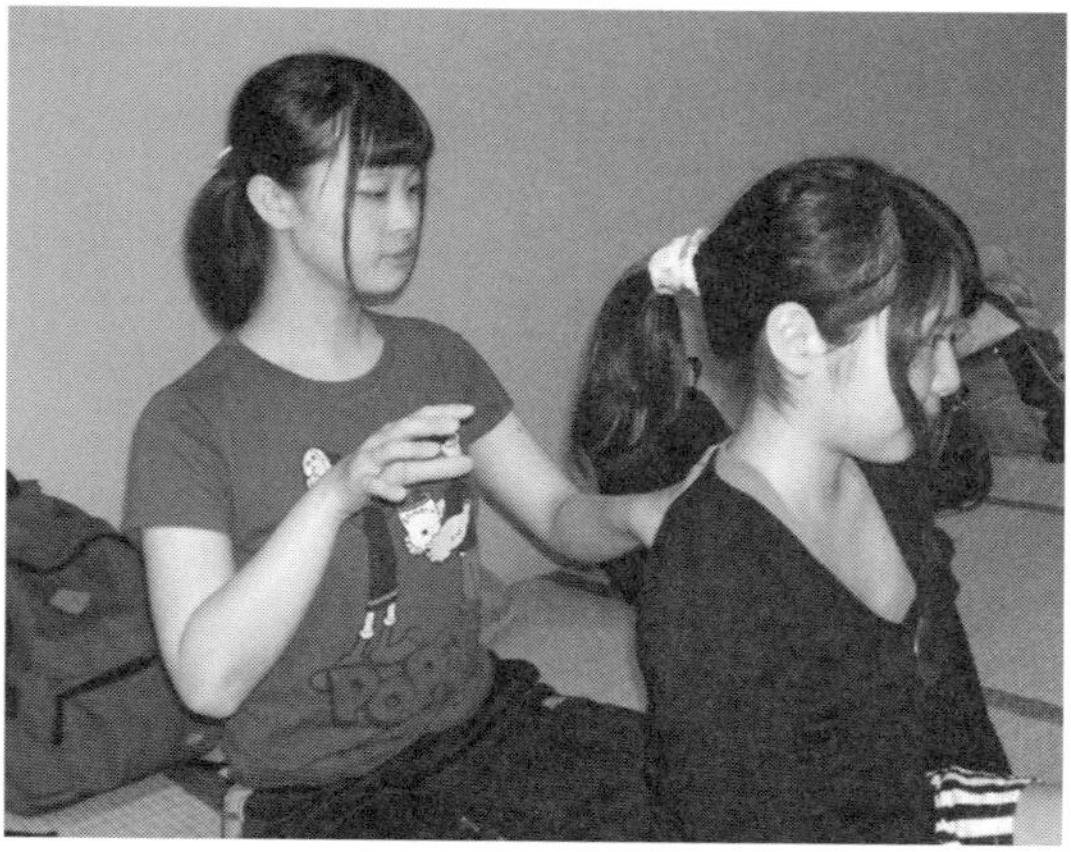
写真 23　背中へのタッピング

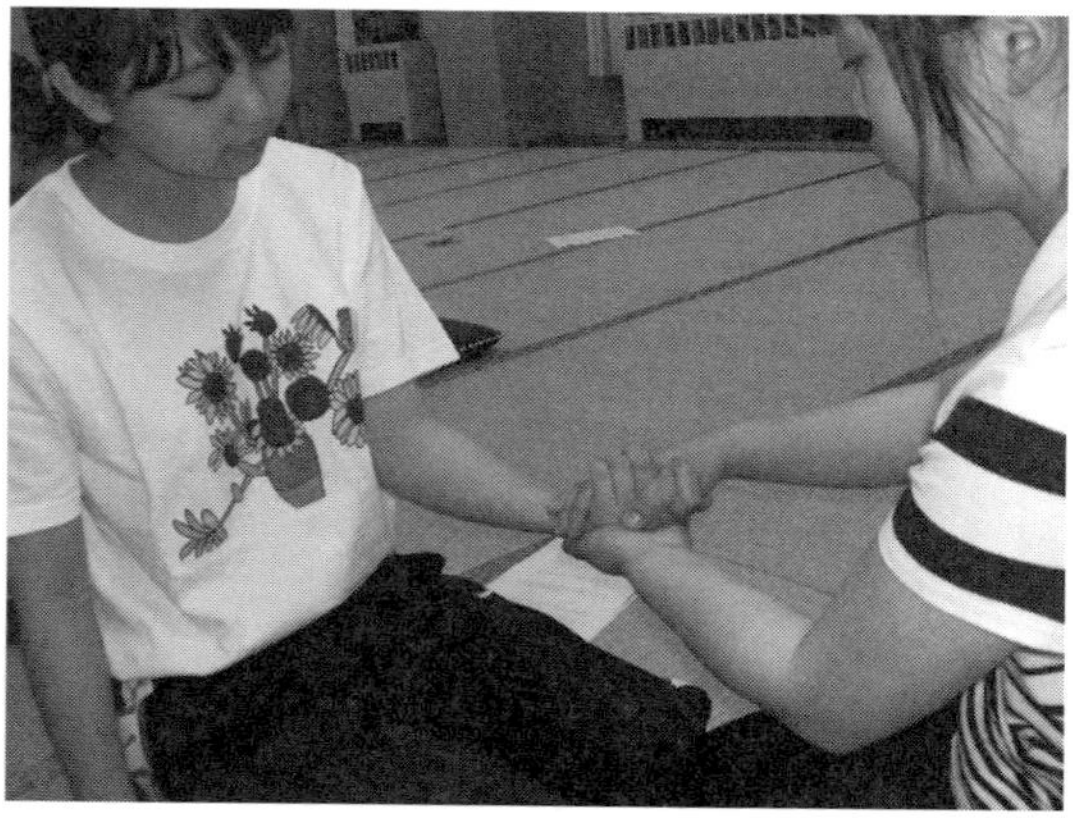
写真 24　相手の手のひらや手の甲を包み込むグリップ

きなどに用いる（写真25）。

（7）「触れる関わり」を実施してみての感想

2014年11月〜2015年5月、著者が講師を務める「怒りのマネジメント」に関する研修の際、参加者に「触れる関わり」の演習を行い、本人の同意と自由意志に基づいて、演習後に記述式質問票による調査を行った（表13）。総数は319人。内容は2人でペアになり、「プット」「プッシュ」「ストローク」「タッピング」を実施し、「快く」感じたものと、「不快」に感じたものがあればそれはどれか、感想を聞いた（事前に実施に抵抗がある方は実施しなくてよい旨伝えた。また、同性同士で実施していただいた)。

その結果、最も多く「快く」感じたのは「タッピング」で266人(83・4%)。その後、「プット」「ストローク」「プッシュ」の順であった。「タッピング」を「快く」感じた理由としては、「励まされている感じがした」「心地良く感じた」「気持ちが良い」「相手との一体感を感じた」「緊張がほぐれた」「生命力がよ

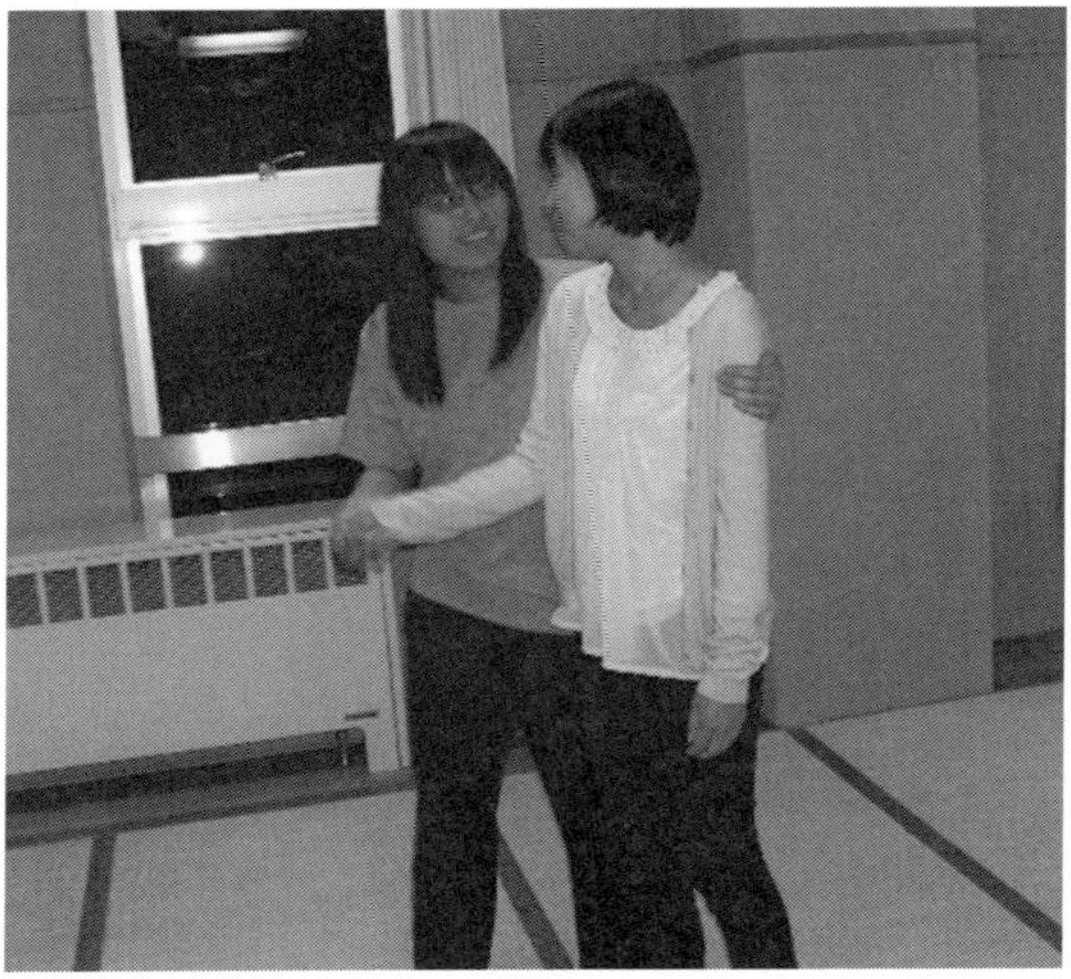

写真 25　移動を促すときのグリップ

表 13 「触れる関わり」を実施してみての感想（計 319 名）

	快い（○）	不快（×）	やや不快（△）	無回答
プット	239 (74.9%)	15 (4.7%)	4 (1.3%)	61 (19.1%)
プッシュ	193 (60.5%)	20 (6.2%)	4 (1.3%)	102 (32.0%)
ストローク	200 (62.7%)	53 (16.6%)	12 (3.8%)	54 (16.9%)
タッピング	266 (83.4%)	16 (5.0%)	5 (1.6%)	32 (10.0%)

みがえる」「遊び感覚で互いの壁が低くなる感じがした」「楽しい気持ちになる」などがあり、特に「リズムが心地良い、気持ちが良い」との記述は15あった。また、2番目の「プット」では、「温かい・温もり」が快いと答えた記述が48あった。なかには「涙が出た」との記述もあった。

一方、最も多く「不快」と答えたのが「ストローク」の53人（16・6％）で、「やや不快」を加えると65人（20・4％）であった。その後は、「プッシュ」「タッピング」「プット」の順であった。「ストローク」を「不快」と感じた理由は、「違和感があった」「くすぐったかった」「気持ち悪い」「ゾワゾワッとする」「ゾクゾクッとした」「ゾゾッとした」「鳥肌が立った」「相手に気を使う」「リラックスできない」「男性同士は無理」などの記述があった。

2　シンクロダンス

（1）シンクロダンスの目的

たとえば、自閉症の子が、脇目もふらずに同じ行動に没頭していることがある（常同行動）。そのときこそ関わるチャンスである。ティンバーゲンは、自閉症児には特に遊び的雰囲気が大切であるとしたうえで、次のような事例を紹介している。

ユトレヒト大学のN・L・J・カンプ教授はある時われわれに、音楽が聞こえるとからだをゆすり始める（といってもごく単調に、踊る熊のように機会的に動くのである）。——中略——女の子に（うしろから手でその子を支えながらついて歩いて）はじめはその動きにごくわずかな変化を加え、その程度をしだいに増していくことによって、その子の「常同行動」を少しずつ着実に変化させ、ついには創作的舞踏に変えていくという見事な実演のフィルムをみせてくれた。このダンスはその後、ひとつの遊びになっていき、子どもも明らかにそれを楽しむようになった。
（Tinbergen & Tinbergen, 1984／邦訳 p.291）

次はオゴーマンの勧めである。

たとえば、体をゆすることが目立った行動で、しかもそればかりしている自閉症児がいる。他のすべての試みが失敗したら、子どもと一緒になって体をゆすってみなければならない。――中略――おとなはしばらくの間、注意深く子どもの様子を観察し、子どもを驚かしたり乱暴過ぎるようなことはおしつけずに、終始子どもと活動をともにすべきである。
（O'Gorman, 1970／邦訳 p.204）

イアコボーニは、他者の言動を模倣する機能を持つミラーニューロンの機能低下が自閉症の中心的障害であり、「模倣にもとづいた何らかの治療法が社会的困難を抱える自閉症患者を助けるのに非常に有効」（Iacoboni, 2008／邦訳 p.219）であるとの仮説を提唱している。イアコボーニは著書の中で、自閉症患者の治療をしているという男性の印象深い言葉を紹介している。

何をやっても失敗したとき、私には最後の戦略があります。それは、たいていうまくいくんです。私の患者のほとんどは、反復的な定型化した動きをします。どうしても通じあえなくて、もうどうしたらいいかわからなくなると、私はその定型化した動きを真似するんです。するとほとんど即座に私を見るので、そこでようやく私たちのあいだに相互作用が生まれ、私は患者の治療が始められるわけです。
（Iacoboni, 2008／邦訳 pp.220–221）

援助者が利用者の行動を模倣することで、共感の細胞であるミラーニューロンを活性化することが可能であるという。

ネーデルら（Field et al. 2001）も、自閉症児を対象とした興味深い実験結果を紹介している。ソファ、いす、玩具など、いずれも二つずつ用意された部屋で、あるグループは大人が子どもの行動を模倣し、別のグループは大人が特に子どもの行動を模倣することなく遊んだ。結果、大人が子どもの行動を模倣したグループの子どもには、大人に視線を向ける、微笑む、話しかけるなど、大人との相互的な遊びが見られた。相互的な遊び（相互作用としての模倣）が出現したことが特記すべきことで、利用者が援助者の動きを模倣することができる段階に至ったわけである。これは相手の動きにミラーリング（模倣）しようとする能動的行動である。

他人から見れば奇異な行動で、社会的に意味がないと思われる常同行動が、他者が意図的に加わり集団遊びとなることで非言語コミュニケーションが生まれ、身体運動を通して他者と関わり、子どもが自ら自分の行動を操作し、自己表現する可能性が芽生える。それは子どもの心に触れた瞬間といえるであろう。しかし、注意しなければならないのは、そこに相手を嘲笑し、侮蔑し、軽んずる思いが介入することで、「からかい」にしてしまってはいけないということだ。あくまでその行為は子どもの心の世界を理解し、一緒に楽しむために波長を合わせる意図的な介入でなければならない。

(2) シンクロダンスの基本

基本的に相手の正面に立ち、相手の行動に合わせる動きから始める。いきなり手を取ったり触れたりしない。相手がこの空間を楽しいと感じているか、はたまた邪魔が入ってきて迷惑だと感じているかどうかを判断する。表情から迷惑と感じているようなら、いうまでもなく引き下がる。受け入れてくれそうなら、タイ

写真27　ストレッチ

写真26　左右に揺らすスウィング

ミングをみて、ゆっくりと相手の手を取ってみる。絶対に力を入れないこと（グリップの項参照）。基本は相手の動きに自分を合わせながら、無理のないようにバリエーションを加えてみる。

手をひらひら動かしたり、指を小刻みに動かすなど、小さな動きへのシンクロは適切ではない。腕や身体全体を動かす、ジャンプする、走るなどのダイナミックな動きにシンクロさせるほうが、互いに一体感を感じることができる。

A　スウィング

正面からゆっくり相手の両腕を取り（グリップ）、リズムに合わせて上下、前後、左右に揺らす（写真26）。

B　ストレッチ

正面から相手の両手を取り（グリップ）、リズムに合わせて左右の腕を交互に伸ばしたり引いたりを繰り返す（写真27）。

(3) ロータッチ・ハイタッチ

ロータッチは、正面から胸の高さで手のひらを

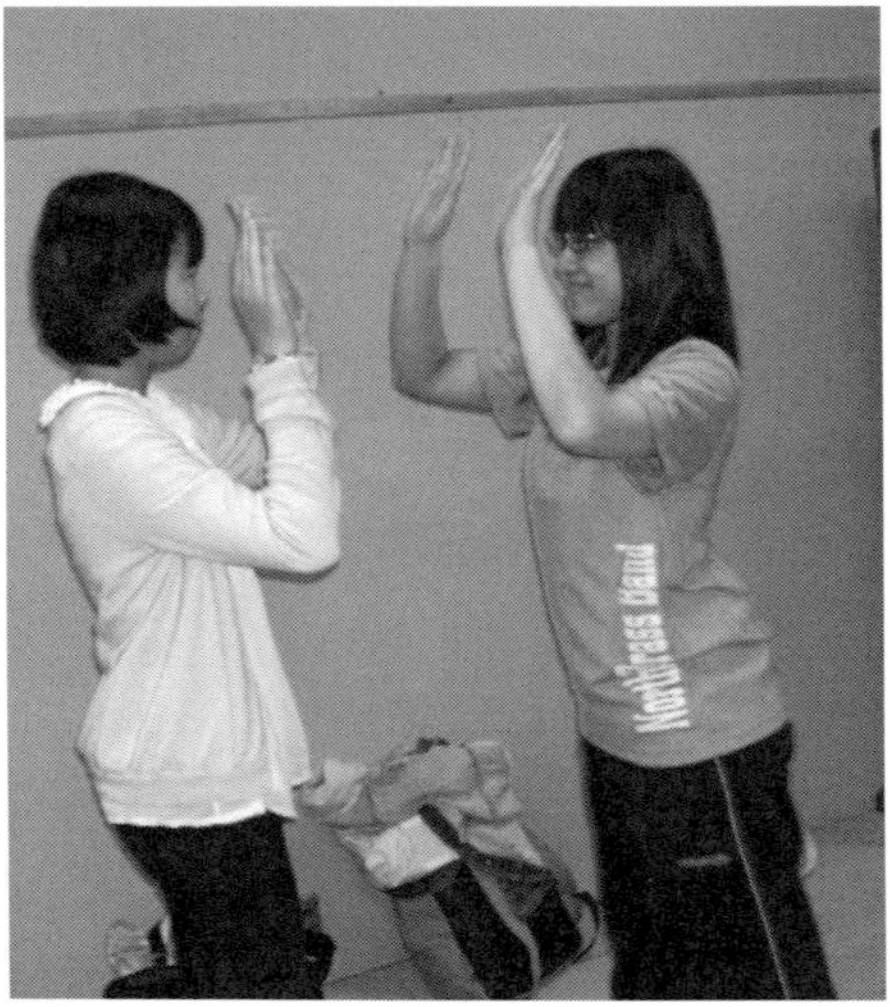
写真 28　両手でクラップするハイタッチ

写真 29　手と手を合わせるハイタッチ

合わせてみる。リズムに合わせて徐々にクラップ（手を叩く）させてみる。両手同時にクラップする方法と、片手ずつ交互にクラップする方法がある。

ハイタッチは、正面から肩より上の高さで手のひらを合わせてみる。リズムに合わせて徐々にクラップさせてみる。両手同時にクラップする方法と、片手ずつ交互にクラップする方法がある（写真28）。

ロータッチ・ハイタッチでのクラップは、自傷・他傷行為のある方には用いないほうがよい。叩く感触に固執し、自傷・他傷行為につながることもありうるからである。その場合は、手と手を合わせる行為を繰り返す（写真29）。

終了するときは、利用者に「ありがとうございます。楽しかったですね」「元気が出ましたね」と、一言声をかけてほしい。なかなか離れようとしない利用者には、「今日はおしまいです」とあっさり切り上げたほうが離れやすい。

3　実施するにあたっての注意点

(1)「触れる関わり」

A　まずアセスメント

はじめに、触れても大丈夫な状態かどうかをアセスメントする。たとえば自閉症（ASD）、統合失調症、虐待を受けた経験のある利用者は、触れられることに嫌悪・恐怖を感じる場合があるので、抵抗や不安があるようなら無理をしない。

B　感染・伝染性疾患のときは実施しない

触れ手、受け手のどちらかが感染・伝染性の疾患に罹っているときは実施しない（和田 2008, p.90）。

C　出血があるときは実施しない

抜歯や外傷、または内出血のおそれがあるときは実施しない（和田 2008, p.90）。

D　同性同士で行う

原則、同性同士で行う。特に男性援助者から女性利用者への実施は禁忌である。また、男性利用者にとって女性援助者に直接身体に触れられることは強い性的刺激になることがあり、さらに、援助者による性的な不適切行為のきっかけになる可能性もないとはいえないだろう。その点は十分に考慮し、安易に異性によるセッションを行ってはならない。

E　力を入れない

基本的に力は入れない。また関節へのアプローチは避ける。

F　継続して行う

基本的に毎日時間を決めて継続して行うほうが効果的だが、不穏な状態になる前に予防的に行うことや、散歩やレクリエーションなど、日常的な関わりの機会に行うこともあるだろう。

G　実施する場所を配慮する

実施する場所にも配慮が必要である。特定の利用者に実施していると、他の利用者が羨ましがったり嫉妬することもあるかもしれない。場合によっては、利用者の部屋で一対一で実施する。

H　援助者への実施は禁忌

言うまでもないことだが、援助者が利用者に自分の肩を揉ませるなど、援助者自身の利益のためにこれを用いることは絶対に禁忌である。本技法は利用者の利益のためのみにあることを、肝に銘じてほしい。

(2) シンクロダンス

A　興奮時は実施しない

利用者が興奮しているときは慎重に介入する。パニックなど極度に興奮状態のときは実施しない。危険な場所では実施しない。

B　骨折・脱臼のときは実施しない

骨折や脱臼しており、治療中はもちろん、そのおそれが考えられるときも絶対に禁忌である。完治後も医師に相談するなど慎重に介入する（和田 2008, p.90）。

C　服薬している場合は医師に相談する

強い向精神薬等を服薬しているなど強い薬を服薬している場合は医師に相談する（和田 2008, p.90）。

D　からかいにならないように

ここまで述べてきた「怒りのマネジメント」や「触れる関わり」「シンクロダンス」は、実行しなければ意味がない。何度も意識して試みることで、さりげない行為として日常化することができるだろう。そして、あるときふと、あなたの周りが、利用者、援助者の笑顔が絶えない安心できる風土となっていることを願うものである。

最後に、敬愛するマクギーの次の言葉を紹介したいと思う。

> 身体的なやりとりは、握手し返そうとした手のわずかな指の動きなどの、ふとした、ほとんどわからないようなふれあいをも含むのである。
>
> （McGee & Menolascino, 1991／邦訳 p.106）

引用・参考文献

序文

相澤好治監修（2008）『ストップ！ 病医院の暴言・暴力対策ハンドブック――医療機関における安全で安心な医療環境づくりのために』メジカルビュー

遠藤由美（2011）「子どもの暴力問題を考える」『子どもと福祉』編集委員会編『子どもと福祉4』明石書店、42-51頁

包括的暴力防止プログラム認定委員会編（2005）『医療職のための包括的暴力防止プログラム』医学書院

三木明子・友田尋子編（2010）『看護職が体験する患者からの暴力――事例で読み解く』日本看護協会出版社

新福知子（2005）『必携！ 教師のための学校危機への予防・対応マニュアル――危機管理をどうするか』教育出版

田嶌誠一（2009）『現実に介入しつつ心に関わる――多面的援助アプローチと臨床の知恵』金剛出版

東京都社会福祉協議会児童部会（2009）『紀要 平成19年版』東京都社会福祉協議会

第1章

Barter, C., Renold, E., Berridge, D., & Cawson, P.（2004）*Peer violence in childrens residential care.* Palgrave Macmillan.（岩崎浩三訳〈2009〉『児童の施設養護における仲間による暴力』筒井書房）

土居健郎（1971）『甘えの構造』弘文堂

Freud, S.（1920）*Jenseits des Lustprinzips.* S.Fischr Verlag.（井村恒郎ほか訳〈1970〉「快楽原則の彼岸」『フロイト著作集6 自我論・不安本能論』人文書院）

Fromm, E.（1964）*The heart of man: Its genius for god and evil.* Harper & Row.（鈴木重吉訳〈1965〉『悪について』紀伊国屋書店）

福島章（1988）『甘えと反抗の心理』講談社

堀内園子（2010）『見て、試して、覚える 触れるケア――看護技術としてのタッチング』ライフサポート

石井哲夫（1995）『自閉症と受容的交流療法』中央法規

菅修（1978）「衝動的行動または粗暴行動」日本精神薄弱者愛護協会編『精神薄弱児の問題行動——施設における処遇技術の体系化をめざして』日本精神薄弱者愛護協会、67-88頁

兼本浩祐二・前川和範ほか（2006）「脳器質性疾患による攻撃性の増大」『精神科治療学』第21巻9号、星和書店

小林隆児（2000）『自閉症の関係障害臨床——母と子のあいだを治療する』ミネルヴァ書房

Kuchinskas, S.（2009）*The chemistry of connection: How the oxytocin response can help you find trust, intimacy, and love.* New Harbinger.（白澤卓二監修、為清勝彦訳〈2014〉『愛は化学物質だった!?——脳の回路にオキシトシンを放出すればすべてはハッピー』ヒカルランド）

Levy, T. M. & Orlans, M.（1998）*Attachment, trauma, and healing.* Child Welfare League of America Press.（藤岡孝志・ATH研究会訳〈2005〉『愛着障害と修復的愛着療法——児童虐待への対応』ミネルヴァ書房）

Lorenz, K.（1963）*Das Sogenannte Böse: Zur Naturgeschichte der Aggression.* G.Borotha-Schoeler.（日高敏隆・久保和彦訳〈1970〉『攻撃——悪の自然誌第1』みすず書房.）

McGee, J. J.（1997）『第1回ジェントル・ティーチング公開ワークショップ報告書』日本ジェントル・ティーチング研究会

McGee, J. J. & Menolascino F. J.（1991）*Beyond gentle teaching: A nonaversive approach to helping those in need.* Plenum Press.（岩崎正子ほか訳〈1997〉『こころの治療援助——相互変容の実践』医歯薬出版）

光田健輔（1958）『愛生園日記——ライとたたかった六十年の記録』毎日新聞社.

Moberg, K. U.（2000）*Lugn och Beroring: Oxytocinets Läkande Rerkan i Kroppen.* Natur och Kultur.（瀬尾智子・谷垣暁美訳〈2008〉『オキシトシン——私たちのからだがつくる安らぎの物質』晶文社）

三木明子・友田尋子編（2010）『看護職が体験する患者からの暴力——事例で読み解く』日本看護協会出版会

NHKスペシャル（2008）『脳と心4　人はなぜ愛するか——感情』NHKエンタープライズ［DVD］

棟居俊夫著（2013）「自閉症スペクトラム障害の社会性の障害をオキシトシンは変容しうるか」『臨床精神薬理』第16巻3号、星和書店

岡田尊司（2012）『愛着崩壊——子どもを愛せない大人たち』角川学芸出版

Omer, H.（2004）*Nonvaiolent resistance: A new approach to violent and self-destructive children.* Cambridge University Press.（天貝由美子監訳〈2010〉『暴力や自己破壊に非暴力で対応する——一線を越えてしまう子どもと真正面から向き合うために』ナカニシヤ出版）

大渕憲一（1993）『人を傷つける心——攻撃性の社会心理学』サイエンス社

Richer, J.（1992）*The value of motivational conflict in the classification and treatment of children's disturbed behavior.* Challenges of Child and Adolescent Psychiatry Towards 21th Century: Collected Papers of the 12th Congress of the IACAPAP. Seiwa Shoten Publishers.（栗田広訳〈1992〉「小児の行動障害の分類と治療における動機葛藤の価値」第12回国際児童青年精神医学会論文集編集委員会編『児童青年精神医学への挑戦――21世紀に向けて　第12回国際児童青年精神医学会論文集』星和書店）

下里誠二（2003）「英国の司法精神医療施設を視察して3――暴力介入と隔離（その1）」『精神科看護』第30巻11号、48-54頁

新福知子（2005）『必携！　教師のための学校危機への予防・対応マニュアル――危機管理をどうするか』教育出版

田嶌誠一（2009）『現実に介入しつつ心に関わる――多面的援助アプローチと臨床の知恵』金剛出版

タクティールケア普及を考える会編著（2008）『タクティールケア入門――スウェーデン生まれの究極の癒し術』日経ＢＰ企画

Takahashi, T., Gribovskaja-Rupp, I., & Babygirija, R.（2013）*Physiology of love: Role of oxytocin in human relationships, stress response and health.* Nova Science Publishers.Inc（市谷敏訳〈2014〉『人は愛することで健康になれる――愛のホルモンオキシトシン』知道出版）

山極寿一（2007）『暴力はどこからきたか――人間性の起源を探る』日本放送出版協会

湯川進太郎（2008）『怒りの心理学――怒りとうまくつきあうための理論と方法』有斐閣

吉田伸夫・三村将（2006）「老年期にみられる攻撃性――認知症における攻撃性」『精神科治療学』第21巻、星和書店、937-944頁

第2章

Alberto, P. A. & Troutman, A. C.（1999）*Applied behavior analysis for teachers* 5th ed. Upper Saddle River.（佐久間徹・谷晋二監訳〈2004〉『はじめての応用行動分析（第2版）』二瓶社）

Benson, S.（2000）*Person-centred care.* Hawker Publications.（稲谷ふみ枝・石崎淳一監訳〈2005〉『パーソンセンタード・ケア――認知症・個別ケアの創造的アプローチ』クリエイツかもがわ）

Edelstein, M. R. & Steele, D. R.（1997）*Three minute therapy: Change your thinking, change your life.* Glenbridge Publishing.（城戸善一監訳〈2005〉『論理療法による三分間セラピー――考え方しだいで、悩みが消える』誠信書房）

Feil, N. & Klerk-Rubin, V de.（2012）*Validation breakthrough: Simple techniques for communicating with people with Alzheimer's and other dementias* 3rd ed. Health Professional Press.（高橋誠一・篠崎人理監訳〈2014〉『バリデーション・ブレイクスルー――認知症ケアの画期的メソッド』全国コミュニティライフサポートセンター）

包括的暴力防止プログラム委員会編（2005）『医療職のための包括的暴力防止プログラム』医学書院

本田美和子、イヴ・ジネスト、ロゼット・マレスコッティ（2014）『ユマニチュード入門』医学書院

市川和彦（2005）「17世紀以降の日本における体罰観の変遷に関する研究――「日本型パターナリズム」と旧軍隊教育の与えた影響」『和泉短期大学研究紀要』第26号、11-20頁

Kitwood, T.（1997）*Dementia reconsidered: The person comes first.* Open University Press（高橋誠一訳〈2005〉『認知症のパーソンセンタードケア――新しいケアの文化へ』筒井書房）

Linsley, P.（2006）*Violence and aggression in the workplace: A practical guide for all healthcare staff.* Radcliffe Publishing.（池田明子・出口禎子監訳〈2010〉『医療現場の暴力と攻撃性に向き合う――考え方から対処まで』医学書院）

三木明子・友田尋子（2010）『看護職が体験する患者からの暴力――事例で読み解く』日本看護協会出版会

Mitchell, J. T. & Everly, G. S. Jr.（2001）*Critical incident stress debriefing: An operations manual for CISD, defusing and other group crisis intervention services.* Chevron Publishing.（高橋祥友訳〈2002〉『緊急事態ストレス・ＰＴＳＤ対応マニュアル――危機介入技法としてのディブリーフィング』金剛出版）

日本知的障害者福祉協会編（2007）『行動障害の基礎知識』日本知的障害者福祉協会

Nitobe, I.（1899）*Bushido, the soul of Japan.*（新渡戸稲造〈1938〉『武士道』岩波書店）

野口啓示（2009）『むずかしい子を育てるペアレントトレーニング――親子に笑顔がもどる10の方法』明石書店

岡田実（2008）『暴力と攻撃への対処――精神科看護の経験と実践知』すぴか書房

Omer, H.（2004）*Nonviolent resistance: A new approach to violent and self-destructive children.* Cambridge University Press.（天貝由美子監訳〈2010〉『暴力や自己破壊に非暴力で対応する――一線を越えてしまう子どもと真正面から向き合うために』ナカニシヤ出版）

Schön, D. A.（1983）The reflective practitioner: How professionals think in actrion. Basic Books.（柳沢昌一・三輪建二監訳〈2007〉『省察的実践とは何か――プロフェッショナルの行為と思考』鳳書房）

祐宗省三ほか編著（1984）『行動療法入門――臨床のための理論と技法』川島書店

Trieschman, A. E., Whittaker, J. K., & Brendtro, L. K.（1969）*The other 2. hours: Child-care work with emotionally disturbed children in a therapeutic milieu.* Aldine Publishing.（西澤哲訳〈1992〉『生活の中の治療――子どもと暮らすチャイルド・ケアワーカーのために』中央法規出版）

第3章

Allan, J.（1984）*Handicap e Holding.* Edizioni del Cerro.（阿部秀雄監訳〈1984〉『情緒発達と抱っこ法――赤ちゃんから自閉症児まで』風媒社）

Gesell, A.（1941）*Wolf child and human child: The life history of Kamala, the wolf girl.* Methuen.（生月雅子訳〈1967〉『狼に育てられた子カマラ』家政教育社）
長谷川利夫（2013）『精神科医療の隔離・身体拘束』日本評論社
東田直樹（2007）『自閉症の僕が跳びはねる理由——会話のできない中学生がつづる内なる心』エスコアール出版部
堀内園子（2010）『見て、試して、覚える触れるケア——看護技術としてのタッチング』ライフサポート社
包括的暴力防止プログラム認定委員会編（2005）『医療職のための包括的暴力防止プログラム』医学書院
Kaplan, S. G. & Wheeler, E. G.（1983）Survival skills for working with potentially violent clients. *Social Casework: The Journal of Contemporary Social Work*, **64**(6), 339-346.
Mitchell, J. T. & Everly, G. S. Jr.（2001）*Critical incident stress debriefing: An operations manual for CISD, dfusing and other group crisis intervention services.* Chevron Publishing.（高橋祥友訳〈2002〉『緊急事態ストレス・ＰＴＳＤ対応マニュアル——危機介入技法としてのディブリーフィング』金剛出版）
Moberg, K. U.（2000）*Lugn och Beroring: Oxytocinets Läkande Rerkan i Kroppen.* Natur och Kultur.（瀬尾智子・谷垣暁美訳〈2008〉『オキシトシン——私たちのからだがつくる安らぎの物質』晶文社）
中川一郎（2004）『タッピング・タッチ——こころ・体・地球のためのホリスティック・ケア』朱鷺書房
ＮＨＫ取材班・望月健（2014）『ユマニチュード——認知症ケア最前線』ＫＡＤＯＫＡＷＡ
野口啓示（2009）『むずかしい子を育てるペアレントトレーニング——親子に笑顔がもどる10の方法』明石書店
Kübler-Ross, E.（1982）*Working it through.* Macmillan.（霜山徳爾・沼野元義訳〈1984〉『生命尽くして——生と死のワークショップ』産業図書）
坂野雄二（1995）『認知行動療法』日本評論社
下里誠二（2003）「英国の司法精神医療施設を視察して４　暴力介入と隔離（その２）」『精神科看護』第30巻12号、46-50頁
タクティールケア普及を考える会編著（2008）『タクティールケア入門——スウェーデン生まれの究極の癒し術』日経ＢＰコンサルティング
Thich Nhat Hanh（1996）*Breathe, you are alive!: The sutra on the full awareness of breathing.* Parallax press（島田啓介訳〈2012〉『ブッダの〈呼吸〉の瞑想』野草社）
谷川俊太郎・加藤俊朗（2010）『呼吸の本』サンガ
山田洋次・朝間義隆（1996）『学校Ⅱ』筑摩書房

第4章

Alberto, P. & Troutman, A. C.（1999）*Applied behavior analysis for teacher* 5th ed. Merrill.（佐久間徹・谷晋二・大野裕史訳〈2004〉『はじめての応用行動分析（日本語版第2版）』二瓶社）

Berne, E.（1964）*Games people play: The psychology of human relationships*. Grove Press.（南博訳〈1976〉『人生ゲーム入門――人間関係の心理学』河出書房新社）

Dalai Lama XIV & Howard, C, C.（1998）*The art of happiness: A handbook for living*. Riverhead Books.（今井幹晴訳〈2000〉『ダライ・ラマ　こころの育て方』求龍堂）

Drucker, P. F.（1974）*Management: Tasks, responsibilities, practices*. Harper & Row.（上田惇生編訳〈2001〉『マネジメント――基本と原則』ダイヤモンド社）

Edelstein, M. R. & Steele, D. R.（1997）*Three mnute therapy: Change your thinking, change your life*. Glenbridge Publishing Ltd.（城戸善一監訳〈2005〉『論理療法による3分間セラピー――考え方しだいで、悩みが消える』誠信書房）

Field, T.（2001）*Touch*. MIT Press.（佐久間徹監訳〈2008〉『タッチ』二瓶社）

Field, T., Field, T., Sanders, C., & Nadel, J.（2001）Children with autism display more social behaviors after repeated imitation session. *Autism*, 5(3), 317-323.

Frankl, V. E.（1952）*Aerztliche Seelsorgr. Franz* Deuticke,Wien.（霜山徳爾訳〈1957〉『死と愛――実存分析入門』みすず書房）

Gesell, A.（1941）*Wolf child and human child*. Methuen.（生月雅子訳〈1967〉『狼に育てられた子カマラ』家政教育社）

Grandin, T.（1995）*Thinking in pictures: And other reports from my life with autism*. Doubleday.（カニングハム久子訳〈1997〉『自閉症の才能開発――自閉症と天才をつなぐ環』学習研究社）

Hochschild, A. R.（1983）*The managed heart: Commercialization of human feeling*. The University of California Press.（石川准・室伏亜希〈2000〉『管理される心――感情が商品になるとき』世界思想社）

堀内園子（2010）『見て、試して、覚える触れるケア――看護技術としてのタッチング』ライフサポート社

Iacoboni, M.（2008）*Mirroring people: The new science of how we connect with others*. Strausand Giroux.（塩原通緒訳〈2011〉『ミラーニューロンの発見――「物まね細胞」が明かす驚きの脳科学』早川書房）

市川和彦（2000）『施設内虐待――なぜ援助者が虐待に走るのか』誠信書房

市川和彦（2015）「保育者・援助者との〝触れる関わり〟が障がい児者に及ぼす影響――主に自閉症スペクトラム児者（ＡＳＤ）における人間関係能力発達の視点から考える各アプローチの包括的理解」『会津大学短期大学部研究紀要』第72号、55-70頁

池見酉次郎・杉田峰康・新里里春（2001）『人生を変える交流分析』創元社

五木寛之・望月勇（2004）『気の発見』平凡社

井澤修平・依田麻子・児玉昌久（2002）「誘発された怒りに対する呼吸法の効果」『健康心理学研究』第15巻第2号、21-28頁

Krieger, D.（1979）*The therapeutic touch:How to use your hands to help or to heal*. Prentice-Hall.（上野圭一・菅原はるみ訳〈1999〉『セラピューティック・タッチ――あなたにもできるハンド・ヒーリング』春秋社）

Kuchinskas, S.（2009）*The chemistry of connection: How the oxytocin response can help you find tust, intimacy, and Love*. New Harbinger.（白澤卓二監修、為清勝彦訳〈2014〉『愛は化学物質だった⁉――脳の回路にオキシトシンを放出すればすべてはハッピー』ヒカルランド）

邱淑惠監修（2008）『自分のからだと上手につきあうツボのつぼ』成美堂出版

Levy, T. M. & Orlans, M.（1998）*Attachment, trauma, and healing: Understanding and treating attachment disorder in children and families*. CWLA Press.（藤岡孝志・ＡＴＨ研究会訳〈2005〉『愛着障害と修復的愛着療法――児童虐待への対応』ミネルヴァ書房）

枡野俊明（2013）『怒らない禅の作法』河出書房新社

McGee, J. J. &. Menolascino, F. J.（1991）*Beyond gentle teaching: A nonaversive approach to helping those in need*. Plenum Press.（岩崎正子ほか訳〈1997〉『こころの治療援助――相互変容の実践』医歯薬出版）

Milgram, S.（1974）*Obedience to authority: An experimental view*. Harper & Row.（岸田秀訳〈1980〉『服従の心理――アイヒマン実験』河出書房新社）

Miller, W. R.（1968）*Martin Luther King,Jr*. Weybright and Talley.（高橋正訳〈1971〉『マーチン・ルーサー・キングの生涯』角川書店）

Moberg, K. U.（2000）Lugn och Beroring: Oxytocinets Läkande Rerkan i Kroppen. Natur och Kultur.（瀬尾智子・谷垣暁美訳〈2008〉『オキシトシン――私たちのからだがつくる安らぎの物質』晶文社）

Montagu, A.（1971）*Touching: The human significance of the skin*. Columbia University Press.（佐藤信行・佐藤方代訳〈1977〉『タッチング――親と子のふれあい』平凡社）

中川一郎（2004）『タッピング・タッチ――こころ・体・地球のためのホリスティック・ケア』朱鷺書房

中井久夫（2007）『こんなとき私はどうしてきたか』医学書院

日本聖書協会（1987）「ヨハネによる福音書8-7」『聖書・新共同訳』

野口啓示（2009）『むずかしい子を育てるペアレントトレーニング――親子に笑顔がもどる10の方法』明石書店

O'Gorman, G.（1970）*The nature of childhood autism*. Butterworths.（白橋宏一郎・大山正博・川口みさ子訳〈1970〉『子どもの

自閉症』北望社）

Omer, H.（2004）*Nonviolent resistance: A new approach to violent and self-destructive children.* Cambridge University Press.（天貝由美子監訳〈2010〉『暴力や自己破壊に非暴力で対応する――一線を越えてしまう子どもと真正面から向き合うために』ナカニシヤ出版）

Padesky, C. A. & Mooney, K. A.（1990）Presenting the cognitive model to clients. *International Cognitive Therapy Newsletter*, **6**, 13-14.

Redford, B. W. & Virginia, P. W.（1993）*Anger kills: Seventeen strategies for controlling the hostility that can harm your health.* Times Books.（岩坂彰訳〈1995〉『怒りのセルフコントロール』創元社）

坂野雄二（1995）『認知行動療法』日本評論社

Seneca, L. A.／兼利琢也訳（2008）『怒りについて』岩波書店

祐宗省三・春木豊・小林重雄編著（1984）『新版　行動療法入門――臨床のための理論と技法』川島書店

Sumanasara, A.（2006）『怒らないこと』サンガ

Takahashi,T., Gribovskaja-Rupp, I., & Babygirija, R.（2013）*Physiology of love: Role of oxytocin in human relationships, stress response and health.* Nova Science Publishers.（市谷敏訳〈2014〉『人は愛することで健康になれる――愛のホルモン・オキシトシン』知道出版）

Thich Nhat Hanh（1996）*Breathe, you are alive!: The sutra on the full awareness of breathing.* Parallax press（島田啓介訳〈2012〉『ブッダの〈呼吸〉の瞑想』野草社）

Tinbergen, N. & Tinbergen, E. A.（1984）*Autistic children: New hope for a cure.* Allen & Unwin.（田口恒夫訳〈1987〉『改訂　自閉症・治療への道――文明社会への動物行動学的アプローチ』新書館）

Trieschman, A. E., Whittaker, J. K., & Brendtro, L. K.（1969）*The other 23 hours: Child-care work with emotionally disturbed children in a therapeutic milieu.* Aldine Publishing.（西澤哲訳〈1992〉『生活の中の治療――子どもと暮らすチャイルド・ケアワーカーのために』中央法規出版）

和田文緒（2008）『アロマテラピーの教科書――いちばん詳しくて、わかりやすい！』新星出版社

Williams, R. & Williams, V.（1993）*Anger kills: Seventeen strategies for controlling the hostility that can harm your health.* Times Book.（岩坂彰訳〈1995〉『怒りのセルフコントロール』創元社）

山口創（2004）『子どもの「脳」は肌にある』光文社

湯川進太郎編（2008）『怒りの心理学――怒りとうまくつきあうための理論と方法』有斐閣

おわりに

本書を書き始めて5年になる。やっと脱稿することができた。調査にご協力いただいた方々のなかには、はたして自分たちの協力がいつ実を結ぶのかと、不審に思われた方もおられるのではないだろうか。ここに改めて感謝と謝罪を申し上げたい。

その5年の間、2012年に施行された障害者虐待防止法と、皮肉にも逆行するような信じがたい虐待事件が飛び込んできた。

ひとつは、2013年に知的障害児施設で、19歳の少年が援助者から腹部を蹴られ、数時間後に死亡するという事件が起きた。この施設では2005年から複数の援助者による身体的虐待、心理的虐待が日常的に行われていた。調査の際加害者は、「利用者の興奮を抑えることができなかった」「他害行為を抑えるためにやった」「支援がうまくいかず手を出してしまった。安易な方法に頼ってしまった」と答えている。あたかも原因は利用者の行動障害にあると言わんばかりである。「利用者の興奮を抑えることができなかった」とのことだが、著者に言わせれば、援助者が自分の興奮を抑えることができなかったというべきだろう。

次いで2015年、通所施設の訓練作業室で、援助者が利用者に暴言を浴びせながら胸ぐらをつかんで脅したり、顔面を数回平手打ちにするなどの虐待事件があり、これは通告者により撮影され動かぬ証拠となった。もし、この勇気ある通報者がいなかったら、映像にあるような卑劣な虐待が今でも行われていたであろう。品位の欠片《かけら》もない援助者の蛮行に利用者は抵抗できず、ただただ怯えて立ちすくんでいるだけであった。

本書は、虐待の原因が利用者の暴力や他傷である、と言いたいのではもちろんない。利用者の暴力や他傷の原因となっているのはほかでもない、私たち援助者かもしれないことに気づいてほしい、との思いが本書を書かせたといっても過言ではない。

第2章第3節で述べられた視点「暴力をしなければならないほどに、訳がわからないことをされていると高齢者が認識しているので、援助者に暴力を振るうのである」。この視点を私たち援助者は忘れてはならない。認知症の利用者にとっては、介護者が（オムツ交換で）夜中に入ってきたり、自分の体にさわったりすることは、理解できない恐怖なのかもしれない。

「人を想う」という言葉が著者は好きである。その人に関心を抱くこと。関心を抱けばその人と一緒にいたいと想うだろうし、話したい、話を聞いてみたいと思うだろう（恋愛の場合には負けるかもしれないが）。そして、利用者をリスペクト（尊敬）してほしいと思う。少々感傷的な言い方になるかもしれないが、たとえば知的障害や自閉症という障害を負った彼らは、生きることが私たちの数倍も難しいだろう（東田直樹氏の著書を読むと彼らの苦悩が伝わってくる）。しかし、彼らは生きてきた。そして人を想う力がある。私の知的障害のある友人はもう70歳近い方だが、著者が住んでいる福島で地震があると、夜中だろうが早朝だろうが「市川さん大丈夫ですか」とメールをくださる。そんなふうに他人を想うことが自分にはできるだろうか。「彼らをリスペクトしていますか」。このことを本書を通して改めて読者の皆さんに投げかけたい。

さて、本書の第2章第3節は、著者の同僚である木村淳也氏に執筆していただいた。彼は教育現場で働く以前は、高齢者の介護現場に身を置き徹頭徹尾利用者主体を貫いてきた骨太な若手研究者・教育者・実践者である。その人間味ある率直な姿勢は、リスペクトに値すると著者は感じている。彼に執筆を依頼したのは他にも理由がある。著者のフィールドである障害・児童領域の援助者には気づかなかった視点を、高齢者領域から発見することができるからである。たとえば「割り切る・諦める」という技法は、障害・児童領域ではまず聞くことはないだろうし、有効な実践技法として取り上げられることもおそらくないであろう。しかし、子どもを叱る前に、援助者は子どもをルールに従わせることを「諦めて」、今のそのままの姿を見守るということがまずは必要ではないかと思うのである。高齢者領域で最近注目されているユマニチュードなどの対人技術は、決して難しいことではなく日常的な当たり前の行為である。しかし、その当たり前の行為が、日常のなかでできなくなっていることが問題なのである。障害や児童領域でも是非取り入れていくべき考え方や技法が、高齢者領域にはたくさんある。これをいただかない手はないであろう。

さて、本書は研究書のような少々堅い体裁だが、現場に身を置く援助者の方々を読者と想定して書いた。であるから、本書の内容は実践していただかなければ意味がない（第3章については慎重に扱っていただきたい）。現場で可能と思われる部分は活用していただき、読者諸氏の実践事例をお聞かせいただければ有難い。さらに、利用者と援助者の豊かな関係を築くための実用的技法として、進化させたいと考えている。どうか忌憚のないご意見をお寄せいただければ幸いである。

最後に、第4章で協力してくれた会津大学短期大学部ゼミの諸君に感謝したい。本書を手に取ったことで、心に痛みを抱え、そのことを伝える術を持たない障害のある方や子どもたちのもとに飛び込みたい、そのための苦難を甘んじて受けとめようと思う若者が起こされることを、著者は心から願うものである。困難な現場にこそ自ら立ち向かっていく、そのような若者が、今の日本にもまだまだ存在していることを著者は信じている。

２０１５年10月

市川　和彦

著者紹介

市川 和彦（いちかわ　かずひこ）

1982 年　東北福祉大学社会福祉学部社会福祉学科卒業
1985～93 年　知的障害者授産施設にて生活支援員として勤務
1993～97 年　知的障害児施設にて児童指導員として勤務
1999 年　日本社会事業大学大学院社会福祉学研究科博士前期課程修了
2009～11 年　児童養護施設にて児童指導員として勤務
2013 年　ルーテル学院大学大学院総合人間研究科博士後期課程中退
2017 年　明星大学大学院（通信）教育学研究科博士前期課程修了
現　在　会津大学短期大学部幼児教育学科教授
著　書　『施設内虐待――なぜ援助者が虐待に走るのか』2000 年，『続・施設内虐待――克服への新たなる挑戦』2002 年，『虐待のない支援――知的障害の理解と関わり合い』（編著）2007 年（以上，誠信書房）

木村 淳也（きむら　じゅんや）

2001～2004 年　特別養護老人ホームにて介護職を経て生活相談員として勤務
2014 年　立教大学大学院コミュニティ福祉学研究科博士後期課程中退
2004～08 年　アール医療福祉専門学校介護福祉学科専任教員
2008～11 年　愛知淑徳大学福祉貢献学部助教
現　在　会津大学短期大学部幼児教育学科准教授
著　書　『臨床ソーシャルワーク――いのちと歩む高度専門職へのみちすじ』（共著）大学図書出版　ほか

施設内暴力《しせつないぼうりょく》
——利用者《りようしゃ》からの暴力《ぼうりょく》への理解《りかい》と対応《たいおう》

2016 年 1 月 25 日　第 1 刷発行
2018 年 6 月 30 日　第 2 刷発行

著　者　市　川　和　彦
　　　　木　村　淳　也
発 行 者　柴　田　敏　樹
印 刷 者　日　岐　浩　和

発行所　株式会社　誠　信　書　房
〒 112-0012 東京都文京区大塚 3-20-6
電話 03（3946）5666
http://www.seishinshobo.co.jp/

印刷／中央印刷　製本／協栄製本
検印省略　落丁・乱丁本はお取り替えいたします
ISBN978-4-414-60156-5 C3036　Printed in Japan